Bruno Erni

Jenseits der Logik

Bruno Erni

JENSEITS DER LOGIK

Mit der Kraft der Gedanken persönliche Grenzen sprengen

GOLDEGG VERLAG

Bildrechte Autorenfoto: Martin Niederberger, Urwil
Bildrechte Umschlag: © vector_master – fotolia.com

Der Verlag und sein Autor sind für Reaktionen, Hinweise oder Meinungen dankbar. Bitte wenden Sie sich diesbezüglich an verlag@goldegg-verlag.com.

Der Goldegg Verlag achtet bei seinen Büchern und Magazinen auf nachhaltiges Produzieren. Goldegg Bücher sind umweltfreundlich produziert und orientieren sich in Materialien, Herstellungsorten, Arbeitsbedingungen und Produktionsformen an den Bedürfnissen von Gesellschaft und Umwelt.

Gedruckt nach der Richtlinie des Österreichischen Umweltzeichens „Druckerzeugnisse“, Druckerei Theiss GmbH, Nr. 869

MIX
Papier aus verantwortungsvollen Quellen
FSC® C012536

ISBN Print: 978-3-902991-48-5
ISBN E-Book: 978-3-902991-49-2

Friedrichstraße 191 • D-10117 Berlin
Telefon: +49 800 505 43 76-0

Goldegg Verlag GmbH, Österreich
Mommsengasse 4/2 • A-1040 Wien
Telefon: +43 1 505 43 76-0

E-Mail: office@goldegg-verlag.com
www.goldegg-verlag.com

Layout, Satz und Herstellung: Goldegg Verlag GmbH, Wien
Druck und Bindung: Theiss GmbH

Vorwort

Stellen Sie sich einen ausgewachsenen Elefanten vor und eine Fliege, die sich soeben auf seinen Rücken niedergelassen hat. Der Elefant ist Ihr Unterbewusstsein, die Fliege Ihr Bewusstsein. Im Verhältnis von zwanzig Tonnen zu einem Gramm. Da Sie in der Schule schon alles über die Fliege gelernt haben, widmen wir uns in diesem Buch Ihrem inneren Elefanten.

Wo sind die wirklichen Grenzen der Kraft der Gedanken? Können Sie allein mit den Gedanken persönliche Grenzen sprengen? Wenn ja, welche und was bringt Ihnen das? Wo haben Sie einen Nutzen und wie adaptieren Sie diese Möglichkeiten Schritt für Schritt in Ihr Leben?

Können Sie mit Ihrem inneren Elefanten kommunizieren? Und wenn ja, wie genau?

Mein Fokus in meinem Leben war immer die Frage, wo die Grenze verläuft, *jenseits der Logik*. Je tiefer ich in dieses Thema eintauchte, desto mehr stellte ich fest, dass es dem großen Universum deutlich gleicht, es ist grenzenlos. Für die aktuelle Forschung und für mich ist alles Energie. Für unseren Logik-gesteuerten Kopf ist das manchmal kaum vorstellbar. Dennoch erhalten Sie in diesem Buch viele sehr einfache Schritt-für-Schritt-Anleitungen zum sofortigen Testen. Die sehr beliebten »*Jenseits der Logik*-Tipps«, mit vielen wirkungsvollen Handlungsaufforderungen, sind natürlich auch dabei. Geben Sie einem völlig neuen Denken und einer ungewöhnlichen, unlogischen Herangehensweise eine Chance, um Lösungen für Ihr Leben zu finden.

Als »Hirnbesitzer« wissen Sie natürlich, dass Sie rein anatomisch gesehen über zwei Hirnhälften verfügen. Bestimmt haben Sie schon einmal vom Unterschied der beiden Hirnhälften gehört. Es wird zwischen Ratio und Emotion unterschieden. Obwohl die Hirnforschung längst weiter ist und weiß, dass diese Aufteilung wissenschaftlich nicht tragfähig ist, werde ich diese Rechts-Links-Trennung in diesem Buch trotzdem hervorholen, denn viele Bereiche des Gehirns sind bis heute nicht endgültig entschlüsselt. Dies überlasse ich gerne anderen Experten. Damit Sie die Welt *Jenseits der Logik* klar verstehen, setze ich gerne für die logische Seite die linke Gehirnseite fest und weise der rechten Gehirnseite die Welt *Jenseits der Logik* zu. Das heißt: Die linke rationelle und logische Gehirnhälfte ist verantwortlich für Sprache, Lesen, Rechnen, Regeln, Gesetze, Konzentration u.v.a.m. Die rechte bildhafte und unlogische Gehirnhälfte mit dem Herz ist verantwortlich für Gefühle, Intuition, Ideen, Kreativität, Symbole, Metaphern, Spontaneität, Überblick, Musik, Ganzheitlichkeit, Raumempfinden u.v.a.m. Es ist der Zugang zum Unterbewusstsein, das Tor zu Ihrem persönlichen Elefanten und zu einer anderen und unbegrenzten Welt, eben zu allem *jenseits der Logik*.

Nehmen Sie das aus dem Buch mit, worauf Sie gerade Lust haben. Lassen Sie sich auf jene Aspekte und Anregungen ein, die Sie persönlich weiterbringen und betrachten Sie die Angebote dieses Buchs wie die Regale eines Supermarkts: Auch dort kaufen Sie nicht alle Artikel ein, sondern nur das, worauf Sie gerade Lust haben oder was Sie brauchen können. Es ist wie im echten Leben, den Mutigen gehört die Welt.

Ich lade Sie somit ein, mit mir in meine Welt »*Jenseits der Logik*« einzutauchen. Sie erhalten persönliche Beispiele aus meinem Leben und unzählige Techniken dazu, wie Sie mit dem Unterbewusstsein schneller und konkreter arbeiten können. Ob das eine Verbesserung in Ihrem Ihr Leben auslöst? Mit Garantie! Unsere alten Kulturen und auch die neueste Forschung befassten sich damit. Egal wo Sie im Leben stehen, sich auf das einzulassen, was Sie nicht rational erfassen können, bildet die optimale Ergänzung für mehr Fülle, mehr Glück, mehr Liebe, mehr Geld, mehr Zufriedenheit oder mehr Gesundheit. Und wenn Sie nur einen Tipp aus diesem Buch umsetzen, dann hat es sich für Sie schon gelohnt. Dieses Buch ist der logische Schlüssel zu Ihrem Leben.

Viel Spaß!

Ihr *Bruno Erni*

www.brunoerni.com

Inhaltsverzeichnis

Jenseits der Logik …

Was verstehen Sie unter dem Titel »*Jenseits der Logik*«? Was erwarten Sie von diesem Buch? Ich habe viele Menschen dazu befragt, was diese Wortfolge ihnen sagt.

Interessanterweise mussten viele Menschen an dieser Stelle kurz überlegen. Oft landeten wir dabei beim Thema »Liebe«. Die Liebe geht durch den Magen. Liebe weckt Schmetterlinge im Bauch, geht sonderbare und völlig unlogische Wege. Liebe beweisen? Oje, jetzt wird es komplex. Werden Sie wie Romeo für Julia unter dem Fenster Gedichte vortragen? Einen Blumenstrauß oder sogar einen teuren Diamanten schenken? Das alles wäre noch kein wirklicher Beweis für Ihre Liebe und löst eher die Frage aus: »Hast du ein schlechtes Gewissen?« Wie also können wir Liebe beweisen? Durch Kontrolle? Durch Unterdrückung? Mit klaren Regeln? Sie spüren und wissen es selbst schon. Diese Aufzählung betrifft die logische linke Hirnhälfte. Die Wahrnehmung der Gefühle kommt jedoch aus der rechten Hirnhälfte beziehungsweise aus dem Herzen. Liebe müssen wir mit dem Herzen spüren und fühlen! Doch wo lernen wir das?

Folgende Antworten habe ich bei der Frage nach Assoziationen zum Ausdruck »*Jenseits der Logik*« erhalten:

- Liebe
- Gefühle (allein die Gefühle lassen sich in 25 Stufen unterteilen)
- Intuition

- Kreativität
- Ideen
- Macht der Gedanken
- mentales Visualisieren
- Optimismus
- Gesetz der Resonanz
- hellsehen
- Nanotechnik
- das Wetter
- der Mond
- alles, was ich nicht sehe
- Universum
- Neues
- Freude am Leben
- Unterbewusstsein
- nicht in der Norm
- nicht sichtbare Energien
- energetisches Heilen
- Geistheilung
- Quantenphysik
- Hirnströme
- Magnetismus
- Placebo-Effekt
- Noncebo-Effekt
- Morphogenetische Felder
- Meditation
- Autogenes Training
- Akupunktur
- alles, außer die Schule
- Träume
- Fernheilung
- Humor/Witze
- Hypnose
- schmerzfrei in 60 Sekunden!
- sehen ohne Augen

- das Chakren-Energiesystem
- Bruno Erni
- Management-Schamane
- Energie-Coaching (die Aufzählung ist nicht abschließend)

Warum lernen wir so wenig über die rechte Hirnhälfte, über Themen *jenseits der Logik*? Rein politisch sind sie völlig uninteressant. Wer über die Logik ein System aufbaut, den kann man lenken und kontrollieren. Die unlogische Seite ist somit »gefährlich« und bietet dazu einen großen Raum an Freiheit und Unabhängigkeit.

Doch schon Urvölker nutzten den Zugang zur unlogischen Seite. Ab 1770 wurde Australien britische Kolonie. Die Ureinwohner von Australien, die Aborigines, waren die »Hüter des Landes« und lebten von ihrem Land. Die Engländer nahmen es in Besitz und unterteilten es. Heute würden wir von einer schleichenden Enteignung sprechen. 300.000 bis zu einer Million Aborigines lebten bis dahin im Einklang mit der Natur. Wir wissen heute, dass diese Menschen unter anderem auch telepathisch kommunizierten. Die strukturierten und an Macht und Geld orientierten Europäer hingegen fokussierten sich auf ihre königliche Tradition der Kontrolle und Ordnung sowie das Besitztum. Große Teile der Aborigines starben an eingeschleppten Krankheiten wie Influenza oder bei der Pockenepidemie von 1789, bei der mehr als 50 Prozent der Darug (Ureinwohner Stamm) getötet wurden. 1920 lebten nur noch ca. 60.000 Aborigines. Nach Schätzungen von Henry Reynolds starben bei gewaltsamen Auseinandersetzungen 3.000 Siedler und 20.000 Aborigines: Die Ureinwohner Australiens wurden wegen ihres Aussehens verurteilt und belächelt. Auslöser von Konflikten war jedoch meist der Zugang zu Nahrungsquellen: Da Schafe und Rinder der Siedler Wasserlöcher und Grasland zerstörten, verloren Aborigines ihre Lebensgrundlage und begannen das Vieh der Siedler zu jagen, um sich zu ernähren. Hinzu kam, dass Aborigines etwas wie Land*besitz* nicht kennen; sie verstehen sich vielmehr als Bewahrer des Landes, das sie pflegen und hüten, dem sie aber auch entnehmen können, was sie brauchen, solange die Natur dadurch nicht gefährdet wird.

Kurz gesagt: Die harten logischen Engländer nahmen den unlogischen Aborigines das feine Fundament und zerstörten dazu einen wertvollen und sehr zerbrechlichen unsichtbaren Schatz an uraltem Wissen.

Wenn wir uns auf der Welt umsehen, finden wir in vielen Kulturen exakt diese Wiederholungen. Ob die Mayas, die Ägypter, die Inkas, die Indianer oder die Griechen, alle schöpften aus der unerschöpflichen wertvollen Quelle der rechten Hirnhälfte, die für Intuition und ganzheitliche Wahrnehmung verantwortlich ist. All diese Völker und Kulturen zerbrachen schlussendlich an der machtorientierten Vermischung und Verdrängung der Kulturen, an den eingeschleppten Krankheiten und eben an der rein logischen Gedankenwelt, die ihnen aufgezwungen werden sollte.

Dank der Intuition und der rechten Hirnhälfte ist es einem Genie wie Steve Jobs im Jahr 2000 gelungen, das iPhone zur erfinden. 2007 kommt das iPhone auf den Markt und wird von der logisch denkenden Konkurrenz Nokia belächelt, mit Aussagen wie: »Der Akku ist schnell leer«, »Das Handy ist viel zu groß«, »Es hat keine Tastaturen und ist viel zu teuer.« Doch in Wahrheit war es das Tor zu einem neuen Bewusstsein. Ein Leben ohne Smartphone ist nicht mehr vorstellbar.

Es ist also klar: Nur wenn wir die logische und die unlogische Hirnhälfte in Harmonie akzeptieren und anwenden, ziehen wir den optimalen Nutzen für uns heraus. Ich erachte es als meine Aufgabe, die Seite *jenseits der Logik* bewusster zu machen. Für mich ist die Seite der Logik oft ein Kampf mit vielen Hürden und Herausforderungen. Warum das so ist, erfahren Sie in diesem Buch. Wichtig scheint mir, dass wir im Leben von beiden Seiten wissen. Zu wissen, was es für jeden Einzelnen für Möglichkeiten, Chancen und Lösungen für sein einmaliges Leben gibt. Zwischen Himmel und Erde ist weit mehr vorhanden, als wir uns je vorstellen können. Das wusste auch Einstein. Oft wird jedoch diese Magie als Märchen abgetan, da wir uns mit den Religionen selbst »eingesperrt« haben. Religionen braucht es für die Menschen. Sie geben ihnen Sinn und Halt im Leben. Bewusst eingegrenzte Religionen, Dogmen und Glaubensmuster sollten wir jedoch hinterfragen, erkennen und aufbrechen, um unser wahres Potenzial zu entdecken. Es lebe die Welt *jenseits der Logik*, in harmonischer Freiheit.

Damit wir es leichter haben, möchte ich Sie gerne ab sofort *per DU* ansprechen, und hoffe, das ist in Ordnung für dich. Die DU-Form geht tiefer ins Unterbewusstsein, was wiederum für dich besser ist, um ins TUN zu kommen. Ein kleiner Hinweis: Ich verwende im Folgenden der Einfachheit halber hauptsächlich die männliche Form, selbstverständlich gelten aber alle meine Ausführungen für beide Geschlechter.

Der wichtigste Tipp für deinen besten Freund

Samstag, 15 Uhr. Meine damals 13-jährige Tochter kam zu mir und fragte: »Papa, was ist eigentlich der wichtigste und wertvollste Tipp, den du deinem besten Freund geben würdest?« Ich guckte meine Tochter mit großen Augen an und sagte: »Wie bitte?!« »Ja, Papa, du erzählst doch vor erwachsenen Leuten in Unternehmen, den Firmenchefs und deren Mitarbeitern, was das Wichtigste im Leben ist. Du erzählst Dinge, und die sagen dann: ›Oh, gut, dass Sie bei uns waren!‹. Du sorgst mit deinen Referaten, Seminaren und Coachings dafür, dass die Menschen die Macht der Gedanken und die Freude am Leben optimal nutzen. Du sagst, alles ist Energie, doch was ist denn der ultimative wertvollste Tipp, den du deinem besten Freund geben würdest?«

Wenn ich diese Frage nach dem besten Tipp bei meinen Referaten und in Seminaren stelle, dann höre ich Antworten wie:

»Bleib, wie du bist!«
»Sei offen für das Neue!«
»Arbeite hart, damit etwas aus deinem Leben wird!«
»Folge der Liebe, folge deinem Herzen!«
»Höre auf dein Herz.«
»Höre auf deine innere Stimme!«
»Freue dich jeden Tag«
»Bleib ledig.«
»Bleib dir treu.« u.v.a.m.

Vieles wird bei diesen Antworten unbewusst interpretiert und jeder hat einen anderen Ansatz. Schnell sind unbewusste Glaubenssätze und Denkmuster erkennbar. Schlussendlich landen wir immer wieder beim Unterbewusstsein und den Gedanken. So sagte ich meiner Tochter: »Schau mal, ich denke, es ist entscheidend, was du den ganzen Tag so denkst. Wenn du zum Beispiel einen 4-Kilometer-Lauf machst und du, schon fast am Ziel, denkst: ›Hoffentlich gehen mir jetzt die Schnürsenkel nicht auf‹, oder: ›Hoffentlich überholt mich jetzt niemand‹, oder: ›Hoffentlich stolpere ich nicht‹, dann ist das schon fast wie eine ›Bestellung ans Universum‹, dass es so geschieht.« Weißt du, was meine Tochter gesagt hat? »Papa, Bestellung beim Universum? So ein Unsinn! Das hab' ich noch nie gehört …! Das gibt es ja gar nicht. In welcher Welt lebst denn du! Ich glaub' nur, was ich sehe«.

Ganz ehrlich: Für mich als Energie- und Erfolgscoach war das eine kleine Provokation. Ich zeigte meiner Tochter ein Bild und fragte: »Was siehst du?« Meine Tochter: »Wie, was sehe ich?« »Ja, was siehst du?« Etwas verunsichert sagte sie: »Einen strukturierten Boden, einen blauen Himmel und zwei viereckige Klötze, die aufeinander stehen. Der untere der beiden ist leicht heller.« Ich legte einen schwarzen Balken zwischen die beiden Klötze, sodass die Schatten am Rande der Klötze nicht mehr sichtbar waren und fragte: »Sind wirklich beide Klötze in der Farbe unterschiedlich?«

»Ähm, nein, jetzt nicht mehr«, meinte meine Tochter. »Doch wie geht denn das? Ich habe doch gesehen …« Ich nahm den schwarzen Balken wieder weg und die Schatten waren erneut sichtbar. »Unglaublich, jetzt haben die Klötze wieder verschiedene Farben …« » Exakt, dein Hirn spielt dir hier einen Streich. Nur weil du die Schatten siehst oder nicht, hast du das Gefühl, es gehe um verschiedene Farben. Doch die Farbe ändert sich nie, es ist also eine reine Einbildung bzw. eine optische Täuschung. Dennoch hast du das Gefühl, deine Welt sieht anders aus, und du siehst etwas, das gar nicht so ist.«

Du kannst, liebe Leserin, lieber Leser, das Bild auf meiner Website: *www.brunoerni.com/member-bereich* gerne betrachten.

Bestimmt kennst du auch solche optischen Täuschungen oder ein »unmögliches Bild«, wie zum Beispiel auf dem Buchcover. Ich erinnere mich außerdem gut daran, wie unser Lehrer in der vierten Klasse seine wahre Freude an einem Kippbild hatte, auf dem eine junge und eine alte Dame zeitgleich sichtbar ist. Bestimmt kennst du auch dieses berühmte Bild.

Ich sagte meiner Tochter: »Die Handy-Strahlen siehst du nicht, du siehst den Strom in der Steckdose nicht. Du kannst ihn bloß spüren, wenn du ihn berührst. Du weißt, er ist da, doch du wirst ihn immer noch nicht sehen. Heißt also sehen auch glauben? Nein! Wir sehen viele Dinge nicht im Leben, so wie die Liebe.«

Meine Tochter stimmte mir zu. Nun zeigte ich ihr drei angefangene Sätze und bat sie, diese zu ergänzen. Mach doch auch gleich mit! Wie würdest du folgende Sätze ganz spontan weiterführen? Überlege dir nicht viel, ergänze blitzschnell:

»Die Welt ist voller …« (Deine Ergänzung: ....)

»Die Menschen sind …« (Deine Ergänzung: ....)

»Ich bin doch ein/e …« (Deine Ergänzung: ....)

Bei Referaten und Seminaren höre ich oft folgende Aussagen:

Die Welt ist voller …

Die Welt ist voller Sorgen. Die Welt ist voller Schulden. Die Welt ist voller Dreck. Die Welt ist voller Ungerechtigkeiten. Dazwischen auch immer wieder: Die Welt ist voller Sonnenschein. Die Welt ist voller Bäume. Die Welt ist voller Meere. Die Welt ist voller Glück. Die Welt ist voller Liebe.

Meine Tochter antwortete: »Die Welt ist voller Hausaufgaben!« Meine Tochter ist 13 Jahre alt, das spiegelt ihre Welt wider.

Die Menschen sind …

Die Menschen sind böse. Die Menschen sind blöd. Die Menschen sind Idioten. Die Menschen sind Betrüger. Die Menschen sind kompliziert. Dazwischen auch immer wieder: Die Menschen sind fair. Die Menschen sind reich. Die Menschen sind lieb. Die Menschen sind hilfsbereit.

Meine Tochter antwortete: »Die Menschen sind ehrlich.« Ihre Erfahrung zeigte, dass Menschen ehrlich sind.

Ich bin doch ein/e …

Ich bin doch ein/e Dummkopf. Ich bin doch ein/e Pechvogel. Ich bin doch ein/e Depp. Dazwischen auch immer wieder: Ich bin doch ein/e Glückspilz. Ich bin doch ein/e gute Seele. Ich bin doch ein/e Sonnenschein.

Meine Tochter antwortete: »Ich bin doch ein Glückskind.«

Das, was du hier persönlich ergänzt, hat viel mit deinem eigenen unbewussten Denken zu tun, doch das ist dir bestimmt schon längst klar.

Wie gesagt, meine Tochter ergänzte spontan: »Ich bin doch ein Glückskind!«. Ich wurde in diesem Augenblick gleich drei Meter groß und auch etwas stolz auf mich. Warum? Wir sind zu 80 Prozent Kopien des Denkverhaltens unserer Eltern. Wenn du also deine Kinder fragst, dann hat deren Antwort viel mit dir selbst zu tun. Entweder übernehmen wir diese Denkverhalten unbewusst oder bewusst, später schauen wir vielleicht einmal bewusst in einer Therapie hin und ärgern uns über unsere Eltern und sagen innerlich: »So wie sie möchte ich nie sein.« Dennoch haben wir gewisse Strukturen durch das ständige Wiederholen in unserem Gehirn übernommen. Wenn uns klar ist, wie unsere Sichtweise beeinflussbar ist, können wir in unterschiedlichsten Lebenssituationen bewusst eine andere Perspektive einnehmen.

Ich zeigte meiner Tochter einen Apfel. Der Apfel war jedoch von einem Hagelwetter arg strapaziert worden und hatte lauter dunkle Flecken. Sie reagierte, vielleicht etwas übertrieben, mit einem lauten »Iiihh, das ist ja furchtbar, dieser Apfel hat ja lauter schwarze Punkte!« Wir sahen uns in die Augen und ich sagte meiner Tochter: »Stimmt, du hast recht, er hat lauter schwarze Punkte und du würdest ihn jetzt vermutlich nicht essen wollen. Doch schau dir einmal diese wundervolle und einmalige Struktur des Apfels an. Diese Farben. Das Grün, das Gelb, das Rot. Und stell dir vor, du bist einsam und allein, verlassen in der Wüste. Du hast nur noch diesen Apfel in den Händen. Wie herzhaft wirst du mit Freude in diesen Apfel hineinbeißen? Das heißt: Das, worauf du dich fokussierst, das siehst du. Wenn du dich also auf die schwarzen Punkte im Leben fokussierst, dann hast du recht. Wenn du dich aber auf die Farben und die Farbenvielfalt dazwischen konzentrierst und schmeckst, wie er duftet und riecht, und wie saftig er ist, dann hast du auch recht. Die Frage ist also, auf was fokussierst du dich in deinem Leben.«

Der Fokus folgt der Aufmerksamkeit.

Warum fokussieren wir uns so oft auf das Negative? Meine Tochter ist kein Einzelfall. Warum stellen wir Dinge in den Mittelpunkt, die wir nicht wollen? Warum konzentrieren wir uns auf die Flecken? Woher kommt das?

Ein wichtiges Lebens-Fundament: Fokus 21

Ein einfaches Beispiel macht unsere Denkweise sehr schnell sichtbar. Zeichne ein lachendes Smiley in das Buch. Sympathisch, oder? Zeichne nun dem Smiley einen kurzen engen Hitlerschnauz unter die Nase. Na, immer noch sympathisch? Eher nicht. Es suggeriert unserem Unterbewusstsein Krieg, Macht und Tod. Einem Baby oder Kleinkind ist das egal. Es findet beide Bilder klasse und amüsant, denn es hat den Schulstoff des Zweiten Weltkrieges noch nicht im Kopf bzw. im Unterbewusstsein und wird dadurch nicht beeinflusst.

In diesem Zusammenhang erinnere ich mich gut an ein seltsames Kundengespräch. Der Kunde war mir irgendwie suspekt. Kurz: schlicht unsympathisch. Obwohl er sich total fair verhielt, er war korrekt zu mir, ordentlich gekleidet und verhielt sich pflichtbewusst. Dennoch schwang in mir irgendetwas negativ mit. Ich vertraute diesem Menschen einfach nicht. Plötzlich kam es mir in den Sinn. Diese Person erinnerte mich an meinen Lehrer in der vierten Klasse. Richtig! Der Kunde sah in der Tat sehr ähnlich aus. Glaube mir, der Lehrer und ich hatten keine gute Zeit zusammen. Die vierte und fünfte Klasse waren für mich vom Zeitpunkt her – ich war etwa zehn Jahre alt – ein riesiger Stress gewesen. Meine

Eltern trennten sich, ich erlebte innerlich ein Chaos und wiederholte deshalb auch die fünfte Klasse. Für mich war das ein Lebenskampf und der Lehrer verstand mich vom Herzen her keine Note. Er orientierte sich genau an den Dingen, die ich richtig oder falsch machte. Dieser Lehrer hinterließ viele negative Spuren in meinem Leben, die ich in kleinen Schritten versuchte aufzuräumen. Kein Wunder, dass mich mein Unterbewusstsein vor diesem Kunden warnte.

Ein weiteres, sehr gutes Beispiel aus dem Bereich der Mathematik deckt unser Denken ganz einfach auf.

Bitte folge mir jetzt und achte, ob ich alles richtig mache:

$1 \times 7 = 7$
$2 \times 7 = 14$
$3 \times 7 = 23$
$4 \times 7 = 28$
$5 \times 7 = 35$

Hast du es bemerkt? Natürlich hast du es bemerkt, oder? $3 \times 7 = 21$ und nicht 23. Interessant ist, dass das Publikum während meiner Referate immer gleich reagiert. Bei $3 \times 7 = 23$ geht ein Raunen durch die Menge. Hirnforscher behaupten, dass deine innere Stimme bei einem Fehler etwa so beginnt, mit dir zu sprechen: »He, der Bruno hat einen Fehler gemacht. $3 \times 7 = 21$. Hallo Bruno! Hallo! Korrigiere bitte den Fehler. Ich habe den Fehler gesehen. Jupi. Ich habe ihn gesehen. Was macht denn der Bruno? He, hast du es nicht gesehen? So korrigiere doch endlich. Ich muss mich melden. Ich muss ihm helfen. He, es ist falsch. Du hast einen Fehler gemacht! Das ist doch ein Dummkopf, schreibt der doch in seinem Buch einen Fehler hin. Ich kann mich nicht mehr konzentrieren, wenn er nicht sofort den Fehler korrigiert. Was war bei 4×7? Ich weiß es nicht mehr …«

Und wenn ich das in meinen Referaten auf den Flipchart schreibe, denkt dein Hirn vermutlich noch: »Und es gucken

500 Leute zu und er merkt es nicht … Alle haben es gesehen, nur der Redner nicht.« Natürlich mache ich das an dieser Stelle immer bewusst. Denn meine Aufforderung war ja auch … Ja, was war denn meine Aufforderung? Weißt du es noch?

Richtig: *Bitte folge mir jetzt und achte, ob ich alles richtig mache.* Grundsätzlich hättest du ja jubeln müssen bei 1 × 7 = 7. Doch da höre ich nie etwas. Niemand sagt etwas. Kein »Ja, richtig!«, niemand. 2 × 7 = 14, und niemand hat gesagt, dass ich das gut gemacht habe. 3 × 7 = 23 …? Jetzt beginnt das Murren im Raum …

Im Leben geht es uns genauso: Wir fokussieren uns auf den Fehler. Dazu: Wenn wir einen Fehler sehen und der andere diesen nicht korrigiert, bleiben wir am Fehler hängen. Wir verpassen den Anschluss und können nicht mehr klar denken. Wir wurden in der Schule dazu erzogen, Fehler zu sehen und zu suchen. Immer und immer wieder. So wurde zu einem Prüfungsergebnis gesagt: »Du hast acht Fehler.« Anstelle von: »Du hast von 30 möglichen Punkten 22 Punkte richtig.« Oder ein weiteres Beispiel: Bei einem schönen selbst gemalten Bild sieht der Lehrer nur, dass bei der Hand ein Finger fehlt, anstatt das schöne Bild zu loben. Und deshalb fokussieren wir uns auf das, was wir nicht wollen. Wir sind, wenn ich das mal so sagen darf, alle »23er-Typen« und nicht »21er-Typen«, mich miteingerechnet. Ich trainiere zwar täglich, doch auch ich bin nur ein Mensch in diesem System und falle manchmal wieder in die 23 rein. Verstehst du das? Bei 21 und 23? Du bist also ein 23er-Typ. Du wurdest dazu erzogen und hast es nicht bemerkt. Wie du das änderst? Das ist zum Glück sehr einfach! Werde dir dessen bewusst, und schon bist du ein 21er-Typ. So einfach ist das. Es braucht nur dein Bewusstsein dazu.

Jenseits der Logik-Tipp

Lege deine Hand aufs Herz und wiederhole laut folgende Worte: »Ich erkenne jetzt, dass ich als 21er-Typ geboren wurde. Die Schule fokussierte mich Schritt für Schritt auf die 23, also auf die Fehler in meinem Leben. Ich fokussiere mich ab heute, hier und jetzt, auf das, was ich will. Ich sehe die vielen Möglichkeiten und die vielen Chancen für mein Leben und weiß: Der Fokus folgt der Aufmerksamkeit!«

Von klein auf geprägt ...

Die Schule prägt dich mehr als du zu träumen wagst! Was geschieht im Kopf eines Kindes während der mindestens neun Jahre Schule?

Stell dir eine Schulklasse am ersten Tag in der ersten Klasse vor. Nehmen wir an, du kannst die Gedanken in Form einer Sprechblase über dem Kopf der Kinder sehen. Du siehst eine große bunte, freie und kreative Sprechblase mit vielen Ideen, Wünschen und Träumen. Alles ist möglich. Das Schulsystem schneidet nun nach und nach jedem Kind Teile von dieser einmaligen Sprechblase ab. Zuerst oben, dann unten, dann links und dann rechts. Das System gibt den Kindern die Gedankenvorgänge vor: richtig und falsch. Die Schule schreibt den Schülern vor, wie sie sich zu verhalten haben.

Zurück bleibt eine graue viereckige klebrige Sprechblase. Alle Träume, Wünsche und Ideen wurden weggeschnitten. Eines dieser Kinder könntest du gewesen sein.

Verstehst du das? Es ist wichtig, dass du dir dessen bewusst wirst. Im Film »alphabet« von Erwin Wagenhofer aus dem Jahr 2013 wird behauptet, dass 98 Prozent aller Kinder vor dem Eintritt in die Schule hochintelligent sind, und nach dem jahrelangen Schulbesuch sind es nur noch zwei bis drei Prozent. Das muss uns doch nachdenklich stimmen! Wir werden nur über die linke Gehirnhälfte gefördert, obwohl wir ja zwei Gehirnhälften haben. Das ist wie bei einem Auto mit fünf Gängen, bei dem du nur den ersten Gang kennst. Erst wenn wir ein bisschen älter oder bewusster sind, so wie du heute, wird uns vielleicht bewusst, dass wir mehr tun könnten, und wir schauen konkreter hin. Wir kaufen Bücher über unbegrenzte Möglichkeiten und lassen uns inspirieren. Wir brechen aus. Es ist Zeit aufzuwachen.

Doch warum ändern wir das Schulsystem nicht? Richtig, wir haben uns die Fesseln der Logik angelegt und sind komplett in traditionelle Prozesse verstrickt, welche über Generationen aufgebaut wurden. Dies zu ändern geht nicht so schnell. Wir müssten, wie die Maya-Kulturen oder die Ägypter, verschiedene Fachgebiete aufbauen.

Vor dem Neuaufbau braucht es zuerst das Erwachen, das Erkennen und das Akzeptieren. Wir müssen akzeptieren, dass unser Hirn und unser Herz weit mehr kann, als wir uns vorstellen können. Den Lösungsweg finden wir über die innere Kraft, die rechte Gehirnhälfte, über die kreative Seite, das Unterbewusstsein und den Zugang zum Herzen. Je intensiver ich darüber nachdenke, wie wir einen strukturierten Plan erschaffen könnten, umso mehr stelle ich fest, dass die alten Kulturen uns hier um Lichtjahre voraus waren. Allein die Gefühle der Liebe sind oft ein Buch mit sieben Siegeln. Jeder hat ein anderes Gefühl zur Liebe, jeder hat einen anderen Zugang zum Unterbewusstsein. Dennoch wächst die Energie zu diesem Thema momentan in unserer Welt sehr stark. Auch dieses Buch trägt seinen Beitrag dazu bei und gibt dir klare Hilfen, damit du mit der Kraft der Gedanken deine persönlichen Grenzen sprengen kannst.

Im Magazin »Welt der Wunder« (Ausgabe 9/14) habe ich einen interessanten Bericht über die Verbreitung von negativen Gefühlen gelesen. Darin steht: Keine Waffe ist so effektiv wie das Gerücht. »Ein Gerücht öffnet automatisch die dunklen Kammern unseres Gehirns«, erklärt US-Psychologe Jerry Wilson. In einem Experiment fand der Forscher heraus, wie schnell sich eine Massenparanoia ausbreitet: Positive Erlebnisse erzählten die Teilnehmer durchschnittlich dreimal weiter, negative dagegen bis zu 33-mal. Negatives war im Allgemeinen elfmal schneller unterwegs als Positives.

Also, wenn du dieses Buch nun gut findest, erzählst du es vielleicht drei Personen weiter. Tja, wenn das Buch schlecht ist, dann erzählst du es 33 Personen weiter. Ist das nicht verrückt? Und das passiert genau aus den Gründen, die ich vorhin beschrieben habe. Wir werden in der Schule dazu erzogen, Fehler zu finden, Negatives zu verbreiten, statt Lösungen zu verbreiten. Die negativen Nachrichten im TV, Radio oder Internet unterstützen dich dabei, dass du das Negative auf keinen Fall vergisst. Wir sitzen im Durchschnitt drei bis vier Stunden pro Tag vor dem Fernseher und lassen uns von nichtssagenden Informationen berieseln. Wir öffnen dafür freiwillig unser wertvollstes Inneres, entspannen uns dabei und lassen alle negativen Informationen in unser Unterbewusstsein. Später wundern wir uns, dass es uns so schlecht geht.

Also zieh die Handbremse an und überlege, was du von heute an in dein Gehirn lassen möchtest. Es ist dein Leben. Nur weil wir die mentalen Hindernisse nicht sehen, haben wir keinen Filter, wir lassen alle und alles rein. Und wenn du dir einmal vorstellst, was du alles aufnimmst, oder deine Kinder, dann könnte uns das sehr nachdenklich stimmen.

Die bekannte Hirnforscherin Vera F. Birkenbihl sprach in ihrem Bestseller »Stroh im Kopf« immer vom Verhältnis von elf Kilometern Unterbewusstsein zu fünfzehn Millimetern Bewusstsein. Wir Menschen fokussieren uns mit der linken-logischen Hirnhälfte also exakt auf nur fünfzehn Millimeter. Und mit diesen fünfzehn Millimetern wollen wir die Welt machtvoll kontrollieren und steuern. Die fünfzehn Millimeter bilden gleichzeitig den Zugang zum Unterbewusstsein. Wer dir also einredet, du hättest kein Unterbewusstsein, du bräuchtest es nicht oder es sei egal, was da hineinkommt, der bestimmt schlussendlich über dich und dein Leben. Einige Religionen vertreten sogar die Meinung, dass dir gefährliches Unglück widerfährt, wenn du diese versteckte wertvolle Tür zu deinem Unterbewusstsein öffnest. Die Angst wird dich somit davon abhalten, dein wahres Potenzial zu entdecken und der Mensch, der den Satz in das Religionsbuch geschrieben hat, hat sein Ziel erreicht, nämlich dass du noch heute eingegrenzt lebst und nicht ausbrichst.

Elf Kilometer stehen fünfzehn Millimetern gegenüber, unglaublich! Ich stelle mir das immer wie ein Flugzeug am Himmel vor. Es fliegt auf circa 10.000 Metern Höhe. Die Distanz vom Boden bis zum Flugzeug ist dabei mein Unterbewusstsein. Auf dem Flugzeug prangt ein Nadelkopf. Das ist mein Verstand, der alles kontrollieren will. Logisch, dass das nicht geht. Im Unterbewusstsein befindet sich mein ganz persönlicher Müll, den ich mir reingezogen habe oder alles, was mir als Kind bis zu etwa sechs Jahren ungefiltert serviert wurde. Alle meine Erlebnisse, ob gut oder schlecht, prägten mich und formten mein Denken und somit mein Handeln. Wenn Eltern oder andere Menschen ein Kind körperlich bewusst verletzen, dann werden sie zu Recht zur Rechenschaft gezogen und bestraft. Wenn Eltern oder Menschen ihren Kindern jedoch »nur« psychisches Leid zufügen oder das Unterbewusstsein mit Filmen beliefern, für die das Kind schlicht noch nicht bereit ist, dann geschieht nichts. Null. Nada.

Meine Frau bringt zwei Kinder aus erster Ehe mit. Tamina und Arejou. Ein gemeinsames Töchterchen namens Priscilla vervollständigt unsere Familie. Der Exmann meiner Frau zeigte Tamina und Arejou im Alter von drei und fünf

Jahren Filme wie Harry Potter und Herr der Ringe. Blankes Entsetzen und lange Gespräche brachten diesen Mann nicht zur Einsicht. Albträume, Angst, dass eine riesige Spinne sie frisst u.v.a.m. waren die Folgen bei den Kindern. Wir suchten Hilfe bei Therapeuten, bei der Gemeinde, doch niemand zeigte daran wirklich Interesse. Arejou ist heute 13 Jahre alt, er hat noch immer Angst vor Insekten. Warum, weiß er nicht mehr. Mich stimmt das sehr traurig.

Dies ist kein Einzelfall. Wir schützen unsere Kinder so gut wir können vor schlechten Inputs. Gerade die ersten sechs Jahre sind bei jedem Menschen fundamental wichtig, da der Verstand noch fast nichts ausfiltern kann. Kinder verstehen Ironie nicht und nehmen ironische Sätze als Wahrheit. Natürlich können auch wir nicht alles kontrollieren. Das Leben ist lebensgefährlich und im Kindergarten, in der Schule sind wir Eltern nicht anwesend. Dennoch: Es ist wichtig für die Entwicklung, dass die Basis, das Fundament zu Hause, sicher und stabil ist.

Die Welt ändert sich und fast jeder kann heute via Handy Nachrichten über Mord und Totschlag auf YouTube sehen oder brutale Games spielen. Die Quittung dafür finden wir bei gewalttätigen Jugendlichen und wundern uns, warum die Welt so gefährlich geworden ist.

Wenn wir also unsere Kinder besser schützen wollen, dann müssen wir die Kinder von morgen auf das Gute fokussieren. Wir tun nicht nur uns, sondern auch der nächsten Generation einen großen Gefallen. Durch das Betrachten von negativen und Angst machenden Informationen entstehen zwischen Seele und Körper Energiestörungen. Dies führt wiederum zu Allergien, Krankheiten und Lebensfrust. Diese Energiestörungen sind nur sehr schwer wieder auflösbar.

Der Ansatz für eine Veränderung ist eigentlich einfach. Wir müssen wieder mehr Selbstverantwortung übernehmen. Dass dies nicht immer leicht ist, weiß ich als Vater auch. Neulich waren wir in einem großen Media-Markt einkaufen und suchten einen neuen Beamer für das Wohnzimmer. Unsere Tochter (fünf Jahre) klebte förmlich an den vielen Fernsehgeräten. Doch warum laufen am Nachmittag um 16.00 Uhr schon Kriegsfilme und andere zerstörerische Trailer? Weiter ging es ins Restaurant. Auch dort flimmerte ein großer Bildschirm, der gerade die Nachrichten über einen Krieg in fernen Ländern zeigte. Nach dem Essen ging es zurück zum Auto. Auf dem Weg besuchten wir noch schnell den Büro-Fachmarkt. Meine Kinder warteten vor dem Tierladen. Daneben befand sich ein Game-Shop. Wieder lief dort ein Kriegs-Baller-Game. Jedes Mal übernahmen wir bewusst die Kontrolle für die seelische Abstumpfung und unterbrachen den Einfluss auf die Kinder. Es liegt schlicht an mir, die Kontrolle für mein Leben und das meiner kleinen Kinder zu übernehmen. Niemand weiß genau, welche Bilder, Worte, Handlungen und Gefühle schlussendlich im Unterbewusstsein zurückbleiben.

Jenseits der Logik-Tipp

Hand aufs Herz. Übernimm die Verantwortung und die Kontrolle für dein Leben. Fokussiere dich auf das Gute im Leben. Das Außen kannst du nicht ändern. Doch wenn du dich im Inneren änderst, dann verändert sich auch das Außen.

Bellende Hunde und andere Meinungsmacher …

Kennen Sie die Geschichte von Rolf? Rolf ist fünf Jahre a und clever. Er hört auf seinen Vater und dieser sagt imme wieder: »Bellende Hunde sind gefährlich. Wenn du einen bellenden Hund siehst, dann renn weg, such das Weite, denn Hunde, die bellen, beißen auch.« Rolf kommt in den Kindergarten. Schon bald geht er den Weg dahin mutig und allein ohne seine Mutter. Doch auf dem Kindergartenweg lauert neuerdings eine große Gefahr. Auf der linken Seite, hinter einem weißen Zaun: ein bellender Hund! Rolf ist clever. Weil er gelernt hat, bellenden Hunden aus dem Weg zu gehen, weicht er auf der Höhe des Zaunes über die stark befahrene Hauptstraße auf die andere Straßenseite aus und geht dort weiter. Sobald der bellende Hund keine Gefahr mehr darstellt, kehrt Rolf – wieder über Hauptstraße mit dem dichten Verkehr – auf die andere Seite zurück. Er nimmt somit nochmals das Risiko in Kauf, von einem Auto angefahren zu werden. Doch dessen ist sich Rolf nicht bewusst, denn er versucht ja nur sein Bestes, nämlich dem bellenden Hund auszuweichen.

Offensichtlich nimmt er auf diese Weise ein viel größeres Risiko auf sich, um seinem Idol, seinem Vater, bedingungslos zu folgen. Übrigens, Rolf ist heute 34 Jahre alt, er hat noch immer Angst vor bellenden Hunden. Warum? Das weiß er leider nicht mehr.

Solche Beispiele gibt es viele. Wir haben unser Verhalten, unsere Meinungen und Ängste, weil diese uns unabsichtlich von anderen tief ins Unterbewusste eingepflanzt wurden. In der Regel durch Eltern, Großeltern oder Lehrer. Leider hinterfragen wir diese inneren Blockaden meist nicht mehr.

Seit 1974 werden in deutsche Autos Sicherheitsgurte eingebaut. Für viele war das Anlegen der Gurte wie Fesseln und löste Angst aus. Niemand fand das angenehm, niemand gurtete sich an. Auch die Werbung im Jahre 1976, »Klick – erst gurten, dann starten«, änderte das Verhalten der Autofahrer nicht. Niemand wollte die Gurte im Auto tragen. Zeitgleich wurde in Hollywoodfilmen öfter gezeigt, dass sich die Filmhelden angurteten. Die Zuschauer sahen, wie bei einer wilden Verfolgungsjagd zwischen Gangstern und Polizei die Protagonisten den Gurt anlegten. Unbewusst wurde dieses Verhalten nun immer öfter kopiert, sodass 1983 bereits 60 Prozent der Autofahrer mit Gurten fuhren. Am 1. August 1984 kam dann noch das Bußgeld von 40 DM dazu. Dies erhöhte das Angurten auf 90 Prozent.

Meine Frau stellte neulich fest, dass ich im Auto immer bereits etwa 100 Meter vor unserem Haus die Gurte löse. »Warum tust du das?«, fragte sie. Ich: »Keine Ahnung. Weißt du, ich fühle mich dann frei und kann in Ruhe einparken.« Auch nach längerem Nachdenken wusste ich keine Antwort. Der Zufall wollte es, dass ich ein paar Tage später mit meiner lieben Mutter gemeinsam im Auto fuhr. Sie saß am Steuer, ich war Beifahrer. Ich traute meinen Augen nicht. Sie löste circa 100 Meter vor dem Ziel ihre Gurte. Ich: »Warum tust du das?« Sie: »Ich weiß es nicht. Ich mache das immer so.« Ich erzählte ihr die Geschichte von mir und wir mussten lachen. Nach einigem Studieren landeten wir bei ihrem Fahrlehrer.

Auch die folgende Geschichte zeigt eindrucksvoll, wie beeinflussbar wir sind und wie unbemerkt wir viele Handlungen einfach in unser Leben integrieren.

Carola kocht gerne mit ihrer Mutter. Das Mädchen ist zwölf Jahre alt und schaut der Mutti oft beim Kochen zu. Heute gibt es Fleisch. Die Mutti schneidet das Fleisch in zwei Stücke und will gerade weitermachen, da fragt Carola: »Du Mutti, warum schneidest du das Stück in zwei gleich große Teile, jetzt, beim Kochen?«. Mutti antwortet: »Puh, gute Frage, das weiß ich nicht.« »Ja, aber Mutti, du hast doch sicherlich einen Grund dafür?«, möchte Carola wissen. Mutti dachte nach und sagt: »Tatsächlich, du hast recht, meine Tochter. Ich habe das von meiner Mutter, also deiner Grossmutter Jeda, übernommen. Sie hat mir das Kochen beigebracht. Das habe ich von ihr. Frag sie, sie kommt am

Wochenende.« Gesagt, getan. Am Sonntag eilt die zwölfjährige Carola zu ihrer Großmutter und sagt: »Wir haben diese Woche gekocht und Mutti hat das Fleisch in zwei Hälften geschnitten. Sie hat gesagt, du tust das auch. Warum?« Großmutti lächelt und studiert: »Ich? Nein, das mach ich bestimmt nicht, nein.« »Doch, Mutti hat es gesagt, du tust es, du hast es ihr beigebracht.« Es folgt ein Gespräch zwischen den dreien und plötzlich sagt die Großmutter: »Carola, stimmt, jetzt erinnere ich mich wieder. Das ist schon sehr lange her. Das habe ich, als deine Mutti ein Kind war, auch gemacht. Aber weißt du, das musste ich ja auch, denn damals hatte ich eine Pfanne, die nicht so groß war wie die heute. Und damit das Fleisch nicht über den Pfannenrand herausragte, musste ich es in zwei Stücke schneiden.«

Die Frage ist: »Was kopierst du heute noch unbewusst, was du nicht mehr kopieren musst, weil sich das Außen längst verändert hat?«

▸▸ **Jenseits der Logik-Tipp**
Hand aufs Herz. Finde unbewusste Abläufe heraus und hinterfrage sie. Heute ist ein guter Zeitpunkt, um diese Abläufe zu unterbrechen und aufzulösen.

Dornröschen oder Prinz?

Es gibt eine Studie, die besagt, dass Kinder, die nur das Filmplakat von »Der weiße Hai« immer wieder anschauen, unbewusst Angst entwickeln, im Meer zu schwimmen. Irgendwie leuchtet das ein. Du erinnerst dich: ein riesiger weißer Hai, der aus den Tiefen des Meeres hervorschießt und eine schwimmende Frau angreift. Die Kinder, die das Bild gesehen haben, assoziieren dies unbewusst mit Angst vor tiefem Wasser. Interessanterweise werden Haiangriffe, egal wo auf der Welt, auch stets in den Medien verbreitet. Die Dramatik scheint nicht nur in den Köpfen von Kindern verankert zu sein. Schauen wir uns das mal genauer an.

Fakt ist: 2010 gab es 82 Hai-Angriffe, 6 davon tödlich. 2011 gab es 79 Hai-Angriffe, 13 davon tödlich. 2012 gab es 81 Hai-Angriffe, 7 davon tödlich. 2013 gab es 72 Hai-Angriffe, 10 davon tödlich. (Quelle: http://de.statista.com/statistik/daten/studie/158200/umfrage/anzahl-der-haiangriffe-weltweit)

Zum Vergleich: Weltweit werden durch Menschen jährlich über 200 Millionen Haie getötet. Und von diesen 200 Millionen Haien hören wir nichts. Noch einige Vergleiche: Weltweit gibt es 1,3 Millionen Verkehrstote, und von diesen hören wir sehr wenig oder nur am Rande. Weltweit sterben 5,4 Millionen Menschen durch Tabak bzw. Rauchen. Diese Zahlen sind unglaublich. Im Vergleich zu nur sechs bis dreizehn tödlichen Hai-Angriffen – auch wenn jeder einzelne natürlich tragisch ist. Da jedoch die Hai-Angriffe zur Titelgeschichte werden, wird automatisch suggeriert, dass dies weit schlimmer sein muss, häufiger vorkommt, und so bleiben sie intensiver im Bewusstsein hängen. *Der Fokus folgt der Aufmerksamkeit.*

Auch die Angst vor Spinnen wurde untersucht. Die Forschung sagt: »Die Spinne ist plötzlich da und sie bewegt sich azyklisch. Ein Urinstinkt im menschlichen Hirn schlägt Alarm und soll uns vor dem Überleben schützen.« Dies stimmt sicherlich, doch ich weiß einen zweiten Grund: Kinder haben eine feine Sensorik. Sie spüren, fühlen oder beobachten sehr gut. Die Energien oder den Adrenalinschub der Eltern spürt das Kind und lernt so: Spinne = Angst = Flucht = Gefahr. Die Kinder kopieren dieses Gefühl 1:1.

Tatsache ist, im Dschungel oder im Busch sind Spinnen feine Delikatessen. Angst vor Spinnen ist dort ein Fremdwort.

Fazit: Deine Gedanken sind geprägt von denen, die dich erzogen haben und jenen, die um dich herum sind. Die Prägung ist eine Programmierung deines Unterbewusstseins. Das heißt, deine Gedanken enthalten klare Begrenzungen, die heute für das eigene Leben – für dein aktuelles Leben – absolut nicht mehr sinnvoll sind. Du bist somit jedoch nicht frei. Du hast dich unbewusst in einem transparenten Gefängnis eingesperrt und glaubst: »Das ist meine vollständige Welt.« Deine Gedanken sind so nicht zielführend und arbeiten oft gegen dich.

Frag dich: Bist du ein Dornröschen, das auf den Prinzen wartet, bis er endlich kommt und dich wachküsst – oder bist du der Prinz, der das Dornröschen küsst? (Bitte beachte die männliche und weibliche Form. Natürlich gibt es auch schlafende männliche Dornröschen und küssende Prinzessinnen. Wie gesagt, behalten wir in diesem Buch der Einfachheit halber die männliche Form bei.)

Was oder wer bist du? Richtig, es geht um deine innere Einstellung! Bist du eher Opfer oder Macher? Die Schule bietet dir den Opfer-Fokus an. In der Wirtschaft sind die erfolgreichen Menschen in der Regel Macher-Typen, also Prinzen. Klar, du kannst natürlich sagen: »Ich hatte halt Pech, meine Eltern haben mich so erzogen, was kann ich dafür?« Das stimmt, du kannst diese Opferhaltung beibehalten oder einfach erkennen, dass wieder das Dornröschen durch dich gesprochen hat. Wach auf! Du bist ein wundervoller Mensch! Erkenne, dass auch in dir der Prinz steckt. Nimm diese innere Haltung an.

▶▶ **Jenseits der Logik-Tipp**
Hand aufs Herz. Atme tief ein und sage jetzt: Ich bin ein Prinz (oder eine Prinzessin). Vor dir liegt dein Leben als Kaiser/Kaiserin oder König/Königin. Allein deine innere Haltung dazu wendet das Blatt und du änderst alles. Du hast in dir immer zwei Welten. Entdecke deine neue Welt.

Glaube versetzt Berge

Du hast nun herausgefunden, dass wir uns auf das fokussieren müssen, was wir wollen. Prägungen, unbewusste Erlebnisse und Glaubenssätze, die uns eingetrichtert wurden, haben fundamentalen Einfluss auf den Verlauf deines Lebens.

Um herauszufinden, was dich im Leben bremst, was dir alles ins Unterbewusstsein suggeriert wurde, brauche ich nun deine Hilfe.

Übung 1:
Finde heraus, welche negativen oder einschränkenden Prägungen, Glaubenssätze oder Überzeugungen in dir vorhanden sind und dich in deiner heutigen Situation und in deinen Fähigkeiten begrenzen. Dass dies nicht immer offensichtlich ist, ist uns wohl beiden klar.

Weitere Möglichkeiten, Glaubenssätze zu finden, sind folgende Fragen:

Übung 2 – Positive Aussagen:
- Was willst du? Was ist dir wichtig?
- Warum ist es dir wichtig?

- Warum möchtest du etwas so, wie du es machen möchtest?
- Warum machst du etwas so, wie du es machst?
- Warum ist es so, wie es ist?
- Ist das, was du glaubst, für dich richtig?
- Führt es zum Ziel?
- Was kannst du?
- Warum glaubst du, dass du es kannst?

Negative Aussagen:

- Was willst du nicht? Was ist dir nicht wichtig?
- Warum ist es dir nicht wichtig?
- Warum möchtest du etwas so nicht, wie du es machen solltest?
- Warum machst du etwas nicht so, wie du es machen könntest?
- Warum ist es nicht so, wie du es gerne hättest?
- Ist das, was du glaubst, für dich falsch?
- Warum führt es nicht zum Ziel?
- Was kannst du nicht?
- Warum glaubst du, dass du es nicht kannst?

In den Antworten zu diesen Fragen finden wir oft tiefgreifende Erlebnisse aus der Kindheit wieder. Allein durch das Bewusstwerden darüber kann sich der Glaubenssatz auflösen.

Jenseits der Logik-Tipp

Hand aufs Herz. Ich bin mir meiner Prägungen und Glaubenssätze bewusst und lege einengende und bremsende Muster Schritt für Schritt ab. Ich habe einen freien Willen. Ich bin ein freier Mensch.

Was bremst: Ein Indianer kennt keinen Schmerz

Bestimmt ist dir aufgefallen, dass du Glaubenssätze in dir gefunden hast, die dich bremsen oder andere, die dich kräftig unterstützen.

Schon als Kind faszinierten mich die Indianer sehr. Obwohl ich eine sehr feinfühlige Mutter habe, kam es hin und wieder vor, dass sie mich mit den Worten: »Ein Indianer kennt keinen Schmerz« aufmuntern wollte, wenn ich mich nicht wirklich schlimm gestoßen hatte. Dieser Satz wurde für mich später zum Bumerang. Als ich nach einem intensiven Arbeitstag um 20 Uhr Nackenschmerzen hatte, sagte ich mir selbst: »Komm, ein Indianer kennt keinen Schmerz! Weiter geht es!« Obwohl ich Schmerzen hatte, quälte sich der innere Indianer noch bis 23 Uhr durch. Natürlich konnte ich so viel mehr leisten als andere, doch ich betrieb zugleich einen klaren Raubbau an meinem Körper. Auch als ich 2007 einen Autounfall hatte und mir etwas Ruhe hätte gönnen müssen, sagte ich oft: »Komm, steh auf Junge, ein Indianer kennt keinen Schmerz!«

Ein Glaubenssatz kann je nach Situation einen positiven oder negativen Auslöser haben. Das Geheimnis liegt darin, dich selbst aus der Adlerperspektive zu beobachten. Dies geht wunderbar, wenn man in der Ruhe ist. In der Ruhe liegt die wahre Kraft.

▸▸ Jenseits der Logik –Tipp

Hand aufs Herz. Bitte sprich laut vor: Ich glaube an mich und mein Leben! Ich bin einzigartig! Ich bin ein König oder Kaiser von meinem Leben. Das, was ich glaube, ist die Wahrheit.

Du bist einzigartig! Ich weiß das. Ich sehe in dir den Diamanten, wo du vielleicht nur einen Kieselstein siehst. Ich fühle deine wundervolle Seele, mit all den Möglichkeiten, Chancen und Lösungen. Fokussiere dich bewusst auf die 21. Beginn an dich zu glauben!

Auf meiner Internet-Seite www.brunoerni.com/memberbereich findest du über 150 Glaubenssätze. Du kannst diese Datei kostenlos herunterladen.

Woher kommen meine Glaubenssätze?

Wenn du dir immer wieder das gleiche Lied anhörst, dann summst du plötzlich unbewusst dieses Lied. Wenn du dir immer wieder die negativen Nachrichten anschaust, dann siehst du immer mehr negative Dinge, die in der Welt geschehen. Wenn du immer wieder die gleiche TV-Serie anschaust, dann beginnst du dich plötzlich so zu bewegen wie dein Lieblingsschauspieler.

2007 und 2014 machte ich einen Selbsttest. Ich beobachtete, was mein Verhalten und mein Denken beeinflusst. In den Jahren 2007 und 2014 schaute ich keine Nachrichten. 2007 entschied ich mich bewusst dafür, nur eine TV-Serie anzusehen. Die Sendung hieß: »King of Queen«. Und in der Tat, plötzlich verhielt ich mich wie der zappelige Arthur. Ich hob meine Arme wie er und ging wie er. Gegen Ende der Serie beschuldigten die Figuren der Serie einander immer mehr. Heute habe ich den Fokus mehr auf das Lachen gelegt. Die TV-Serie »Friends« (zehn Staffeln) kann ich da wärmstens empfehlen. Sie unterstützt gute Gefühle und bedient den Humor.

Kinder lernen durch Kopieren, wie wir bereits gehört haben. Wir Erwachsenen werden unbewusst beeinflusst. So sind auch unsere Prägungen klare Kopien. Dazu kommt das energetische Feld, durch das wir mit unseren Familien verbunden sind. Auch Reichtum hat Energie. Kinder aus reichen Familien werden meist wieder reich. Genauso verhält es sich bei armen Ländern oder armen Menschen. Die Reichen werden immer reicher und die Armen immer ärmer. Glaubenssätze umhüllen Länder, Firmen, Familien, einzelne Menschen und eben auch dich. Diese Sätze bilden Energien, denn alles ist Energie. Wenn man per Knopfdruck allen Ländern dieser Welt gleich viel Geld geben würde, so wäre doch wieder in kürzester Zeit ein Ungleichgewicht da. Die magnetischen Energien ziehen das wieder an. Wenn du also deinen Durchbruch oder dein Wachstum erreichen möchtest, dann musst du wissen, welche Basis-Energie du hast. In spirituellen Aussagen finde ich Aussagen, die behaupten, dass die letzten sieben Generationen dein Leben beeinflussen. Also nicht nur deine Eltern und Großeltern, sondern auch deine Ur-Ur-Ur-Ur-Ur-Großeltern. Ahnenforschung bekommt so eine völlig neue Bedeutung. Im ersten Moment lehnte ich diese Vorstellung ab. Doch wenn man das etwas ruhen lässt, dann macht es ganz klar Sinn. Kinder von reichen Eltern übernehmen das unbewusste energetische Denkfeld der Fülle. Was die Eltern über Geld denken, ist für das Kind normal. Fülle zieht Fülle an.

Was denken bloß die anderen? – Flucht aus dem Gedanken-Gefängnis

Als ich mich im Oktober 2005 selbstständig machte, nahm ich mir sehr viel Zeit für die Vorbereitung. Ein ganzes Jahr recherchierte ich meine neuen Themen. Allein über das Thema Kommunikation verbrachte ich 1.000 Stunden im Selbststudium. Dazu alle Charaktertypen-Modelle, NLP, Vertrieb und vieles mehr. Ich modellierte meine Inhalte aufgrund meiner bisherigen Erfolge. Ich »erfand« dazu die AHA-Expedition® für meine Seminarreihe und schrieb das gleichnamige Hörbuch: »Die Aha-Expedition – Wie Sie beliebt und einflussreich sind!«. 2006 lebte ich ausschließlich von meinem Ersparten und machte mir viele Gedanken, wie ich die Seminarwelt erobern möchte. Es gab immer wieder Momente, in denen ich am liebsten nach draußen gegangen und mich in der frischen Luft im Liegestuhl entspannt hätte. Rein logisch betrachtet macht das ja auch Sinn. Dennoch tat ich es nicht. Warum? Es kreiste in mir der Gedanke: Was denkt denn bloß der Nachbar, wenn ich am Nachmittag um 15.00 Uhr plötzlich im Liegestuhl im Garten liege. Dann denkt der vielleicht gar: »Hm, arbeitet er nicht? Arbeitslos? Geht's ihm nicht gut?«

Mir war es also immer sehr wichtig, was der Nachbar oder andere Menschen von mir denken. Wenn ich dir das heute so anvertraue, dann weiß ich, das klingt total verrückt. Gut möglich, dass du nur den Kopf schütteln kannst, ein müdes Schmunzeln übrig hast oder mich nicht verstehst. Heute kann ich auch darüber reden und lachen. Ich habe erkannt, dass ich mich selbst in meinem eigenen Gedanken-Gefängnis eingesperrt hatte. Doch damals war es mir bitterernst, ich konnte nicht einfach so »aussteigen«. Es war mir wirklich wichtig, was die anderen Menschen über mich denken, denn ich bot das Bild des erfolgreichen Agentur- und Projektleiters, welches ich aufrechterhalten wollte.

Mein Ego wollte, dass die Menschen von mir denken: »Hey, der Erni ist gut.« Ich brauchte diese Anerkennung aus dem Außen. Heute bin ich stolz darauf, dass ich den Mut hatte, hinzuschauen und das Gedanken-Gefängnis aufzulösen.

Es stellte sich die Frage: Wie erkenne und verändere ich meine Glaubensmuster? Woher kommt mein diszipliniertes

Verhalten? In meiner beruflichen Laufbahn hatte ich zwei sehr strenge Lehrmeister. Das wusste ich mit dem Verstand. Doch was genau schränkte mich derart ein?

Ich kam auf vier Schritte, mit denen ich meine Glaubensmuster erkennen und verändern konnte.

- Schritt 1: Zuerst musste mir überhaupt bewusst werden, dass mein Verhalten eine Einschränkung in meinem Leben auslöste.
- Schritt 2: Im zweiten Schritt hinterfragte ich mein Handeln: Warum schränkte ich mich ein? Als ein Grund ergab sich, dass ich dachte: Was denkt wohl der Nachbar?
- Schritt 3: In einem nächsten Schritt fuhr ich fort, meine Handlungen zu hinterfragen: Gibt es noch mehr Situationen, in denen ich etwas tue und mir dabei überlege, was die anderen von mir denken? So entdeckte ich den Glaubenssatz: *Mir ist wichtig, was andere von mir denken.*
- Schritt 4: Zuletzt stellte ich mir die Frage, warum das so ist und woher es kommt?

In einer Meditation fragte ich mich gezielt: »Woher kommt das? Warum ist es mir wichtig, was andere Menschen über mich denken?« Und plötzlich, nach der Meditation, kam mir der Gedankenblitz. Es war mir auf einen Schlag klar. Hier die Geschichte dazu:

Ich bin am Rande der Stadt Zürich in Zürich-Altstetten aufgewachsen. Wir wohnten in einer günstigen Genossenschaftswohnung. Der Zugang zu unserem Quartier führte über eine neigende Einbahnstraße. Mein Vater stellte oft den Motor seines sportlichen Fords Capri ab und ließ das Auto 200 Meter lautlos in den Hof gleiten.

»Warum stellst du den Motor ab?« fragte der siebenjährige Bruno seinen Papa. »Wenn ich den Motor abstelle, dann gleiten wir ganz leise hinunter. Stell dir mal vor, was da die anderen Menschen von uns denken: ›Wow, was für ein elegantes Auto!‹«

Jeder Papa ist ein großes Vorbild, so auch meiner. Ich lernte in diesen Wiederholungen mein ganz persönliches Glaubensmuster: »Ein schönes und ruhiges Auto ist wichtig. Es ist wichtig zu wissen, was andere über mich denken. Wie ich mich verhalte, hat Einfluss darauf, dass man mich wahrnimmt und liebt.«

Verstehst du den Zusammenhang? Kein Wunder, dass ich für Autos schon sehr viel Geld ausgegeben habe. Es waren immer große teure Luxusautos. Selbstverständlich habe ich mit der Zeit noch viele weitere solcher eingrenzenden Tatsachen aufgedeckt. Ich lade dich deshalb dazu ein, jetzt auch intensiv bei dir hinzuschauen. Was engt dich ein? Welche Glaubenssätze hast du? Was reduziert dein wahres Potenzial? Wo sind deine Handbremsen in dir?

Die folgenden Fragen werden dir dabei helfen:

Was schränkt mich in meinem Leben ein?

Wo oder wobei gehe ich nicht frei voran?

Wo und wie passe ich mich an?

Woher kommt das?

Warum verhalte ich mich so?

Mit dem »Warum« findest du tiefe Glaubensmuster.

Kritische Bemerkung: In meinen unzähligen Coachings habe ich dabei immer wieder festgestellt, dass die Religionen und somit der vorgegebene Glauben uns enorm eingrenzen. Ich überlasse es klar dir, dich in diesem Punkt zu hinterfragen. Was wäre, wenn sich die religiösen Kulturen zum Teil geirrt hätten? Wie würde dein Leben dann aussehen? Auf meiner Website www.brunoerni.com/memberbereich kannst du dazu kostenlos ein Formular herunterladen. Fülle es aus und lösche so vergangene alte Prägungen.

Viele deiner Gedanken sind nicht wirklich deine eigenen Gedanken. Heute ist es mir meistens »egal«, was andere Leute über mich denken. Dies hat nichts mit Gleichgültigkeit zu tun. Ich versuche dabei einfach, auf mein Herz zu hören. Das kann ein langer Prozess sein, denn die Eingrenzung, immer darauf zu achten, was andere über mich denken, habe ich erst 2013 endgültig aufgelöst. Stell dir das vor – da war ich schon 45 Jahre alt. Das heißt also, über 35 Jahre in meinem Leben hat mich dieser Glaubenssatz beeinflusst und eingeengt. Ich habe mögliche Chancen nicht wahrgenommen, weil es mir immer wichtig war, was andere Menschen über mein Leben dachten.

▸▸ **Jenseits der Logik-Tipp**

Finde deine häufigsten Glaubensmuster heraus. Allein mit dem Erkennen wirst du frei und unabhängig. Hinterfrage mit dem »Warum« in einer positiven Absicht. Hinschauen, sagte der Meister!

Glaubenssätze aus energetischer Sicht

Ich behaupte: Alles ist Energie – du als Mensch und auch deine Gedanken. Deine Gedanken lösen Energien aus. Wie sehen deine Glaubenssätze aus energetischer Sicht aus und wo sind sie gespeichert?

Wenn wir einem Menschen, der vor einer weißen Wand steht, auf die Stirn oder in die Haare sehen, können wir am Rande des Kopfes seine Aura (Energiefeld) sehen. Die Chakren sind Energiesysteme im Körper. Mit etwas Übung kannst du diese auch sehen. Wir können von den energetischen Organen sprechen. Ein Chakra kann so viele Informationen wie alle Radiostationen auf der ganzen Welt aufnehmen. Wenn ich in meiner Praxis Energie-Coachings gebe und an den sieben Hauptchakren behandle, dann vergleiche ich das oft mit der Kanalreinigung. Viele Chakren schwingen nicht optimal und der Mensch spürt oder empfindet dies am Körper oder in der Psyche. Wenn wir nach dem Grund suchen, warum die Chakren nicht optimal fließen, dann ist mir aufgefallen, dass viele Menschen gegen das Leben leben. Gegen die inneren Wünsche, gegen die innere Stimme oder gegen den Seelenweg.

Ein Kind ist, wenn es auf die Welt kommt, energetisch mit den Eltern verbunden. Alle zwei Jahre öffnet sich beim Kind ein Chakra. Mit 14 ist es selbstständig. Eltern erleben dann mit der Pubertät, dass das Kind versucht, sich in der eigenen Welt zurechtzufinden. Die Grenzen werden getestet.

Kennen wir von jedem einzelnen Chakra die Aufgabe, fällt es uns leichter, das Leben zu leben. Glaubenssätze sind nämlich auch in den Hauptchakren energetisch verankert. Das Wissen um die Chakren ist tiefgründig und ich brauchte fast zwei Jahre, um das alles richtig zu verstehen und zu behandeln. Du bekommst hier das Allerwichtigste für dich mit, damit du auch ohne fremde Hilfe deine persönlichen Grenzen sprengen kannst.

Chakren sind nur aktiv, wenn die Energie, die durch sie fließt, zum Leben genutzt wird. Wenn wir uns das klarmachen, dann kommen wir nicht umhin, über unser Leben neu nachzudenken, und über die Art und Weise, wie wir mit den Dingen umgehen.

- *Wurzelchakra* (im Becken/Schritt): Das Wurzelchakra ist lebendig, wenn ich das tue, was mich motiviert!
  Ein Kind ist gesund und glücklich, wenn es spielen, lernen und erschaffen kann. Leider fokussieren wir uns in unserer Kultur oft nur auf den Beruf und verlernen das Spielen, Lernen und Erschaffen.
  Handlungsaufforderung: Ich spiele, lerne und erschaffe!
- *Sexualchakra* (eine Handfläche unter dem Bauchnabel): Das Sexualchakra ist lebendig, wenn ich

neugierig ins Leben gehe und herausfinde, was zu mir passt, und wie ich es in mein Leben – in mich – integrieren kann. Entdecke deine Entsprechung.
Handlungsaufforderung: Ich entdecke mein Leben!

- *Solarplexus* (eine Handfläche oberhalb des Bauchnabels): Das Solarplexuschakra ist aktiv, wenn ich mich frage: Wer bin ich in diesem Leben? Was will ich? Was denke ich? Was fühle ich? Was will ich sein? Welche Rollen will ich spielen? Wie kann ich mich zum Ausdruck bringen und zu meiner Bestimmung kommen? Wer bin ich?
Handlungsaufforderung: Ich weiß, wer ich bin, was ich will, was ich denke und fühle.
- *Herzchakra:* Das Herzchakra wird aktiv, indem ich mir klarmache: Es gibt nichts außer Gott oder das Universum. Wenn überall Gott (Buddha, Allah, Manitu, Universum) ist und ich will Gott verstehen, dann muss ich versuchen, alles zu verstehen, was mich umgibt. Es liebevoll und großzügig betrachten, ohne Urteil, ohne Wertung mit viel Verständnis. Denn: Alles ist eins. Die Liebe ist überall.
Handlungsaufforderung: Alles ist »gut«. Die Liebe ist überall.
- *Halschakra:* Wenn das Kehlkopfchakra aktiv werden soll, dann muss ich mich fragen: Wie will ich mit den Dingen umgehen? Was ist mein persönlicher Ausdruck? Wie kann ich das, was ich fühle und denke, sagen? Wohin zieht es mich, es in die Tat umzusetzen? Was ist sein Ausdruck? Wenn ich mich ausdrücke, dann steigert sich meine Wahrnehmung. Wenn mein Ausdruck zurückgeht, dann geht meine Wahrnehmung zurück.
Handlungsaufforderung: Ich drücke mich aus und sage, was ich denke und fühle.
- *Stirnchakra:* Das Stirnchakra (drittes Auge) will Impulse aufnehmen und abgeben. Gedankenblitze,

kreative Ideen, Intuition erkennen. Hier ist der Zugang zu deiner inneren Stimme. Eine Idee, die durch dich in einer neuen Form geboren werden will.
Handlungsaufforderung: Ich bin offen für neue Impulse.

- *Das Kronenchakra* (auf dem Kopf): Das Kronenchakra ist dann aktiv, wenn ich nach Vertrauen suche. Wenn ich die Verbindung zum »göttlichen« Urgrund suche und große Sehnsucht danach entwickle: Ich will vertrauen. Ich will das Gefühl wieder haben, egal wie die Dinge sind. Sie werden sich für mich wieder richtig entwickeln. Und wenn ich es suche, dann wird dieses Urvertrauen kommen. Urvertrauen heißt, ich gebe mich nicht der Angst hin. Nicht der Negativität, nicht dem Zweifel. Egal ob Angst, Zweifel, Negativität kommen: Ich habe Vertrauen. Mit Vertrauen kann ich alles in die richtigen Bahnen lenken. Statt zu jammern, mich zu beklagen, zu schimpfen und statt Angst und Zweifel zu haben, pflege ich Vertrauen. Ich schaue auf die 21. Das sage ich mir jeden Tag vor dem Einschlafen und morgen beim Aufwachen. Sehr heilsam!
  Handlungsaufforderung: Ich vertraue!

Betrachten wir mit dem genannten Chakren-Fokus einmal ein Kind. Nennen wir es Bruno. Irgendwann bis zum 2. Lebensjahr öffnet sich das 1. Chakra. Bruno spielt, lernt und erschafft in dieser Phase sehr intensiv.

Bis zum 4. Lebensjahr öffnet sich das zweite Chakra. Plötzlich entdeckt Bruno, dass es noch andere Menschen auf dieser Welt gibt. Bruno öffnet sich und kombiniert das zweite mit dem ersten Chakra.

Bis zum 6. Lebensjahr findet Bruno heraus, dass er auch eine eigene Meinung hat. Er probiert sich in Rollenspielen, darin, andere Kinder zu kopieren, zu schreien, leise zu sein, die eigene Gabe zu finden. Alles wird entdeckt und kombiniert.

Bis zum 8. Lebensjahr entdeckt Bruno ganz still und leise die Liebe. Neben seinen Eltern »verliebt« er sich in seine Lehrerin und entdeckt die Herzen der Mädchen. Der erste Schwarm oder Schülerschatz wird ins Lebensbuch geschrieben.

Bis zum 10. Lebensjahr spürt Bruno plötzlich, dass, wenn er etwas sagen möchte, es nicht mehr so frei aus dem Mund läuft. Irgendwie hat jetzt auch der Verstand mehr eingesetzt. Dennoch sagt er ab und zu ganz deutlich, was er will und was nicht.

Um das 12. Lebensjahr weiß Bruno plötzlich Dinge, die er sich nicht erklären kann. Sein Kopfkino mit Ahnungen nimmt stark zu. Er kann die Gedanken der Lehrer lesen und versteht die logische Schule immer weniger.

Um das 14. Lebensjahr vermisst Bruno das Vertrauen ins Leben. Er fühlt sich plötzlich so allein und hinterfragt das Leben. Gibt es Gott wirklich? Bin ich bloß eine Marionette? Ist das alles nur eine große virtuelle Show?

Unser Schulsystem wird in keiner Art und Weise auf Chakren-Logik aufgebaut. So fehlen die unlogischen Themen der Telepathie, der Intuition, des Visualisierens, der Liebe oder des Glücks und bilden keinen festen Bestandteil im Schulsystem. Ich ging neun Jahre in die Schule, dann ging es in die berufliche Ausbildung. Meine Frau war auf dem Gymnasium und besuchte 14 Jahre lang die Schule. Eine Bekannte von uns studierte und ging 20 Jahre in die Schule. 20 Jahre menschliches und künstliches Fachwissen für die linke logische Hirnhälfte. Da fehlt vielen die Verbundenheit zur rechten kreativen Hirnhälfte und zum Herz.

▸▸ Jenseits der Logik-Tipp
Setze oder lege dich bequem hin und versuche, die Chakrenaktivierung in dein Leben zu übertragen. Versuche dazu, dein Leben aufgrund der Chakren-Struktur Revue passieren zu lassen. Erinnere dich und verstehe!

So spürst du Energie

Drücke mit dem linken Daumen in die rechte Handfläche und mit dem rechten Daumen in die linke Handfläche. Du kannst auch nur die Hände reiben. Dadurch aktivierst du dir die Handchakren. Stell dir nun zwischen den Händen einen transparenten Ball oder eine imaginäre Lichtkugel vor. Versuch diese zu spüren, indem du den Ball bzw. die Kugel leicht zusammendrückst. Spürst du es? Wie fühlt sich das an? Deine Hände werden jetzt vielleicht etwas warm und kribbeln. Theoretisch weißt du, du könntest die Hände zusammenklatschen und es wäre weg, doch du spürst einen ganz leichten Widerstand zwischen den Händen.

Stell dir nun vor, zwischen deinen Händen ist positive Herzens-Energie. Diese Energie beinhaltet die Information, die du ihr gibst. Wenn ich ein Referat halte, brauche ich Power, Kraft, Lebendigkeit, Freude, Liebe und die Klarheit, dass alles optimal verläuft. Ich sehe dabei oft eine gelbe oder orange Energie. Welche Farbe hat diese Energie bei dir? Lass deine Intuition zu. Alles ist richtig. Während du die Energiekugel fühlst, visualisiere und fokussiere jetzt dazu den Raum, in dem du diese Energie benötigst. Für meine Vorträge stelle ich mir zum Beispiel die schwebende Energiekugel mitten in den Raum. Ich dehne diese gelborange Energie in Gedanken aus, bis sie den ganzen Raum ausfüllt. Parallel dazu spüre ich die Energie noch immer zwischen meinen Händen. Wie lange du das machst, ist deine Entscheidung. Das kann drei oder zehn Minuten dauern. Alles ist richtig. Du spürst innerlich, wenn es genug ist. Übung macht den Meister. Natürlich kannst du diese Übung auch für eine wichtige Sitzung, ein wichtiges Gespräch, ein Seminar, eine Geburt, eine Party, einen guten Flug, schöne Ferien usw. machen. Deiner Fantasie sind keine Grenzen gesetzt.

Ich wiederhole diese Übung zwei- bis dreimal. Am Ende gebe ich die Botschaft dazu: »Und wenn ich den Raum betrete und mit der Energie in Kontakt komme, dann läuft alles zu meiner vollsten Zufriedenheit. Ich bin total im Hier und Jetzt. Alle Kräfte sind mobilisiert und ich erlebe mein Tageshoch.«

Wenn du das so vorausprogrammierst und du dann wirklich am genannten Zeitpunkt in den Raum kommst, dann bist du wie elektrifiziert. Das ist *jenseits der Logik*!

Du kommst in diesen Raum, als wärst du schon immer da gewesen und du nimmst die Präsenz ein, die du dir wünschst. Diese unsichtbare Energie kannst du theoretisch bei jedem Kundentermin vorausschicken. Der erste Eindruck bekommt eine völlig neue Bedeutung. Nur machen das die wenigsten, denn das braucht ja auch Zeit und Absicht. Ich bediene mich dieser Methode bei mir wichtigen Referaten, Seminaren oder wichtigen Gesprächen.

▸▸ **Jenseits der Logik-Tipp**

Reibe deine Hände und probiere diese Energiekugel gleich noch einmal aus. Überlege dir jetzt: Wo kann ich das in meinem Leben integrieren und anwenden? Versuche dabei eine positive Erfahrung aufzubauen. Wo habe ich es gemacht und wie war das Ergebnis?

Die Macht der Gedanken

Alles, was neu ist, ist gut oder: Wie ich meine Traumfrau bestellte

2003, nach einer längeren Beziehung, hatte ich die Nase voll von Frauen. Es dauerte eine Zeit, bis ich wieder offen für eine Beziehung war. Die innere Bereitschaft für eine tiefe neue Beziehung war für mich das wichtige Fundament. Irgendwie kam mir das Buch von Dr. Joseph Murphy »Die Macht Ihres Unterbewusstseins« in die Hände und ich begann es zu lesen. Darin stand, dass man sich seine Frau »bestellen« kann. Obwohl sich in mir eine kritische Stimme meldete, folgte ich den Anweisungen. Ich konnte ja nur gewinnen.

1998 war eine zehnjährige Beziehung zu Ende gegangen. Bereits damals versuchte ich, mich mit einem Experiment zu lenken. Um schnell mit der neuen Situation klarzukommen, suggerierte ich meinem Unterbewusstsein die Wiederholung eines Satzes. Ich klebte mir diesen Satz an verschiedene Stellen in meine Wohnung. Überall dort, wo ich oft hinschaute: auf den Toiletten-Spiegel, bei der Kaffeemaschine, an die Innenseite der Wohnungstür, an die Plätze beim Aufstehen und beim Schuhe anziehen. Auf dem Zettel stand: »Alles, was anders ist als bisher, ist gut. Alles, was neu ist, ist gut! Ich bin offen für Neues und liebe die Veränderung.«

Das hatte damals sehr gut geklappt. Was ich nun 2003 gemacht habe, das bleibt unser Geheimnis, okay? Ich tat so, als wäre meine Traumfrau schon da! Als visuelle Unterstützung suchte ich mir in einem Magazin eine schöne Frau aus. Das Model vom Werbeinserat »Covergirl« traf meinen Geschmack. »Ja, in etwa so soll meine Frau aussehen.« Ein bisschen spanisch, italienisch, ein Touch südländisch, Typ Latina-Frau. Gefällt mir sehr gut. Ich schnitt das Bild aus und klebte es links an meinen PC. So sah ich »meine Frau« jeden Tag und begrüßte sie, wenn ich an den Arbeitsplatz kam.

Das »Tun, als ob«, ist eine magische Geschichte und ich nahm sie sehr ernst. So war dann »meine Frau« schon da. Ich lebte auch so, als wäre sie bereits Realität. Das begann so, dass ich am Morgen zum Frühstück zwei Tassen Kaffee zubereitete – eben eine für mich und eine für meine Frau. Ich stattete außerdem mein Bett mit einem zweiten Kissen und einer zweiten Decke aus. Meine Traumfrau schlief also bereits in meinem Bett. Am Morgen führte ich sie in ihr Büro in der Stadt Winterthur. Ich hielt kurz in der Nähe des Bahnhofes, damit sie aussteigen konnte. Dann fuhr ich in mein Büro. Am Abend holte ich sie ab und wir sprachen im Auto miteinander. Ich fragte sie: »Wie geht's dir, mein Schatz? Was hast du heute gemacht? Was hast du heute erlebt?« Ich erzählte ihr auch, was ich erlebt hatte. Ich habe bei vielen Dingen so getan, als wäre sie schon in meinem Leben. Eines Tages ging ich bewusst zu einer öffentlichen Telefonkabine und warf 40 Rappen ein. Ich rief meine Frau an. Ich wählte dabei meine Nummer und sagte: »Schatzi, ich geh noch tanzen, bevor ich nach Hause komme. Es wird ein bisschen später, warte nicht auf mich. Ich freue mich, dich dann zu sehen. Ich liebe dich!« Wohlverstanden, diese Aussagen habe ich mir auf meinen Telefonanrufbeantworter gesprochen. Es war ein toller Abend.

Bei all diesen Vorstellungen sagte ich mir auch, wie meine

Frau sein sollte. Liebe Leserin, lieber Leser, ich öffne dir intimste Details aus meinem Leben. Doch ich tue das, weil ich dir dabei helfen will und weil wir uns jetzt ja schon etwas kennen. Also du mich besser als ich dich. Ich sagte mir immer und immer wieder: »Ich habe eine Frau, die passt wundervoll zu mir. Sie ist total attraktiv, sie ist sexy, glücklich, gesund, treu, ehrlich und reich. Sie passt harmonisch und auf wundervolle Weise genau zu mir. Sie ergänzt mich mit ihrem So-sein.«

Das war meine Affirmation, die ich mehrmals am Tag bewusst wiederholte. Ich wiederholte dazu meine »Rollenspiele« immer und immer wieder. Vor allem beim Aufwachen, bevor ich meiner Frau einen Gutenmorgenkuss gab und beim Zubettgehen, nachdem ich ihr einen Gutenachtkuss gab.

Was geschah?

Nach sechs Wochen stand *sie* plötzlich da. In meinem Tanzlokal erschien sie wie aus dem Nichts. Sie sah genau so aus, wie ich sie mir bestellt hatte. Ich sah sie an und fragte: »Was machst denn du hier? Dich habe ich bisher hier nicht gesehen …« Wir kamen sehr schnell in ein gutes Gespräch. Es floss ganz leicht und locker. Ich forderte sie zum Tanz auf und sagte während des Tanzens: »Wow, du kannst gut tanzen«. Sie lächelte nur. Hätte ich gewusst, dass sie zu diesem Zeitpunkt Europameisterin im Tanzen (Discoswing) war, hätte ich sie wohl nie zum Tanzen aufgefordert.

An der Bar angekommen, sprachen wir weiter und stellten mit Erstaunen fest, dass wir für die gleiche Versicherung arbeiteten. Die gegenseitige Verbindung war somit schnell da. Ich hatte zu diesem Zeitpunkt für ein schweizweites Projekt drei Büros. Eines in Zürich, eines in St. Gallen und eines in Winterthur. Als sie mir dann sagte, wo genau sie in Winterthur arbeitete, traute ich meinen Ohren nicht. Sie arbeitete exakt einen Stock unter meinem Büro in einer anderen Abteilung. Und wenn ich sage, exakt unter mir, dann meine ich das wortwörtlich. Wäre ich mit meinem Bürostuhl durch den Boden gefallen, dann wäre ich auf ihrem Schoß gelandet. Stell dir so etwas einmal vor! Das ist unglaublich. Doch weil es getrennte und unterschiedliche Abteilungen waren, hatten wir uns bis zu diesem Zeitpunkt nie gesehen.

Obwohl wir die Telefonnummern austauschten, hatte ich nie den Mut, sie anzurufen. Im Nachhinein betrachtet mussten wir beide noch einiges im Leben erledigen und aufräumen, bevor wir Ende 2003 ein Paar wurden.

Der Rest ist private Geschichte. Das Schöne ist, dass wir 2007 heirateten und 2009 unser Sonnenschein Priscilla auf die Welt kam. Wir sind heute eine glückliche, harmonische Familie, exakt nach meinen Affirmationen. Sie ist noch heute meine Traumfrau. Und wissen Sie was? Ich liebe diese Geschichte!

Ich weiß, dass die Weise, wie mein Traum in Erfüllung gegangen ist, für viele meiner Leserinnen und Leser unglaublich oder schwer annehmbar ist. Und dennoch hat es sich so zugetragen. Wenn wir uns mit positiven Informationen beeinflussen wollen, dann nennt man das Affirmation. Wir können unser Unterbewusstsein mit Wortwiederholungen und mit inneren Bildern aufladen. Die Gefühle dazu bilden den Schlüssel. Eine Affirmation kannst du ganz einfach aufbauen. Oft machen wir das jedoch sehr unbewusst mit dem Fokus der 23. Weshalb es bei mir funktioniert hat? Weil ich immer daran geglaubt habe. Weil ich wusste, dass es funktioniert.

Pass auf, was du dir anhörst!

Als ich ein Kind war, litt mein Vater unter einer schweren Tropenkrankheit, die er über sieben Jahre lang nicht loswurde. Ich litt als Kind mit ihm mit und fand im Song von Peter Maffay Trost und Verständnis für meinen Vater. Den Song »Über sieben Brücken musst du gehen, sieben dunkle Jahre überstehen, sieben Mal wirst du die Asche sein, aber einmal auch der helle Schein« hörte ich bis zum Abwinken. Mit diesem Lied ging ich sieben Jahre durch die Hölle und ich wusste nicht, wieso. Wir wissen es jetzt, liebe Leserin, lieber Leser: Ständige Wortwiederholungen bilden deine Wahrheit.

Hör dir bewusst positive Affirmationen an, wie zum Beispiel den Song von Udo Jürgens: »Immer wieder geht die Sonne auf« oder »Alles, was gut tut, tut gut«. Es gibt so viele positive Songs, mit denen wir unserem Unterbewusstsein positive Botschaften suggerieren können und für die es wirklich dankbar ist. Du wirst auf diese Weise ein einfacheres Leben haben, mit 100 Prozent Garantie!

Denk immer wieder daran: Zwölf Kilometer Unterbewusstsein, zwei Millimeter Bewusstsein. Schau in den Himmel auf ein Flugzeug, womit füllst du diese Distanz? Alles, was du dir anhörst und ansiehst, löst ein Gefühl in dir aus und hinterlässt Spuren in deinem Unterbewusstsein. Vermeide Sondermüll wie Nachrichten, Angst und Ärger. Hör dir bewusst gute Geschichten an!

Selbst der stärkste Verstand kann dem nicht standhalten, das wissen wir aus der Hirnforschung. Wie bereits geschrieben: Wir sagen Negatives 33-mal weiter, mit einer 11-fachen Geschwindigkeit, und Positives wird nur dreimal weitererzählt.

▶▶ Jenseits der Logik-Tipp

Such dir in deiner CD- oder mp3-Sammlung deine 100 besten Songs heraus. Achte dabei darauf, dass die Texte positiv formuliert sind. Hör sie dir immer wieder an.

Veränderungen für Faule – So veränderst du eine Gewohnheit

Unser Unterbewusstsein pulsiert aus dir und wiederholt das, was du schon immer so gemacht hast. Dabei hast du das Gefühl der Sicherheit.

Doch der, der immer das tut, was er immer getan hat, bekommt immer das, was er schon hat. Mit anderen Worten: Wenn du weiterhin nur das tust, was du bisher getan hast, wirst du weiterhin nur das erleben, was du bisher erlebt hast. Grenzen sprengen wir, in dem wir hinschauen und uns verbessern, Gewohnheiten hinterfragen und verändern. Mach dein Unterbewusstsein zu deinem Freund! Gib ihm die Möglichkeit, durch ständiges Wiederholen eine neue Gewohnheit zu entwickeln.

Es gibt dazu verschiedene Thesen. Eine davon ist die 21-Tage-Strategie. Das heißt, dass du dich in den kommenden 21 Tagen konsequent in kleinen Schritten veränderst. Warum 21 Tage? Viele Studien belegen, dass der Mensch im Durchschnitt für eine Veränderung 21 Tage benötigt. Nun wissen wir beide, dass der Mensch keine Maschine ist. Es kann bei dir auch in nur einer Woche gehen oder in 30 oder 90 Tagen.

Viele Menschen nehmen sich zum Beispiel zu Beginn eines Jahres einiges für das neue Jahr vor. Gehen wir einmal davon aus, dass du mehr Sport treiben und mit dem Joggen beginnen möchtest. Nun machen viele den Fehler, dass sie ab dem ersten Tag das volle Programm ausleben. Bereits nach wenigen Tagen werden die ersten Ausfälle entstehen, da sie sich selbst überfordert haben. Die Motivation wird abnehmen und nach einigen Wochen werden sie wieder in der alten Gewohnheit leben. Wie also wäre es besser?

Mach ganz bewusst sehr kleine Schritte!

Tag 1: Du legst dir deinen Jogginganzug auf das Bett, betrachtest diesen und sagst dir: »Morgen beginne ich mit dem

Joggen.« Dann legst du die Kleider zurück in den Schrank, gehst in die Küche und belohnst dich mit einer kleinen Süßigkeit oder einem feinen Tee.

Tag 2: Du nimmst deinen Jogginganzug aus dem Schrank, ziehst diesen an und betrachtest dich im Spiegel. Du sagst nun zu dir: »Das hast du gut gemacht!« Ziehst den Jogginganzug wieder aus, und legst ihn zurück in den Kasten. Dann gehst du in die Küche und belohnst dich mit einer kleinen Süßigkeit oder einem feinen Tee.

Tag 3: Du nimmst deinen Jogginganzug aus dem Schrank, ziehst ihn an, gehst vor dein Haus. Nimmst einen tiefen Atemzug und gehst wieder in dein Haus oder deine Wohnung zurück. Du stehst vor dem Spiegel und sagst zu dir: »Das hast du gut gemacht!« Du gehst in die Küche und belohnst dich mit einer kleinen Süßigkeit oder einem feinen Tee.

Tag 4: Du nimmst deinen Jogginganzug aus dem Schrank, ziehst ihn an, gehst vor dein Haus und joggst zehn Schritte. Du nimmst einen tiefen Atemzug und joggst wieder zurück. Vor dem Spiegel sagst zu dir: »Das hast du gut gemacht!« Dann gehst du in die Küche und belohnst dich mit einer kleinen Süßigkeit oder einem feinen Tee.

Tag 5: Du nimmst deinen Jogginganzug aus dem Schrank, ziehst ihn an, gehst vor dein Haus und joggst nun 100 Meter. Du nimmst einen tiefen Atemzug und joggst wieder zurück. Vor dem Spiegel sagst du zu dir: »Das hast du gut gemacht!« Dann gehst du in die Küche und belohnst dich mit einer kleinen Süßigkeit oder einem feinen Tee.

Tag 6: Du nimmst deinen Jogginganzug aus dem Schrank, ziehst ihn an, gehst vor dein Haus und joggst nun 500 Meter. Du nimmst einen tiefen Atemzug und joggst wieder zurück. Vor dem Spiegel sagst du zu dir: »Das hast du gut gemacht!« Dann gehst du in die Küche und belohnst dich mit einer kleinen Süßigkeit oder einem feinen Tee.

Tag 7 bis 14: Du nimmst deinen Jogginganzug aus dem Schrank, ziehst ihn an, gehst vor dein Haus und joggst nun einen Kilometer. Du nimmst einen tiefen Atemzug und joggst wieder zurück. Vor dem Spiegel sagst du zu dir: »Das hast du gut gemacht!« Dann gehst du in die Küche und belohnst dich mit einer kleinen Süßigkeit oder einem feinen Tee.

Tag 14 bis 21: Du nimmst deinen Jogginganzug aus dem Schrank, ziehst ihn an, gehst vor dein Haus und joggst nun zwei Kilometer. Du nimmst einen tiefen Atemzug und joggst wieder zurück. Vor dem Spiegel sagst du zu dir: »Das hast du gut gemacht!« Dann gehst du in die Küche und belohnst dich mit einer kleinen Süßigkeit oder einem feinen Tee.

Ab dem Tag 21: Du nimmst deinen Jogginganzug aus dem Schrank, ziehst ihn an, gehst vor dein Haus und joggst nun so weit, wie du willst. Du nimmst einen tiefen Atemzug und joggst wieder zurück. Vor dem Spiegel sagst du zu dir: »Das hast du gut gemacht!«. Dann gehst du in die Küche und belohnst dich mit einer kleinen Süßigkeit oder einem feinen Tee.

Herzliche Gratulation! Du hast aus deiner Idee ein Ritual aufgebaut. Bravo, du hast das super gemacht!

Wertvoll dazu sind Wortwiederholungen zu sich selbst wie zum Beispiel:

- Ich jogge leicht und gerne jeden Tag.
- Joggen macht mir Freude.
- Ich liebe mich und meinen Körper.
- Ich mache es gut.

Wir werden später in diesem Buch noch intensiver auf die Affirmationen eingehen. Doch warum sollst du in so kleinen Schritten ein Ritual aufbauen? Das ist ganz einfach. Stell dir vor, du möchtest mehr Umsatz und musst dazu jeden Tag telefonieren. Diese Mehraufgabe wird dich überfordern und du wirst kaum ins Handeln kommen. Wichtig ist der erste kleine Schritt. Zum Beispiel: Montag von 10:00 bis 11:00 Uhr telefonieren. Dann beginnst du mit dem Aufbau wie vorher beschrieben. Mit diesem sanften Aufbau überwindest du den inneren Schweinehund und startest überhaupt mit deinem Vorhaben. Ansonsten geht es dir gleich wie vielen »Fitnessfanatikern«, die jedes Jahr ein Fitnessjahresabo kaufen, jedoch nur wenige Tage im Jahr wirklich trainieren.

▸▸ **Jenseits der Logik-Tipp**

Beginne ab heute eine längst fällige Veränderung, die du schon lange angehen wolltest und belohne dich jetzt für deinen Start! Mach dir dazu einen Erinnerungszettel und klebe diesen auf die Innenseite deiner Haus- oder Wohnungstür. Ich bin stolz auf dich!

Der Aborigines-Express-Trick

Im Mai 2003 hatte ich begonnen, meine Frau zu visualisieren. Dazu kamen Wortwiederholungen und das »Tun als ob«. Sechs Wochen später lernte ich meine Frau kennen. »Das ist gut und recht, doch geht das nicht auch ein bisschen schneller?«, fragen mich viele. Ich muss da immer etwas schmunzeln, denn ich bin ebenfalls ein eher ungeduldiger Mensch und liebe die Geschwindigkeit.

Zeit ist reine Illusion. Das wusste nicht nur Albert Einstein, sondern schon die Aborigines. Wie ein Forscher habe ich diese Kraft der Illusion mit dem Visualisieren vermischt und entwickelte die folgende Vier-Phasen-Technik. Ich nenne es den Aborigines-Express-Trick. Es gibt Geschichten darüber, dass die Aborigines so Knochenbrüche innerhalb Minuten heilen konnten. Sie veränderten mit der Macht ihrer Gedanken das Bewusstsein der Materie. Russland investiert zurzeit viel Geld in solche Projekte. Die USA vermutlich auch, doch es wird öffentlich wenig sichtbar. Der Grund ist einfach. Wer diese Technik beherrscht, kann nicht kontrolliert werden. Die Medizin bekommt eine völlig neue Bedeutung.

Wenn du visualisierst, wirst du immer aus den Bereichen 1. Privat, 2. Geschäft und 3. Gesundheit etwas anziehen oder verbessern wollen.

Weiter hinten im Buch gebe ich dir noch wertvolle Strukturen dazu mit.

Der Aborigines-Express-Trick basiert auf diesen Stufen:

1. Visualisieren in der Gegenwart
2. TV-Interview
3. Mensch deines Vertrauens ist stolz
4. Aborigines–Trick der Bewusstseinsveränderung

Schritt 1 – Visualisieren in der Gegenwart: Wähle jetzt einen Bereich aus, in dem du etwas verändern möchtest. Das kann sein: Lebenspartner, Haus, Gewicht, Gesundheit oder mehr Umsatz.

Nehmen wir an, du bist im Vertrieb tätig und möchtest mehr Umsatz. Stell dir vor deinem geistigen Auge ein 3D-Bild vor. Das, was du möchtest, ist eingetroffen. Das Endziel, wie du den gewünschten Umsatz schon erreicht hast. Du spürst deine Freude und gratulierst dir dazu. Du siehst deine Buchhaltung und sagst: »Wow, das war mein bestes Jahr. Ich habe in diesem Jahr so viele neue Kunden gewonnen und so viel mehr Umsatz gemacht. Fantastisch!« Stell dir die zufriedenen Kunden vor, die du mit deiner Arbeit glücklich gemacht hast. Welch freudiges Gefühl!

Stell dir nun vor, du läufst an einem Sandstrand entlang. Was genau siehst du? Siehst du dich von außen, als würdest du dich selbst beobachten? Wie als Zuschauer in einem Film? Oder siehst du dich mehr mitten im Geschehen?

Spürst du die Sonne auf der Haut und den Wind in den Haaren? Untersuchungen haben gezeigt, dass die Kraft des Visualisierens deutlich stärker ist, wenn du dich im Geschehen siehst und empfindest.

Wenn ein Skifahrer in seiner Vorstellung den Hang heruntergleitet, dann schaut er sich nicht von oben oder »draußen« zu, sondern er ist präsent, auf den Skiern. Er spürt die Skier und sieht das Slalomtor kommen, kippt leicht nach links, dann kommt das Slalomtor. Und wieder rechts und wieder links. Wenn du in deiner Vorstellung einen Partner in dein Leben ziehen willst, dann ist der Partner schon da. Du betrachtest dein Leben nicht von außen. Er/sie ist spürbar um dich schon da. Wenn du deinen Körper gesund denken möchtest, dann ist die Kraft deutlich stärker, wenn du in der Zelle drin bist. Spür und sieh, wie gut und freudig es diesen Zellen geht. Hüpf wie Mary Poppins ins Bild und erlebe es real.

Zurück zu deinem Umsatz. Spür den gratulierenden Handschlag von Freunden. Sieh dir deine Zahlen am Beamer bei der Geschäftspräsentation an, fühl den Applaus und erfreu dich an den Zahlen. Spür die Freude und den Jubel.

Alles beeinflusst dich auf dem Weg zum Ziel. Auch unterstützende Bilder. Doch achte gut darauf, welche Bilder in deiner Wohnung oder in deinem Haus hängen. Wenn noch immer ein Bild von deinem »mächtigen« Großvater hängt, dann kann die Macht der Ahnen dich unbewusst ausbremsen. Umgib dich mit positiven und motivierenden Bildern, die dich positiv beeinflussen.

Im Kapitel »Werde zur Nr. 1! – Visualisieren für Fortgeschrittene« lernst du, dass du diesen ersten Schritt nochmals in vier Unterschritte einteilen kannst.

Schritt 2 – TV-Interview: Es kommt ein Reporterteam vom Regio-TV und macht ein TV-Interview mit dir. Dieses

Reporterteam möchte von dir wissen, wie du es geschafft hast, dein Ziel so schnell zu erreichen. Wie und wann hat alles begonnen? Wie gelang dir der Durchbruch? Was hast du unternommen? Wie hast du so rasch einen so hohen Umsatz erzielt? Wie hast du es fertiggebracht, sichtbarer zu werden? Wie kamen die Kunden zu dir?

Du öffnest dem Reporter dein Schatzkistchen und erzählst nun detailliert, wie alles begonnen hat. Mögliche Antworten könnten sein: Ich habe begonnen, zu visualisieren. Ich bin ins Tun gekommen. Ich netzwerke mehr. Ich habe für fünf Stunden in der Woche eine Telefonverkäuferin eingestellt. Ich habe kostenlose Infoabende durchgeführt. Ich habe einen Flyer-Versand via Post gemacht. Erzähl dem Journalisten einfach alles.

Diese Aussagen erzeugen einen Sog in die richtige Richtung. Was geschieht im Energie-Feld bei dir? Du bestätigst deinem ersten Bild, dass es schon so gekommen ist, wie du es in deinem ersten Bild dreidimensional erlebt und gefühlt hast. Diese Energie zieht zum einen plötzlich neue Möglichkeiten in dein Leben und zum anderen verspürst du den Wunsch, dies in die Realität umzusetzen.

Der Reporter bedankt sich für deine offenen Antworten und ist begeistert. Er sichert dir zu, dass das Interview bereits heute Abend zur besten Sendezeit ausgestrahlt wird. Natürlich schaust du dir das Interview an und bist stolz und dankbar. Es ist unglaublich, wie gut sie es geschnitten haben. Du bist sehr zufrieden und weißt natürlich, dass dies wiederum ausgezeichnete Werbung für dich ist.

Schritt 3 – Mensch deines Vertrauens ist stolz: Eine dir nahestehende Person sieht deinen Beitrag, ruft dich an und gratuliert dir dazu. Es kann deine Mutter, dein Vater oder ein lieber Freund sein. »Junge, ich habe dein Interview gerade gesehen, ich bin ja sehr stolz auf dich. Du hast dich so positiv entwickelt, ich habe große Freude. Ich musste dies gleich weitererzählen. Unsere Freunde kommen noch auf dich zu!«

Bau nun dieses Gefühl ganz bewusst und intensiv in dir auf. Spür die große Freude, den enormen Stolz, den deine Mutter, der Vater oder der liebe Freund empfindet. Das macht auch dich sehr dankbar und stolz.

Dieses Gefühl ist nun das Gefühl hinter dem Gefühl. Es ist das Bild hinter dem Bild. Es kann gar nicht mehr anders. Dieser Sog ist so stark geworden, dass dein erstes Bild verdreifacht wurde. Es erzeugte eine absolute Wahrheit, denn es erzählt deine Geschichte, die andere Menschen wahrnehmen.

Schritt 4 – Aborigines-Trick der Bewusstseinsveränderung: Der vierte Schritt ist der Schlüssel zum Ganzen. Wir haben mit den ersten drei Schritten grundsätzlich in deiner Fantasie eine Reise in die Zukunft gemacht. Dennoch erlebten wir sie im Jetzt. Nun kommt der Schlüssel: Wir nehmen diese Geschichte und schieben sie, wie die Aborigines, in die Vergangenheit. Wir verändern das Bewusstsein dieser geladenen Energie und die Realität.

In unserem Beispiel gehen wir mit dem Gesamtgefühl des erzeugten 3D-Wunsch-Ziel-Bildes, mit dem selbst erstellten TV-Beitrag, dem Stolz der Mutter oder eines lieben Freundes und der unendlich tiefen Dankbarkeit, dass es so ist, in die Vergangenheit. Wir schieben diese erstellte Situation drei Wochen zurück in die Vergangenheit und nehmen sie als Wahrheit an. Du weißt nun klar und deutlich, dass deine Mutter dir vor drei Wochen zum TV-Bericht gratuliert hat. Du weißt, es ist so.

Du kannst auch zwei oder vier Wochen in die Vergangenheit zurückgehen. Fühl in dich hinein. Was kannst du dir besser vorstellen? Wichtig ist, dass du spürst, dass sie wahr ist. Es war so. PUNKT! Es ist deine reale wahre Geschichte, die entstanden ist. Vorstellungskraft ist stärker als Willenskraft. Mit dem Glauben heben sich die Berge. Glaub an diese Geschichte!

Der Aborigines-Trick verändert den Fokus des Bewusstseins zu deinem alten Verhalten. Dein Verstand jedoch erinnert sich an das alte Verhalten und bezweifelt unter Umständen den neuen Fokus. Nur mit blindem Vertrauen kann sich das neue Bewusstsein entfalten. Jeder hat in sich einen »Beweiser«. Zum einen möchte dir der Beweiser beweisen, dass etwas nicht stimmt, und zum anderen möchte er dir beweisen, dass es stimmt. Auf welche Seite stellt sich nun dein Verstand? Vertrau dem neuen Fokus!

Der Zweifel ist ein Löscher deiner Energie und löst alles wieder auf. Wer glaubt, wird selig. Der, der glaubt, wird erhalten. Versuch es, tu es! Du kannst nur gewinnen.

Wenn du jetzt Angst hast, dass du eingeliefert wirst, oder »gaga« zu sein, weil ja im Grunde deine Geschichte erfunden ist, dann kann ich dich beruhigen. Du bist absolut *normal*! Nur dein Gehirn-Anteil von der Logik-Seite meldet sich fälschlicherweise. Vergiss die Logik-Seite, es geht jetzt um die Kreativ-Seite, es geht um dich, es geht um deine »neue« Realität, es geht um *»jenseits der Logik«*. Lass den beschützenden Zweifler los, der will dich nur vor einem Fehler schützen. Doch wir haben das alles unter Kontrolle, es ist alles gut, es ist alles richtig. Vertrau dir. Glaub an dich. Du kannst weit mehr, als du dir vorstellen kannst. Du bist ein Wunderkind, nur hat dir das nie jemand gesagt und gezeigt. Jetzt weißt du, wie es geht. Übrigens, falls du zweifelst: Schwimmen lernt man nicht vom Lesen. Man muss es tun!

Jenseits der Logik-Tipp

Du hast nun den Aborigines-Express-Trick gelesen. Er gehört zu den wertvollsten Geheimnissen in diesem Buch. Nutz dieses Tool! Leg oder setz dich bequem hin und führ den Aborigines-Express-Trick Schritt für Schritt aus. Wiederhol allenfalls alle zwei- bis dreimal.

Sehfehler und das braune Pflaster auf dem Auge

Meine Welt ist seit meiner Kindheit »*jenseits der Logik*«. Nur habe ich das in dieser logischen Welt lange nicht erkannt. Ich möchte dir heute ein Türchen in meine Vergangenheit aufmachen. Ich wurde am 21. September 1968 geboren und wohnte bist 1982 in Zürich-Altstetten. Als ich sieben Jahre alt war, wurde herausgefunden, dass mein linkes Auge nie richtig sehen gelernt hatte. Ich konnte mit meinem linken Auge nicht fokussieren und zum Beispiel Buchstaben oder Gegenstände nicht ins Zentrum nehmen. Das hat nichts mit der Sehschärfe zu tun. Das heißt, mit dem linken Auge konnte und kann ich somit nicht lesen. Ich kompensierte alles mit dem rechten Auge, welches zum Glück sehr gut sah. Die Ärzte versuchten, das linke Auge »zu retten«. 1976, mit acht Jahren, klebten sie mir dafür ein halbes Jahr lang ein Pflaster über das rechte, gesunde Auge. Die Idee dahinter war einfach. Die Hoffnung war, dass das linke Auge lernen würde zu sehen und so »gerettet« werden könnte. Hätten die Ärzte damals schon gewusst, dass dies nur bis zum Alter von drei Jahren möglich ist, hätten sie diese Behandlung mit Sicherheit nicht durchgeführt.

Warum? Leg deine Hand über das rechte Auge, sodass es nichts sieht. Schau dich im Raum um. Du wirst schnell feststellen, dass du zwar noch alles sehen kannst, dennoch wird das Sehen und Lesen dich irgendwann anstrengen und ermüden. Du brauchst länger, um etwas zu erfassen und kannst auch nicht in 3D sehen. Deine Raumorientierung wird sich verändern. Auch wirst du für Detailarbeit wie Schreiben oder Lesen länger brauchen, vor allem wenn du müde bist. Schreibfehler können zunehmen.

Wir alle wissen, dass bei einem blinden Menschen die anderen Sinne ausgeprägter sind. Nun, blind bin ich zum Glück nicht, doch das Hirn wird durch das Sehen gesteuert.

Wissenschaftlich gesehen wissen wir nicht, was für eine Auswirkung es auf mein Gehirn gehabt hatte, dass das Auge so lange abgedeckt war. Was wir jedoch heute aus der Hirnforschung wissen, ist, dass bei einem siebenjährigen Kind das vorausschauende Gedächtnis gebildet wird. Ab dem achten Lebensjahr entwickelt sich dazu stark das räumliche Denken. Wird einem Kind zu dieser Zeit das rechte Auge abgeklebt, hat das einen starken Einfluss auf die Entwicklung des Hirns. Wie ich in meinem Leben nun herausgefunden habe, kompensiere ich überdurchschnittlich viel über die rechte Hirnhälfte und über das Herz. Das heißt, ich spüre zum Beispiel in einem Raum alle Energien, ich sehe sozusagen mit geschlossenen Augen mit einem Rundumblick. Somit »sehe« ich auch, was hinter meinem Rücken geschieht. Die Sensorik für das Bildliche, Emotionelle und Räumliche funktioniert sehr stark. So ergab es vor lauter »Auge retten wollen« eine Förderung der Unlogik – *jenseits der Logik*. Doch ich bin wohl nicht der Einzige.

Menschen, die über die linke Hirnhälfte wahrnehmen, sehen und hören nur Wörter. Um dir nahezubringen, wie meine Welt über meine rechte Hirnhälfte funktioniert, ein Beispiel: Was löst folgender Satz bei dir aus? *Ein Pferd springt über eine Mauer.*

Ich lege alles über Bilder ab. Schauen wir uns den Satz, und was er in mir auslöst, im Detail an:

- *Ein* = kein Bild
- *Pferd* = Bild = braunes Pferd

- *springt* = braunes Pferd ist in der Luft und springt. Am Boden hat es eine grüne Wiese.
- *über* = das braune Pferd ist in der Luft und es muss unter dem Pferd etwas sein. Der Himmel ist übrigens blau, wolkenfrei.
- *eine* = kein Bild
- *Mauer* = das braune schöne Pferd mit weißen Punkten, hat die Vorderbeine angehoben und springt mit ca. 30 Zentimetern Abstand über eine graue englische Steinmauer. Die Steine der Mauer sind rund und wurden von Hand festgemacht.
- Wie es dem Pferd wohl geht? Ich denke, es geht ihm gut.

In der Schule würden sich die Lehrer bei diesem Satz wohl auf die Logik fokussieren und diesen Satz daraufhin betrachten, ob er korrekt geschrieben wurde. Ich dagegen kann solche Sätze oft nur sinngemäß wiedergeben. Gut möglich, dass ich diesen so wiederholen würde: »*Ein braunes glückliches Pferd hüpft über eine graue Steinmauer.*«

Aus Untersuchungen über Legasthenie wissen wir heute, dass Schreibschwächen nichts mit der Intelligenz eines Menschen zu tun haben. Im Gegenteil: Die kreative rechte Gehirnhälfte ist weit mehr ausgeprägt als bei logisch denkenden Menschen.

Ob das Empathische, das Spüren von Gefühlen, bei anderen Menschen auch daher kommt, kann ich nicht sagen. Ich weiß, dass viele Menschen spüren, wenn jemand lügt, Stress oder Angst hat. Doch kannst du dir auch vorstellen, Körper regelrecht zu scannen? Ich brauchte selbst viele Jahre, bis ich endlich wusste, was ich da an anderen Menschen sehe. Zu Beginn bemerkte ich, wenn ich einen Menschen genau ansah, dass gewisse Stellen im Körper dunkler oder heller waren. Ich fand heraus, dass helle Stellen oft Blockaden oder Schmerzen symbolisierten. Ich erinnere mich gut, als ich meine Frau umarmte und ihr mit der rechten Hand den Rücken entlangfuhr. Als hätte meine Hand ein Auge, blieb sie plötzlich an einem weißen Punkt stehen. Deutlich sah ich eine Verspannung. Ich drückte mit dem Mittelfinger auf diese Stelle und meine Frau gab ein lautes »Aua« von sich. Und ich sagte: »Yes!« Und musste vor Freude lachen. Dieses Scannen baute ich immer mehr aus und jeder kann dies mit etwas Übung selber ausprobieren.

Später entwickelte sich auch das Seelenlesen dazu. Es ist, als wüsstest du die Gedanken von anderen Menschen einatmen oder könntest sie in Bildern sehen. Seelenlesen ist eine Königsdisziplin, es braucht große Konzentration. Dabei darf ich selbst nichts denken, muss mich ganz zurücknehmen.

Als Kind verbrannte ich oft meine inneren Schreckensbilder. Wenn ich Angst hatte oder einen Gedanken, der durch mein Hirn kreiste, nicht mehr wollte, dann benützte ich dazu meine Fantasie. Innere Angst-Filme, ungewollte Gedanken, ließ ich in einem mentalen Standbild anhalten oder ich fror das Bild einfach ein. Ich rahmte dieses Bild mit einem schönen goldenen Holzrahmen und zündete es von unten her an. Schwuppdiwupp, war die Angst weg. So simpel.

Später im Leben hörte ich, dass Therapeuten ihren Patienten dieses Verfahren auch mitgeben, zum Beispiel, um gewisse Ängste zum Verschwinden zu bringen. Was lernen wir daraus? Dass Standbilder zum einen eine reduzierte Kraft haben, und bewegte innere Fantasiebilder eine stärkere. Wenn du also visualisierst, ist es wichtig, dass du deine inneren Bilder bewegst, das hat eine stärkere Kraft. Wenn du freudig mitten im Geschehen bist, dann hat dies die stärkste Kraft. Wenn du es wiederholst, dann wiederholst du diese Kraft und baust diese schrittweise auf.

Jenseits der Logik-Tipp
Such dir eine Stresssituation in deinem Leben. Halt dein inneres Bild an und verbrenn es, wie vorher beschrieben.

Warum sind manche Menschen glücklich und andere traurig?

Als ich zehn Jahre alt war, beobachtete ich meine Eltern sehr genau. Ich stellte dabei fest, dass es meiner Mutter immer gut ging. Sie war der Sonnenschein, sie war optimistisch, positiv, sie lachte, war glücklich und froh. Mein Vater hingegen wirkte eher wie das Gegenteil. Er hatte oft Sorgen, Ängste und Kummer. Er war dazu oft krank und sah überall nur das Negative. Ich sah ihn damals wenig lachen und fragte mich: Warum ist das so?

Dies führte mich zu einer meiner wichtigsten Fragen in meinem Leben: »Warum gibt es glückliche Menschen und warum gibt es traurige Menschen?« Was denkt ein glücklicher Mensch den ganzen Tag und was ein trauriger? Und warum denkt ein trauriger Mensch nicht einfach etwas Schönes?

Diese Frage ist ein zentraler Schlüssel, denn wenn jemand traurig ist, muss er ja nur etwas Schönes denken, dann ist er nicht mehr traurig. Das war so meine kindliche naive Überlegung, die im Grunde gar nicht so kindlich ist. Diese einfache Möglichkeit tragen wir eigentlich immer mit uns. Doch meistens suchen wir Hilfe im Außen und finden sie nicht.

Ich behaupte, wenn wir nicht alle über die Logik »zugemüllt« würden und weniger auf die 23 und stattdessen mehr auf die 21 fokussieren würden, dann ginge es uns allen um Welten besser. Doch so trauen wir uns manchmal nicht, uns an schönen Dingen zu erfreuen, weil wir zu viele negative Glaubenssätze in uns tragen.

Wir haben viel selbst in der Hand!

1980 trennten sich meine Eltern. Als wir 1982 von der Stadt Zürich aufs Land, zum »neuen Mann« meiner Mutter, umzogen, ließ ich neben meiner vertrauten Umgebung auch meine Freunde zurück. Die echten »Zürcher Drei-Fragezeichen« verloren sich aus den Augen. Als 1985 meine Mutter wieder heiratete, empfand ich das als eine Ehrverletzung gegenüber meinem Vater. Traurige Gewitterwolken in meinem Leben wollten nicht mehr weggehen. Ich dachte manchmal auch ans »Aussteigen« und verstand das Leben nicht mehr: »Wirst du im Leben irgendwie gesteuert? Wie funktioniert das Leben? Guckt da oben wirklich ein ›Gott‹ zu? Warum gibt er mir so schwierige Aufgaben zum Lösen? Was soll das?«

Ich war 17 Jahre alt. Natürlich spürte meine Mutter, wie ich fühlte, und litt mit mir mit. Als ich in mein Zimmer ging, lag ein weißes Kärtchen auf meinem Nachttisch. Schon mein ganzes Leben lang hatte ich immer wieder solche kleine »Liebesbotschaften« von ihr erhalten. Wundervolle positive Affirmationen mitten ins Herz. Auf der Karte stand: *»Es geht mir mit jedem Tag in jeder Hinsicht immer besser und besser!«* Der Urheber dieser Zeilen war der großartige französische Apotheker Émile Coué, der Begründer der modernen, bewussten Autosuggestion. Coué beschrieb seine Lehre in dem Buch »Die Selbstbemeisterung durch bewusste Autosuggestion«.

Diese Lehre basierte auf zwei Grundgedanken:

1. Jeder Gedanke in uns ist bestrebt, wirklich zu werden.

2. Nicht unser Wille, sondern unsere Einbildungskraft, die Fähigkeit, sich etwas glauben zu machen, ist die bedeutsamste Eigenschaft in uns.

Seinen Patienten sagte Coué klar: »Ich habe keine Heilkraft, nur Sie selbst!« Große Erfolge können wir laut Coué mit der einfachen Übung erzielen, uns lebenslang täglich nach dem Erwachen und vor dem Schlafen etwa 20-mal halblaut (damit der Satz über den Gehörsinn im Unbewussten verankert wird) vorzusprechen: *»Es geht mir mit jedem Tag in jeder Hinsicht immer besser und besser!«*

Bei akuten Schmerzen oder Beschwerden, gleich ob körperlicher oder seelischer Natur, gab Coué den Rat, die Hand auf die betroffene Stelle oder die Stirne zu legen und möglichst schnell zu wiederholen: *»Es geht vorbei. Es geht vorbei. Es geht vorbei …«*, bis die Symptome abklängen.

Als der Apotheker seine Medikamente oder Teemischungen seinen Kunden übergab, suggerierte er ihnen: »Mit diesem Medikament/Tee geht es dir mit jedem Tag in jeder Hinsicht immer besser und besser!« Dabei schaute er dem Patienten tief in die Augen, damit es den Menschen schneller besser ging. Coué wusste schon damals über die Macht des Unterbewusstseins. Du wirst dazu noch mehr erfahren.

Ich wiederholte als Jugendlicher den Satz von der Karte, die meine Mutter mir gegeben hatte, täglich immer und immer wieder. In der Tat ging es mir von Tag zu Tag zunehmend besser. Und dieser kleine Satz veränderte mich wirklich. Dies war mein erstes erfolgreiches Affirmations-Experiment.

▸▸ Jenseits der Logik-Tipp
Achte auf deine Gedanken, denn sie werden zu Worten. Achte auf deine Worte, denn sie werden zu Handlungen. Achte auf deine Handlungen, denn sie werden zu Gewohnheiten. Achte auf deine Gewohnheiten, denn sie werden dein Charakter. Achte auf deinen Charakter, denn er wird dein Schicksal. [Chinesisches Sprichwort]

Tiefe Entspannung – die magische Kassette

In den Jahren von 1985 bis 1988 machte ich die Lehre zum Detailhandelsangestellten in der Unterhaltungselektronik. 1987 kam ein Kunde in unser Geschäft und entsorgte einen alten Kassettenrecorder. (Für die jüngeren Leserinnen und Leser: Das ist ein Gerät, auf dem früher Musik abgespielt wurde.) Ich nahm das Gerät entgegen, der Kunde ging.

Natürlich testete ich, ob das Gerät wirklich nicht mehr funktionierte und entdeckte dabei im Gerät eine Kassette. Ich hörte kurz hinein und stellte fest, dass es sich um eine Art Entspannungs-Hypnose-Kassette handelte. Mein Interesse war geweckt und ich nahm die Kassette mit nach Hause. Ich legte sie in meine Stereoanlage und hörte mit weit offenen Augen der Stimme zu. Auf keinen Fall wollte ich mich beeinflussen lassen, denn ich wusste ja, dass die Person, die sprach, vielleicht die Kontrolle über mich hat. Die rauchige tiefe Stimme sagte: »Du bist ganz entspannt, du bist ganz entspannt. Deine Augen sind ganz entspannt. Dein Körper ist ganz entspannt. ...« Nach zehn Minuten war diese Entspannungsübung zu Ende. Dann führte mich die Stimme wieder aus der Entspannung heraus, ganz sanft. Meine Augen waren nach wie vor weit geöffnet, mein Verstand hellwach. Im Nachhinein betrachtet war diese Übung eine einfache autogene Entspannungstechnik. Ich spulte die Kassette zurück, legte mich mutig hin und folgte den Anweisungen. Plötzlich wurde es mir wohlig warm und ich war ganz entspannt, wie in einer anderen Welt. »Wow, ich tauche da in ein neues Feld ein«, waren meine Gedanken.

So begann für mich die Meditation. Ich suchte weitere Informationen in Büchern, auf Kassetten, LPs und CDs. Ich lernte und wusste, dass Meditation mich positiv beeinflusst. Ich tauche in andere Hemisphären ein. In der Meditation komme ich in die gewünschte Entspannung, lasse vom hektischen Alltag los. Meine Gehirnhälften können sich synchronisieren, die Kreativität und der Zugang zum Unterbewusstsein werden gefördert. Diese Achtsamkeitsübung macht den Körper gesund.

Jenseits der Logik-Tipp

Heute ist ein guter Tag, um dich zu entspannen und deinen Gedanken eine Pause zu gönnen. Leg sanfte Musik ein und genieße *jetzt* die Ruhe für 20 Minuten. Beobachte deine Gedanken. Beobachte, was mit dir geschieht, wenn du dir diese Pause gönnst. Schreib dir spontan Ideen auf, die dir während diesen 20 Minuten in den Sinn gekommen sind. Wiederhol das ab jetzt zweimal in der Woche!

Nichts ist unmöglich: Vorstellungskraft ist stärker als Willenskraft

Roger Bannister wurde 1954 weltbekannt. Er hatte ein großes Ziel. Er wollte eine Meile (1.609 Kilometer) in einer Zeit unter vier Minuten laufen, was bisher niemandem auf der Welt gelungen war. Der menschliche Körper hatte hier seine Grenze gefunden, sagten Ärzte, Therapeuten und Psychologen. Sie alle waren sich einig – es war unmöglich. Dazu kam, dass viele andere Läufer ebenfalls versuchten, diese Grenze zu überwinden, und es nicht schafften. Dies wiederum bestätigte im kollektiven Gedankenfeld: »Unter vier Minuten ist unmöglich!«

Roger Bannister kümmerte das nicht. In Geiste lief er die Meile immer wieder unter vier Minuten. Dabei nutzte er die Macht der Vorstellungskraft. Er sah sein Ziel als erreicht und programmierte sich auf Erfolg, auch wenn er zunächst scheiterte. Schrittweise schaffte er kleine Verbesserungen. Am 6. Mai 1954 war es schließlich so weit: Auf der Leichtathletikanlage der University of Oxford an der Iffley Road lief Roger Bannister die Meile in neuer Weltrekordzeit von 3:59,4.

Doch warum erzähle ich dir dieses alte Beispiel? Spannend war, was plötzlich auf der ganzen Welt geschah. Im gleichen Jahr gelang es 37 weiteren Läufern, die Meile unter vier Minuten zu laufen und innerhalb eines Kalenderjahres waren es auf der ganzen Welt über 300 Läufer. Sagenhaft!

Jeder konnte es sich plötzlich vorstellen, dass es geht. Vorstellungskraft schafft Wirklichkeit. Vorstellungskraft ist stärker als Willenskraft.

Was bedeutet das für dich?

Bis 1954 galt es als unmöglich, die Marke von vier Minuten zu unterbieten. Kaum hatte es einer geschafft, war das kein Thema mehr. Es gab keinen neuen Laufstil oder sonst ein Wundermittel. Das Wundermittel war lediglich die Vorstellungskraft mit dem Glauben und der inneren Gewissheit. Was vorher als unmöglich galt, war nun als machbar bewiesen. Mit seinem Rekordlauf hat Roger Bannister nicht nur die magische Marke von vier Minuten durchbrochen, sondern auch die Denkblockade für das Unmögliche. Alle wussten nun, dass es möglich war. Jeder

Athlet konnte daran glauben, dass es zu schaffen war. Das war das Einzige, was sich geändert hatte.

Nichts ist unmöglich!

Alle sagten, das geht nicht. Dann kam einer, der wusste das nicht und hat's einfach gemacht. Gerne erwähne ich an dieser Stelle nochmals, dass wir alle Denk-Kopien unserer Eltern und Lehrer sind. Wir leben nur einen Bruchteil unseres Potenzials.

Dies habe ich neulich zu einem Kunden auch gesagt. Er stand auf und meinte: »Ich wünsche mir schon lange zu fliegen. Soll ich aus dem Fenster springen und glauben, dass ich fliegen kann?« Ich antwortete: »Ich glaube, ich habe mich falsch ausgedrückt. Das Gesetz der Schwerkraft wird in Ihrem Beispiel wohl stärker sein. Es braucht genau diese Königsdisziplin im Kopf, dass man zum einen offen für das Unmögliche ist und sich dabei doch genug mit der logischen Welt befasst. Wenn Sie dabei auf Ihr Herz hören, dann wissen Sie, ob es möglich ist.«

▸▸ **Jenseits der Logik-Tipp:**
Leg deine Hand aufs Herz. Atme tief ein und sag zu dir: »Ich bin ein Wunderkind und habe unbegrenztes Potenzial in mir. Ich glaube an mich und meine Fähigkeiten. Alle meine Träume, Wünsche und Ziele können wahr werden, wenn ich es mir vorstellen kann.«

Hellseh-Spiel mit einem Frequenzhalter

Wissen Sie, was ein Frequenzhalter ist? Das ist jemand, der stets auf derselben Frequenz bleibt und sich nicht verändert.

Ein Frequenzhalter hört immer denselben Radio-Sender, auch wenn ihm die Musik schon lange nicht mehr gefällt. Einen Frequenzhalter erkennen wir daran, dass er immer gleich denkt. Natürlich gehörst du nicht dazu, oder doch?

Machen wir einen kleinen Test:

Sag mir ganz spontan und schnell eine Farbe.
Sag mir ganz spontan und schnell eine Blume.
Sag mir dann spontan und schnell ein Musikinstrument.
Sag mir ganz spontan und schnell ein Werkzeug.

80 Prozent der Menschen beantworten diese Fragen spontan wie folgt: Farbe: Rot, Blume: Rose, Musikinstrument: Geige, Werkzeug: Hammer.

Ist das nicht bedenklich? Warum ist das so? Die Antwort liegt nahe, weil wir sehr einfach gestrickt sind. Die Erziehung und das suggestive Wiederholen von dem, was wir immer schon hatten, lässt uns alle gleich werden und gleich denken. Es ist wie in einem Fischschwarm. Nur nicht auffallen, sonst wirst du gefressen, oder du wirst von der Mehrheit als »seltsam« registriert. Jeder Mensch möchte im Grunde nur geliebt werden und braucht Anerkennung. Menschen, die außerhalb eines Fischschwarms sind, müssen ihr Verhalten rechtfertigen und laufen Gefahr, als 23er-Typen verurteilt zu werden. Kinder leben noch frei aus dem Herzen. Und in der Tat machen Kinder zu den oben gestellten Fragen andere Aussagen. Wir werden somit in kleinen Schritten zu diesen Aussagen geformt und geprägt.

Wie können wir das ändern? Ganz einfach. Allein dadurch, dass unsere Gedankengänge uns bewusst werden und wir dieses Wiederholungsmuster durchbrechen, kann eine nachhaltige Veränderung stattfinden. Machen wir uns bewusst, dass wir einen freien Willen haben. Was und wie wir uns etwas suggerieren können, findest du weiter hinten in diesem Buch.

Meine Kinder fanden dieses Spiel sehr lustig. Beim nächsten Familienfest stellten wir uns gegenseitig noch diese Fragen:

Sag mir ganz spontan und schnell ein Land.
Sag mir ganz spontan und schnell eine Frucht.
Sag mir ganz spontan und schnell ein Tier.
Sag mir ganz spontan und schnell eine Automarke.
Sag mir ganz spontan und schnell eine Beere.
Sag mir ganz spontan und schnell ein Kuscheltier.
Sag mir ganz spontan und schnell einen Ferienort.
Sag mir ganz spontan und schnell einen Vornamen.
Sag mir ganz spontan und schnell einen Fußball-Verein.
Sag mir ganz spontan und schnell einen Supermarkt.

▸▸ **Jenseits der Logik-Tipp**

Werde dir bewusst, dass du zum Schwarmfisch geformt wurdest. Wenn du deine persönlichen Grenzen sprengen willst, dann musst du das erkennen und annehmen. Dank deinem freien Willen, den ein wirklicher Schwarmfisch nicht hat, kannst du in eine neue Richtung schwimmen. Leg deine Hand aufs Herz und sag dir laut: Ich bin frei und unabhängig. Ich habe einen freien Willen und darf tun und denken, was ich will.

Pass auf, was du denkst

Samstag, 15 Uhr. Meine Frau und ich trinken im Garten einen Kaffee, als unsere ältere Tochter dazukommt. Sie fragt meine Frau etwas zu den Hausaufgaben für die Schule. Plötzlich redet sie über einen Jungen namens Mirco aus ihrer

Klasse. Es ist offensichtlich, dass sie ihn irgendwie anziehend findet. Wir kommen auf das Thema Kraft der Gedanken zu sprechen und sie fragt mich: »Spürt denn der Mirco, wenn ich ihn in der Schulpause immer wieder anschaue?«

Was denkst du? Spürst du es, wenn jemand dich von hinten anguckt?

In Seminaren sagen interessanterweise 90 Prozent der Teilnehmer immer: »Ja«. Erklären kann man es nicht wirklich.

Diverse Untersuchungen zeigen klar, dass eine Frau, die zum Beispiel in der Straßenbahn oder der U-Bahn von hinten angestarrt wird, dies unbewusst spürt und ein komisches Gefühl bekommt. Als würde jemand sie eben anstarren. Dieses Experiment funktioniert auch, wenn nur eine Videokamera im Raum ist und man dort via Bildschirm jemanden beobachtet.

Wenngleich solche Experimente die Wirkung von Gedanken durchaus überzeugend darstellen können, sind natürlich Studien unter kontrollierten wissenschaftlichen Bedingungen aussagekräftiger. Und solche Untersuchungen gibt es: So konnte der englische Biologe Dr. Rupert Sheldrake (siehe Interview »Gedankengeheimnisse des Lebensalltags«, Link im Anhang) nachweisen, dass es Telepathie sowohl zwischen Menschen als auch zwischen Mensch und Tier gibt. Gedankenübertragung kann demnach umso ausgeprägter wirken, je tiefer die Beziehung zwischen Lebewesen ist. Für Sheldrake ist damit klar, dass es eine Fernwirkung von Gedanken gibt. Bewusstseinsleistungen wie zielgerichtete Aufmerksamkeit oder konkrete Absichten und Entschlüsse wirken über den Einzelmenschen hinaus und können auch in großen Entfernungen wahrgenommen werden.

Ich sagte deshalb auch zu meiner Tochter: »Natürlich spürt er das. Alles ist Energie. Wenn du einer Energie Aufmerksamkeit gibst, verändert es sie. Ein Mensch ist Energie. Wir nehmen das über unsere Aura, unsere Chakren wahr.«

Deine Aura, dein Energiefeld um deinen Körper, nimmt alles, was circa zwei bis drei Meter um dich herum geschieht, unbewusst wahr. Wenn ich mit meinen Augen eine »Aura« beobachte, dann kann diese das spüren, egal wie weit weg du bist. Das ist, als würde ich dir auf die Haut drücken, das spürst du auch. Sensitive Menschen fühlen das natürlich schneller. Auch hier gilt, der Fokus folgt der Aufmerksamkeit. Jetzt, wo du das weißt, kannst du damit experimentieren.

▶▶ **Jenseits der Logik-Tipp**

Geh in ein Restaurant, trink etwas und fokussiere dich auf einen anwesenden Gast. Nimm die Aura wahr. Starr diese Person bewusst an und beobachte, was geschieht. Schaut er sich suchend um? Spürt er dich? Gib nicht so schnell auf. Fokus 21 halten. Du kannst dabei mit dieser Person sogar mental sprechen. Wie das genau geht, folgt auf den kommenden Seiten. Eines ist klar: *jenseits der Logik*!

So machst du Gedanken sichtbar

Die Macht der Gedanken hat einen zentralen Einfluss auf unsere Materie. Ich erzählte meiner Tochter das Beispiel von Dr. Masaru Emoto (1943–2014). Er war Parawissenschaftler, Alternativmediziner, Arzt und Visionär aus Japan. Er untersuchte, ob das Wasser Gefühle und Emotionen hat. Dabei fand er heraus, dass die Wassermoleküle Emotionen speichern können. Das heißt, Wasser hat ein Gedächtnis, wenngleich dies auch in der Wissenschaft noch umstritten ist. Um seine Arbeit zu demonstrieren, beschallte er Wasser und ließ es schockgefrieren. Zum einen mit schöner klassischer Musik, anderes Wasser beschallte er mit negativem Hardrock. Die Wasserkristalle, die sich im Zuge dessen bildeten, waren sichtlich unterschiedlich. Bei der klassischen Musik war ein schöner schneeflockenartiger Kristall zu sehen, beim Hardrock zeigte sich ein verschmierter defekter Kristall.

Masaru Emoto machte auch ein bekanntes Reis-Experiment. Dabei wurden zwei Gläser mit gekochtem Reis gefüllt. Beide Gläser wurden verschlossen und mehrere Wochen lang mit unterschiedlichen Gedanken »beschickt« – eines mit guten, aufbauenden, wohlwollenden Gedanken, das andere mit bösen, abwertenden. Als »Gedankenaussender« wurde Emoto von den Kindern einer Grundschule unterstützt. Das Ergebnis: Der Reis in dem »glücklichen Glas«, dem die Kinder wohlwollend und dankbar begegneten, hatte eine goldgelbe Farbe und ein angenehm malziges Aroma; der Reis in dem »verachteten Glas« hingegen wurde schwarz und stank abscheulich.

Im Sommer 2012 versuchte eine Schulklasse der St.-Veit-Grundschule in Mayen (Deutschland), begleitet von einer Kamera für den Dokumentarfilm »Die Macht der Gedanken«, das gleiche Experiment. Tendenziell kam man nach mehreren Wochen zu einem ähnlichen Ergebnis, aber so eindeutig wie bei Emoto unterschieden sich die Reisgläser nicht. Was, wenn man dem Experiment beiwohnte, auch nicht besonders überraschte. Denn richtig emotional böse Gedanken, so hatte man den Eindruck, konnten diese netten Kinder beim besten Willen nicht aussenden!

Du kannst versuchen, obiges Experiment nachzumachen. Koch dir dazu Reis und verteile ihn in zwei Gefäße, zum Beispiel in Marmeladengläser. Das eine Glas mit dem gekochten Reis darin sprichst oder besser denkst du mit negativen Intentionen an. Mögliche negative Informationen in Worten, Gedanken und Gefühlen können sein:

- Dummkopf
- Tod
- Hass
- Du hast mich enttäuscht.
- Warum gibt's dich nur!
- beleidigende Worte usw.

Dem anderen Reishäufchen suggerierst du positive Intentionen. Mögliche positive Informationen in Worten, Gedanken und Gefühlen sind:

- Liebe
- Dankbarkeit
- Stolz
- Ich mag dich.
- Schön, dass es dich gibt.
- lobende Worte usw.

Du kannst auch einfach das Wort »Liebe« oder »Dankbarkeit« auf die Gläser schreiben und die Reishäufchen für zwei bis drei Wochen beobachten. Sprich die gefühlsgeladenen Wörter und Sätze aus oder denke sie nur. Du wirst sehen: Allein dein Denken macht etwas sichtbar. Das Reishäufchen, das du mit den negativen Impulsen bedacht hast, beginnt zu schimmeln. Das andere nicht.

Und was hat das nun mit dir zu tun?

Bitte bedenke, dein Körper besteht zu über 70 Prozent aus Wasser. Deshalb ist es wichtig, dass du genug trinkst und darauf achtest, was du den ganzen Tag so denkst. Unser blauer Planet hat einen Wasseranteil von 70 Prozent, das Universum in seiner gesamten Masse ist wiederum zu 75 Prozent aus Wasserstoff. Im gesamten Weltall wird (unter Nichtbeachtung dunkler Materie) ein noch höherer Anteil an Wasserstoff vermutet. Das ist faszinierend, denn was wir denken, hat Einfluß auf uns und unser Umfeld.

Im Herbst 2013 reiste ich für ein Referat nach Züssow (Ostdeutschland). Ich freute mich sehr auf diesen Vortrag, da ich bereits 1974 als sechsjähriges Kind am Sandstrand von Prerow (damalige DDR) mit meinen Eltern dort Ferien gemacht hatte. Was ich wohl noch wiedererkennen würde? Als ich vor den 300 Gästen das Beispiel vom gekochten Reis erzählte, lachten einige an dieser Stelle und meinten, es sei ein Scherz. Ich kann das sehr gut verstehen. Wenn du dies das erste Mal liest, hast du vielleicht ebenfalls deine Zweifel.

Dazu möchte ich dir gerne eine Geschichte erzählen: Es war einmal ein Arzt, der zu seinem vorgesetzten Professor sagte: »Herr Kollege Professor, ich glaube, wir müssen uns die Hände zwischen den Behandlungen zweier Patienten waschen. Ich habe das Gefühl, dass wir eine unsichtbare Krankheit irgendwie übertragen. Ich kann es nicht beweisen und exakt erklären. Ich weiß, es klingt verrückt, aber es könnte sein, dass wir so den nächsten Patienten anstecken.« Der Professor hob die Augenbrauen, runzelte die Stirn und sagte: »Werter Doktor, ich habe viel länger studiert als du. Ich bin Professor. Ich habe viele Stunden der Medizin auf der ganzen Welt erlebt. Diese Erfahrung ist ein unbezahlbarer Schatz an Wissen. Ich bin dazu älter und habe deutlich mehr Erfahrung. Das, was du hier erzählst, ist Schwachsinn und ein Hirngespinst.« Heute wissen wir, Bakterien sind unsichtbar und wir sind sehr froh, wenn unser Zahnarzt Gummihandschuhe anzieht oder die Hände desinfiziert, bevor er uns untersucht und in den Mund fasst.

▶▶ Jenseits der Logik-Tipp

Koch dir heute zum Essen Reis. Iss einen Teil genüsslich und gib den Rest in zwei gleiche

Marmeladengläser. Lass den Reis abkühlen und verschließe das Glas mit dem Deckel. Beschrifte die beiden Gläser wie vorher beschrieben. 1. Glas: Liebe, 2. Glas: Dummkopf. Stell die Gläser an unterschiedliche Orte und behandle die Gläser bzw. den Reis darin so, wie er angeschrieben ist. Entdecke, was nun geschieht und staune. Bedenke, du bist zu 70 Prozent aus Wasser. Kleb dir also das Etikett der Liebe auf dein Herz. Schön, dass es dich gibt!

Die Macht über die Macht des Denkens oder: Regen bestellen in der Wüste

Wo sind die Grenzen unserer Macht der Gedanken? Wie weit haben wir Macht über die Macht des Denkens? Wie weit können wir unser Umfeld oder uns selbst beeinflussen? Was geschieht im Gehirn? Die Hirnforschung hat hierzu viele Thesen, doch die genügen mir nicht, denn diese geben in der Regel nur Antworten darauf, in welchem Bereich des Gehirns was passiert. Nebst meinen persönlichen Erfahrungen suchte ich weiter nach Antworten. Wo sind die Grenzen im Außen? Wie weit wirkt die Macht der Gedanken wirklich? Wenn alles Energie ist, was können wir mit den Gedanken beeinflussen? Materie? Das Wetter? Was denkst du, können wir zum Beispiel Regen einfach bestellen?

Mit dieser Frage stoßen wir sicher an die Grenzen der Vorstellungskraft. Sie provoziert. Das ist *jenseits der Logik*, also genau die richtige Frage.

Als Kind sah ich viele Indianerfilme. Ich liebte Indianer und war wie beseelt von ihnen. Indianer und Schamanen versuchten mit einem Regentanz Regen zu beschwören.

Doch was ist ein Regentanz? Und wie soll das gehen? Es handelt sich dabei um einen zeremoniellen Tanz, der in der Hoffnung aufgeführt wird, Regen auszulösen, um damit zum Beispiel die nächste Ernte zu garantieren.

Ich habe bei meiner Recherche verschiedene Arten des Regentanzes in unterschiedlichen Kulturen gefunden. Ob im alten Ägypten oder bei amerikanischen Ureinwohnern. Noch heute tanzen Ende August, wenn es sehr trocken ist, in den südwestlichen Vereinigten Staaten indianische Stämme, um den Regen zu beschwören. Auch die Cherokee-Indianer aus dem Südosten (Appalachen) der USA führten Regentänze auf, um Niederschlag auszulösen und böse Geister zu vertreiben. Die speziellen Abläufe während des Tanzes wurden über Generationen mündlich weitergegeben.

Doch wir müssen nicht einmal so weit reisen. Eine Kundin von mir war in einem peruanischen Polo-Team, welches zwei Regenmacher angestellt hatte. Damit der Boden der Heimmannschaft nicht zu hart war und die Mannschaft spielen und siegen konnte, sorgten die Regenmacher für Regen. Alte Indianer kennen die Weisheit vergangener Zeiten und kommunizieren mit den Wolken und dem Universum. Wenig später regnet es.

Europäer belächeln das eher. Du auch? Wir ticken da irgendwie anders und belächeln diese Vorstellung, statt einfach auszuprobieren. Doch warst nicht du auch schon ein Regenmacher mit deinen Gedanken? Immer wenn du deinen Schirm dabeihattest, regnete es nicht und umgekehrt. Meine Tochter, fünf Jahre, glaubt fest an die Macht der Gedanken. Wenn es regnet, dann singt sie lautstark: »Oh, du goldigs Sünneli, tuä doch wieder schiinä!« (Oh, du goldene Sonne, bitte scheine wieder!). Sorry, doch meine Tochter ist wohl eine alte Indianerseele, denn sie hat es schon sehr oft geschafft, dass die Sonne wiederkam. Okay, mein Hirn sagt nun auch gerade: Zufall? Tja, lies doch mal weiter.

Ich suchte nach einem »wissenschaftlichen« Experiment

und Beweisen für meine Frage. Im Dokumentarfilm »Das Blaue Juwel – Ein Gespräch mit unserer Erde« fand ich meine Antwort. Der Autor, Oliver Hauck, startete im Juni 2011 mit dieser Idee. Allein durch die Macht der Gedanken, mit der Biorelativität, sollte es regnen. Würden wir Menschen es schaffen, es zu einem bestimmten Zeitpunkt, an einem bestimmten Ort regnen zu lassen? Er startete einen weltweiten Aufruf im Internet.

Wann sollte es regnen: am 14. August 2011.

Zeit: zwischen 15.00 und 16.00 Uhr

Ort: Zürich? Wien? München? Nein, da regnet es ja sowieso. Er entschied sich für die Sahara, südlich der Stadt Douz in der tunesischen Wüste!

Innerhalb von sechs Wochen meldeten sich über 2.000 Menschen aus über 50 Ländern. Diese erklärten sich bereit, von ihrem jeweiligen Zuhause aus an diesem Projekt mitzuwirken. Oliver Hauck war überwältigt von der Anzahl der Teilnehmer. Er bat diese, den Regen zu fühlen und zu spüren, sowie liebevolle Gedanken zu den Regentropfen und auch an die anderen Teilnehmer zu senden. Dazu bekam jeder Teilnehmer eine vorproduzierte Wetteranimation. Diese sollte zusätzlich helfen, es sich besser vorstellen zu können. Ganz schön clever. Ein Kamerateam und Oliver Hauck gingen am 14. August 2011 nach Douz in die tunesische Wüste. Sie waren also live vor Ort. Hauck meditierte dazu exakt an dem Ort, an dem 2.000 Menschen sich hin fokussierten.

Was geschah nun? Wie ist das Experiment ausgefallen?

- 15.00 Uhr: kein Regen, blauer Himmel.
- 15.30 Uhr: Die Wüste wird im Himmel gelblich.
- 15.45 Uhr: Aus unbekannten Gründen tauchen am Himmel plötzlich Wolken auf.
- 16.00 Uhr: Die Wolken nehmen zu.
- 16.30 Uhr: Die Wolken nehmen noch mehr zu.
- 17.30 Uhr: Die Wolkendichte erreicht das Maximum.

- 18.00 Uhr: Die Sonne geht bald unter, die Wolken verziehen sich wieder.
- 19.12 Uhr: Die Sonne ist untergegangen. Es hat nicht geregnet.

Für alle Realisten, die denken: »So ein Schwachsinn, ist ja gar nicht möglich!« Ich gratuliere dir und bestätige: »Du hast recht.« Doch mal ehrlich, woher kamen in der Sahara plötzlich Wolken? Das ist schon sehr ungewöhnlich. Was nun festgestellt wurde, war, dass an diesem Tag das Grundwasser aus unerklärlichen Gründen sprudelte wie verrückt. Die Beweisaufnahmen zeigen dies ganz deutlich. Brunnen füllten sich. Doch woher kam plötzlich das Wasser? Wir können uns das nicht erklären.

Wenn wir das Experiment genauer betrachten, dann geschah im Grunde genau das. Das Wasser kam, nur es kam nicht von oben, sondern von unten. Das Element Wasser wurde sehr deutlich »gerufen« und im Boden sichtbar. Das Experiment brachte eine Veränderung im Grundwasser an dem fokussierten Ort hervor. Die Menschheit ist also in der Lage, überall große Wechsel hervorzurufen. Dazu beeinflusst ein Regenexperiment wohlbemerkt nicht nur das Wasser, sondern auch Luft und Erde. Alles ist Energie und kann »gerufen« werden, wenn wir uns fokussieren und daran glauben. Urvölker und deren Schamanen riefen die Jahreszeiten und setzten diese in Bewegung. Sie riefen das Bewusstsein jedes beteiligten Elementes, sich bitte einzubringen. Total *jenseits der Logik*!

Das Wasser war also da, und wenn wir so eine große Macht haben, dann frage ich mich an dieser Stelle: »Was denken denn die Amerikaner den ganzen Tag, dass sie so viele Wirbelstürme in ihrem Land haben?« (Das war bloß ein Witz!) Der Film gewann übrigens diverse Preise. Unter anderem »Best International Feature Documentary«, »Environmental Harmony Award« und den »Cosmic Cine Award 2012«.

Brauchst du noch ein Beispiel? Kennst du Gregg Braden? Er verknüpft in seinen Bestsellerbüchern Spiritualität und Wissenschaft auf eine vollkommen neue Art. Er nutzt die Synergien der neuesten wissenschaftlichen Entdeckung und der größten antiken geistigen Weisheit, die jahrhundertelang verloren schien. Seine Forschungsreisen in entlegene Bergdörfer, Klöster und Tempel aus vergangener Zeit sowie sein beruflicher Hintergrund als Geowissenschaftler und Raumfahrtingenieur ermöglichen es ihm, eine Brücke zwischen uralter Weisheit und moderner Wissenschaften zu schlagen. Als Gregg Braden die Industrie verließ, zog er in die Hochwüste der USA in New Mexiko auf ca. 3.000 Metern. Die Hochkultur hat hier eine lange Tradition. Gregg wurde von einem Indianer und Freund namens David gefragt, ob er mitkommen möchte, an einen Kraftort, an dem seine Vorfahren um Regen gebetet hatten. Gregg erwartete nun einen langen Regentanz mit Singen und Musik. Doch das geschah nicht. David zog lediglich seine Schuhe aus, betrat barfuß einen Steinkreis. Er achtete und ehrte seine Vorfahren. Er sagte: »Alle meine Vorfahren sind jetzt bei mir.« Er schloss seine Hände zu einem Gebetsmantra und drehte Gregg für ca. 20 Sekunden den Rücken zu. Dann wollte David essen gehen. Gregg meinte: »Wolltest du nicht für Regen beten?« David: »Nein, ich habe nicht um Regen gebetet, denn so hast du anerkannt, dass es jetzt nicht regnet. Das Geheimnis ist, dass du es fühlst, dass es schon geschehen ist. Ich fühlte den Regen, als sei er schon da. Ich fühlte, wie ich mit bloßen Füßen im Schlamm bin, ich roch den Duft des frischen Regens. Ich fühlte das Maisfeld, weil es so viel geregnet hat. Und am Ende habe ich mich bedankt, dass es so viel geregnet hat. Ich war sehr dankbar.«

Der Schlüssel ist somit: Es geht nicht um eine Beurteilung der Situation, sondern darum zu fühlen, was bereits geschehen ist. Bereits nach dem Mittagessen kamen dicke schwarze Wolken. Am Nachmittag begann es, nach einer langen

Dürre, wie aus Eimern zu regnen. Es regnete am Abend, in der Nacht und am Folgetag.

Gregg kann nicht wissenschaftlich beweisen, dass David diesen Regen »bestellt« hat, doch es gibt eine sehr hohe Korrelation zwischen dem Fühlen und der Veränderung, die geschieht.

Im April 2007 wandte sich der Premierminister von Australien, John Howard, an die Nation. »Wir haben kein Wasser mehr für unsere Felder, unsere Tiere und für die Ernten. Lasst uns beten.« Zu diesem Zeitpunkt waren Gregg Braden und Bruce H. Lipton in Melbourne unterwegs und hielten Vorträge zu dem genannten Thema. Inspiriert von Greggs Geschichte (siehe auch »The Isaiah Effect«) riefen die anwesenden Politiker am Folgetag zum nationalen Regentag auf. Bevor die beiden Referenten Melbourne wieder verließen und Richtung Sydney flogen, begann es zu regnen. Und es regnete und regnete, auch in Sydney. Auch wissenschaftlich nicht beweisbar, dass es wegen dieser Gebete geregnet hat, doch es war wiederum eine hohe Korrelation, also eine Wechselbeziehung, aus dem, was gemacht wurde und dem, was dann folgte. Unsere Vorfahren haben gesagt, wir können zu den Elementen sprechen, zum Körper, zu unserem Umfeld, um Frieden zu erzeugen. *Jenseits der Logik*.

Ist es nicht verrückt, welche Macht unsere Gedanken haben können? Oder hat dir bei den letzten Zeilen dein Verstand eingeredet, dass dies unmöglich ist? Ich kann dich gut verstehen. Aus eigener Erfahrung weißt du, dass du vermutlich nur das glaubst, was du selbst ausprobiert hast. Ich lade dich hier und heute dazu ein, über deinen bekannten Tellerrand zu blicken und es mutig auszuprobieren. Du kannst mir deine Erfolge gerne mitteilen.

Geh nicht auf die Straße!

Es ist entscheidend für dich zu wissen, was du den ganzen Tag denkst. Denken hat mehr mit dir zu tun, als du dir vielleicht vorstellst. Jeder Gedanke hat den Wunsch real zu werden, jeder siebte Gedanke wird real.

Du denkst täglich mindestens 50.000 Gedanken, das sind 20 Millionen Gedanken im Jahr. Das ist pure Energie. Eine wahnsinnige Macht, die jeder von uns zur Verfügung hat und auslösen kann. Nur leider haben das viele von uns vergessen, sind von den täglichen Medien und Sorgen abgelenkt. Dazu wissen viele nicht, wie sie mit dieser Macht umgehen können. An was denkst du den ganzen Tag? Was sprechen deine inneren Stimmen?

Tatsache ist: Du denkst zu 75 bis 80 Prozent das Gleiche wie gestern. Eine Studie aus dem Jahr 2013 besagt, dass deutsche Frauen 21 Minuten am Tag an ihr Gewicht denken. Meine Frau wollte an dieser Stelle wissen: »Was denkt denn der Mann den ganzen Tag?« Tja, das ist wohl zu offensichtlich.

Neulich war ich im Zoo, in Zürich, in der Masoala-Halle. Ich kam mit meiner Tochter aus dem Tiergarten und ging auf den Parkplatz zu unserem Auto. Meine Tochter kletterte gerade ins Auto, als ich aus weiter Entfernung eine Frauenstimme hörte, die rief: »*Geh nicht auf die Straße.*« Ich drehte mich um und suchte die Person zur Stimme. Ich sah eine Frau mit zwei Kindern und beobachtete, wie ein Kind Richtung Straße stolzierte. Die Mutter wurde jetzt etwas lauter und rief dem Kind nochmals zu: »*Geh nicht auf die Straße.*« Doch was tat nun das Kind? Es stand auf dem Gehsteigrand Richtung Straße, hob das Bein und …? Sie wissen es? Es ging auf die Straße. Was rief die Mutter jetzt noch viel, viel lauter? Richtig: »*Geh nicht auf die Straße!*«

Doch was hörte denn das Unterbewusstsein von diesem Kind? Exakt: »*Geh* auf die Straße!« Das hat es mit Bravour umgesetzt und verstand die Aufregung von Mami überhaupt nicht.

Im Prinzip sollten wir niemals »nicht« und »kein« sagen oder verwenden, da unser Unterbewusstsein dies schlicht ignoriert. Während meiner Referate und Seminare frage ich an dieser Stelle immer: »Was hätte denn die Mutter dem Kind zurufen sollen?« Ich höre Antworten wie: »Stopp!«, »Bleib stehen!«, »Komm zurück!« usw.

Von der Klarheit der Zurufe bin ich begeistert. Doch sind wir selbst in so einem sehr emotionell geladenen Moment auch locker, klar und cool? Nein, in diesem für uns wichtigen Moment erleben wir Stress. »Es« funktioniert einfach in uns. Wir agieren zu 100 Prozent unbewusst. Logisch, wir sorgen uns um unser Kind und fokussieren uns reflexartig auf das, was wir auf keinen Fall wollen: Auf die 23 statt die 21. Es galoppiert förmlich durch unseren Kopf. Rette das Kind: »Geh nicht auf die Straße.« Wir sagen das, was wir nicht wollen, wohl stark geprägt von mindestens neun Jahren Schule, die uns deutlich auf Fehlervermeiden fokussiert hat. Wir wurden täglich ermuntert, das zu sagen, was wir nicht wollen. Alles, was geschieht, beginnt somit bei uns selbst. Doch wie ändern wir diesen falschen Fokus?

Im Grunde ist es ganz einfach: Werde dir darüber bewusst. Ja, so einfach. Werde dir täglich bewusst und fokussiere dich auf das, was du wirklich willst. Denk so, sprich so, handle so und erlebe deine persönlichen Wunder!

Sag, was du willst!

An dieser Stelle appelliere ich nun ganz deutlich an dich: Denk und sag, was du willst. Fokussiere dich auf das, was du willst. Fokussiere dich jeden Tag auf die 21.

Sag nicht: »Sei nicht so zickig!« Sag stattdessen, was du willst. Zum Beispiel: »Sei liebevoll!« Das ist genau der Unterschied zwischen Dornröschen und dem Prinzen. Dornröschen fokussiert sich auf das, was es nicht will und wird Opfer der Zeit, die es verschläft. Der Prinz sagt, was er will. Er ist der Schöpfer und Macher seiner Welt und lebt sein Traumleben. Als Herr der Lage übernimmt er Eigenverantwortung für sein Leben. (Es sei nochmals erwähnt, dass der schöpferische Prinz auch eine schöpferische Prinzessin sein kann. Das Bild dient lediglich als vereinfachte Darstellung für das Verständnis.)

Wenn du in deinem Leben Probleme willst und Gründe für dein Steckenbleiben brauchst, dann fokussiere dich auf die 23, auf »nicht und kein« und auf die Fehler. Sag allen, was du nicht willst oder was andere nicht tun sollen.

Viele Scheidungen gibt es exakt deshalb, weil wir nicht sagen, was wir genau wollen. Wir machen dem anderen gerne Vorwürfe, mit Aussagen wie: »Lass deine Unterwäsche nicht immer im Schlafzimmer herumliegen.« Besser wäre doch: »Bitte schmeiß deine Unterwäsche in den Wäschekorb.«

Was würden die Medien in den Nachrichten noch berichten, wenn alle sich plötzlich auf das Gute fokussieren würden? Eine Welt voller Liebe. Die Menschen haben die Herzen immer liebevoll geöffnet und loben um die Wette. Mir gefällt diese Vorstellung.

Hör einmal in deiner Familie, deinem Freundeskreis oder deiner Firma den Menschen genau zu, wie oft sie in der Verneinung und der Vernichtung sprechen. Das schlägt alle Rekorde. Erschreckend. Wach auf und lebe die 21 vor.

Wenn Gedanken heilen oder töten

Der Placebo-Effekt hat einen starken Einfluss auf deine Gedanken. Placebo ist lateinisch und heißt auf Deutsch: Ich werde gefallen. Er führt eine positive Erwartungshaltung zur heilenden Wirkung aus.

Sehen wir uns die folgende Geschichte an. Kennst du Derek Adams? Derek Adams, 26 Jahre alt, war einsam und allein. Seine Freundin hatte ihn verlassen. Irgendwie steigerte er sich in etwas hinein und beschloss, sich das Leben zu nehmen. Er schluckte dazu 29 Tabletten eines Antidepressivums, welches er von seinem Arzt erhalten hatte. Er hyperventilierte, hatte Schwindel, der Blutdruck sackte aufgrund der massiven Überdosis in den Keller. Wie durch ein Wunder kam ein Freund rechtzeitig vorbei und brachte Derek in die Klink. Die Stabilisierung gestaltete sich schwierig und gelang nicht. Bis plötzlich sein Arzt dazukam und etwas zu Derek sagte. Nach 15 Minuten war er körperlich kerngesund. Was hatte der Arzt gesagt? War er ein Wunderheiler? Nein. Er sagte Derek, dass die Tabletten, die er genommen hatte, Placebo-Medikamente seien, also nur Schein-Medikamente. Er könne überhaupt nicht sterben, da sie keine Wirkung hatten. Dieser bedeutende Fall wurde in der US-Fachzeitschrift »General Hospital Psychiatry« veröffentlicht und international bekannt.

Nicht nur Medikamente, auch Operationen weisen Placeboeffekte auf. In einem Experiment in Houston, Texas, wurden 120 Patienten mit Knie-Arthrose operiert. Bei 60 Patienten wurde jedoch eine Scheinoperation durchgeführt. Es wurde nur die Oberfläche der Haut aufgeschnitten. Nach zwei Jahren wurden die 120 Personen untersucht. Das erstaunliche Ergebnis: 90 Prozent der Patienten waren schmerzfrei und zufrieden. Einziger Unterschied: Die »Nicht-Operierten« hatten eine kürzere Genesungszeit.

Ein ähnliches Experiment wurde auch im Uni Spital Rotterdam durch Dr. Johannes Jeekel durchgeführt. Bei

200 Patienten wurde eine Bauchspiegelung gemacht, per Los wurde dann entschieden, ob die Operation durchgeführt wird oder nicht. Danach wurden die Patienten ein Jahr lang beobachtet, beide Gruppen unterschieden sich in den Ergebnissen kaum.

Der Nocebo-Effekt (lat. nocebo = ich werde schaden) ist quasi der böse Bruder vom Placebo. Er suggeriert dir etwas, wo es gar nicht möglich ist, etwas zu erhalten. Das zeigt, dass der Glaube allein nicht nur heilen oder lindern, sondern auch krankmachen oder gar töten kann. Der Nocebo-Effekt ist das negative Gegenstück zum bekannten und breit erforschten Placebo-Effekt. Wie auch Placebos beeinflussen Nocebos ganz real den Körper. Es ist mehr als bloße Einbildung.

In einer amerikanischen Studie ließ man eine Gruppe Studenten ein angebliches Umweltgift einatmen. (In Wirklichkeit war es harmloser Wasserdampf.) Eine Schauspielerin spielte dazu bestimmte Nebenwirkungen vor. Einige der Studenten litten anschließend ebenfalls unter den gleichen Symptomen. Ein typischer Nocebo-Effekt. Ein weiteres Experiment: Wenn du ein Aspirin einnimmst, dann wirkt das zu 70 Prozent, nur weil du daran glaubst. Es wirkt, auch wenn es keine Wirkstoffe im Produkt hat. Tatsache ist: 25 Prozent der Probanden, die ein Placebo-Medikament eingenommen hatten, litten unter Nebenwirkungen, nur weil sie die Packungsbeilage gelesen hatten. Ähnliche Erfahrungen machten Wissenschaftler bei einer Studie zum Einsatz von Aspirin bei Migräne. Hier erhielten die Probanden unterschiedliche Fragebögen zur Auswertung: Testpersonen, die auf einer Checkliste ihre Beobachtungen ankreuzen sollten, verspürten plötzlich doppelt so viele Beschwerden wie diejenigen, die auf offene Fragen zu antworten hatten.

Der Nocebo-Effekt ist fast schon ein Alltagsphänomen. Wer die Packungsbeilage eines Medikaments genau liest, ein Gespräch mit dem Arzt oder Apotheker über Begleiterscheinungen führt oder Medienberichte zu einer neuen Erkältungswelle hört, kann schnell davon betroffen sein. Man fand dazu heraus, dass sogar Form und Farbe eines Präparats Einfluss auf den Behandlungserfolg haben. Gerade sensible oder depressive Menschen malen sich oft die schlimmsten Szenarien aus. Für die medizinische Praxis hat das gravierende Konsequenzen. Denn das Zusammenspiel zwischen Suggestion und Auswirkung ist damit zwar erkannt, lässt sich jedoch wohl nur sehr schwer von den gängigen Begleiterscheinungen abgrenzen. So können die bei Patienten auftretenden Beschwerden Symptome einer Krankheit, unklare Nebenwirkungen eines Medikaments oder eben pure Angst durch »Einbildung« sein. Die eigentliche Behandlung wird zur Herausforderung. Dazu kommt, dass Ärzte oft zu wenig Zeit haben und die Pharmaindustrie das Geld über alles liebt.

Mit dem Fokus auf die Macht der Gedanken würde es helfen, wenn Ärzte den Patienten nicht alle Details schonungslos sagen würden. Nein, nicht anlügen, jedoch den Lebensmut klar aufrechterhalten. Angst und Hoffnung haben eine große Bedeutung für den Verlauf einer Krankheit, das erlebe ich immer wieder in meinen Energie-Coachings. Die Hoffnung stirbt zuletzt.

Wenn ein Hilfe suchender Mensch von einer Fachperson untersucht wird, dann ist sein Unterbewusstsein kilometerweit geöffnet und viel empfänglicher als normal. Der Satz »Wir können nichts mehr für Sie tun« kann tödlich sein. Wir lachen über Voodoo, doch Ärzte, die Patienten nicht mit aller Sorgfalt und Aufmerksamkeit behandeln, machen grundsätzlich das Gleiche. Sie sprechen einen Voodoo-Fluch aus, wie ein Medizinmann zu seinem Opfer.

Am 24. Oktober 2014 war in vielen Zeitungen zu lesen, dass ein Ebola-infizierter Arzt mit der Metro durch New

York gefahren war. Ebola ist hochansteckend und tödlich. Das wissen wir nicht nur aus den Medien, sondern auch aus verschiedenen Hollywood-Filmen, wie »Outbreak – Lautlose Killer« (aus dem Jahre 1995 mit Dustin Hoffman). Auch hier greift nun der Nocebo-Effekt. Verängstigt lesen Menschen die Zeitung und versuchen herauszufinden, ob sie sich angesteckt haben. Die Zeitung und die aufgeblasenen Medienberichte im TV werden zur Packungsbeilage mit Nebenwirkungen. Der Glaube versetzt hier keine Berge, sondern gräbt das Grab.

Stell dir vor, du gehst zum Arzt deines Vertrauens und lässt dich untersuchen. Du machst ein Kernspin, EMRI oder eine Röntgenaufnahme von deinem Rücken. Der Arzt sieht in deinen Bildern: »Oh, da scheint etwas nicht zu stimmen!« Was geschieht nun? Jetzt machst du dir Gedanken. Siehe da, plötzlich hast du am nächsten Tag Rückenbeschwerden und Schmerzen.

Kann normale Schokolade Kopfschmerzen verursachen? Die Schmerzklinik in Kiel machte im Sommer 2012 einen beeindruckenden Nocebo-Test in Zusammenarbeit mit der TV-Sendung Quarks & Co. (WDR), mit einer »neuartigen« Schokolade. Chefarzt und Neurologe Professor Hartmut Göbel und Dr. Axel Heize wollten herausfinden, ob durch eine negative Erwartung Kopfschmerzen durch handelsübliche Schokolade ausgelöst werden kann. Der Test fand an 108 Probanden statt, die nachweislich nicht unter Kopfschmerzen litten. In einem Zweiergespräch wurde die »neuartige« Schokolade in Silberfolie präsentiert, erklärt und zum Essen übergeben. Der ersten Gruppe, mit 54 Probanden, sagte der Arzt den Satz: »Kann auf gar keinen Fall Kopfschmerzen auslösen.« Bei der zweiten Gruppe, mit 54 Probanden, sagte der Arzt den Satz: »Kann hoch konzentriert Kopfschmerzen auslösen.« Bei der telefonischen Nachfrage mit einem Fragebogen nach einem Tag stellte sich heraus, dass in der ersten Gruppe 1 Person Kopfschmerzen bekam. In der zweiten Gruppe waren es 18 Personen bzw. 34 Prozent.

Nochmals zur Wiederholung: Beide Gruppen erhielten die gleiche, normale Schokolade aus dem Supermarkt. Sie kann keine Kopfschmerzen verursachen. Doch wegen der negativen Erwartungen in der zweiten Gruppe litt über ein Drittel an Kopfschmerzen. Die Studie wurde mit zwei Personengruppen wiederholt und lieferte die gleichen Resultate.

Deine Gedanken formen die Welt. Eine Schokolade kann also Schmerzen erzeugen, wenn wir sie in einer bestimmten Erwartung essen. Weiter ist bekannt, dass Allergien genauso im Körper gespeichert werden. Es ist entscheidend, was du während des Essens denkst, siehst und fühlst! Vermeide bitte negative Schreckensinfos! Das TV gehört nicht zum Essen. Das Gebet vor dem Essen, die Stille oder die Freude beim Essen können dein Leben nachhaltig verbessern. Wer sich gesund fühlt, wird gesund.

Jenseits der Logik-Tipp

Fokussiere dich heute beim Essen ganz bewusst auf gute Gedanken während des Essens. Ganz nach dem Motto: Wenn ich esse, dann esse ich. Kauf dir als Belohnung eine Schokolade. Werde dir der Macht von Placebos dankbar bewusst. Frag dich: Wo hat mich der Nocebo-Effekt schon einmal »erwischt«?

Selbstbewusstsein ist dein Potenzial!

Während meines Referats zeige ich ein Bild, auf dem ein Sportler abgebildet ist, der über drei nebeneinander geparkte Autos der Marke Mini springt. Man sieht den Sportler über dem zweiten Auto in der Luft. Ich frage dann das Publikum: »Was denken Sie, schafft er diesen Sprung über die drei Autos?«

Die Betrachter sind sich selten einig. Die einen nicken mit dem Kopf und die anderen zweifeln. Tatsache ist, was du hier denkst, kannst du mit der Macht deiner Gedanken beeinflussen. Dein Denken hat Einfluss auf die Situation!

Nun, vielleicht nicht bei diesem genannten Sprung. Denn dieser Sportler ist der britische Athlet J. J. Jegede. Er hat den Sechs-Meter-Sprung über die drei Minis in England lediglich für Werbezwecke (Olympiade 2012) im September 2011 absolviert. Sein aktueller Weitsprung-Rekord ist: 8,11 Meter.

Wie war das? Ich kann durch mein Denken das Ergebnis von anderen Menschen beeinflussen? Vorab gleich das Wichtigste: Beeinflussen kannst du mit der Macht der Gedanken nur Menschen, die unsicher oder nicht selbstbewusst sind.

Wie viele Menschen auf der Welt sind denn unsicher oder nicht selbstbewusst? Es gibt dazu zwei Studien: Die Schüchternheitsforschung ist ein relativ junges Gebiet. Inzwischen halten Psychologen und Hirnforscher diese Eigenschaft jedoch für das meistunterschätzte menschliche Phänomen. Erstmals versuchte der Sozialpsychologe Philip Zimbardo 1978 eine Bestandsaufnahme und stellte damals fest: 40 Prozent der 18- bis 21-jährigen Amerikaner hielten sich für schüchtern. Heute sind es an die 50 Prozent. Bei den Erwachsenen soll es, je nach Thema, bis 97 Prozent der Menschen betreffen. Eine zweite Studie aus Deutschland besagt: 66 Prozent der Menschen sind nicht selbstbewusst, das heißt, 34 Prozent der Menschen sind selbstbewusst.

Kein Wunder, dass schon der Philosoph Friedrich Nietzsche schimpfte: »Es ist ein Jammer, dass die Dummköpfe so selbstsicher sind und die Klugen so voller Zweifel.«

Egal welcher Studie man jetzt glauben möchte, es ist immer auch themenabhängig, ob Menschen selbstbewusst sind oder nicht. Gehen wir von der goldenen Mitte aus und behaupten, 50 Prozent der Menschen, also jeden Zweiten, können wir durch unser Denken erreichen und beeinflussen. Ich gebe dir ein einfaches Beispiel, das du schnell nachvollziehen kannst: Wir gehen in deine Kindheit zurück. Du bist zehn Jahre alt. Stell dir vor, du nimmst an einer Schwimmmeisterschaft teil. Am Poolrand stehen deine Mutter und dein Vater. Du selbst bist nicht sonderlich entschlossen, schwimmst jedoch tapfer dahin. Deine Eltern sehen dir zu und denken: »Puh, das schafft der/die ja nie!« Auf wundervolle und magische Weise wirst du das spüren, denn sie waren diesem Schwimmwettbewerb gegenüber immer schon skeptisch gewesen. Deine Eltern glauben an diesem Tag nicht an dich. Was denkst du jetzt – schaffst du es oder schaffst du es nicht, ins Ziel zu kommen? Die negative Schwingung ist derart stark, dass sie dich und dein Energiesystem schwächen und du viel zu spät ans Ziel kommst. Sie beeinflusst dich mehr, als dir je bewusst ist. Als du dann deinen Vater siehst, sagt er: »Junge, ich hab's ja immer gewusst, aus dir wird nie etwas!«

Zu tief in die Tränendrüse gegriffen? Es ist weit schlimmer! Ich habe Kunden, deren Eltern ihnen gesagt haben: »Warum haben wir dich bloß?« Solche vernichtenden Aussagen werden hinter verschlossenen Türen zu Kindern gesagt und schneiden tiefe Kerben ins Unterbewusstsein. Sie zerren am Selbstbewusstsein. Diese Menschen gehen später in eine Therapie und versuchen, ihre tiefen Wunden wieder zu heilen. Ich rufe dich auf, hinzuschauen. Diese Glaubenssätze aufzuspüren, aufzuschreiben und aufzulösen, mit einer Übung, die du in diesem Buch auch findest.

Es ist entscheidend, was du über deine Kinder denkst. Wenn du deinem Kind beim Fußballspielen zusiehst, dann gibt es an diesem Tag, aus seiner Sicht, wohl immer das Beste. Sei stolz auf dein Kind und denke ganz einfach: »Wow, du gibst heute dein Bestes. Du hast heute deinen besten Tag.« Es ist egal, ob es mit der Realität übereinstimmt, wichtig ist, dass du es immer und immer wieder denkst! Denn so kann es sich manifestieren, und Wunder werden wahr!

In einem Interview wurde Arnold Schwarzenegger nach seinem wertvollsten Geheimtipp gefragt. Er antwortete blitzschnell: »Egal, was ich in meinem Leben getan habe, meine Mutter Aurelia hat immer an mich geglaubt!« Dieses innere starke Gefühl einem Menschen ins Leben mitzugeben, ist wohl das größte und wichtigste Geschenk, das man machen kann.

Entscheidend ist somit:

- Was denkst du über deinen Partner?
- Was denkst du über deine Eltern?
- Was denkst du über deine Nachbarn?
- Was denkst du über deinen Chef?
- Was denkst du über die Mitarbeiter?
- Was denkst du über dich?

Wenn der Chef immer negativ über seine Mitarbeiter denkt, muss er sich nicht wundern, wenn diese die Leistung nicht erbringen. Wenn du im Vertrieb tätig bist und du über deinen anwesenden Kunden denkst: »Oh, der kauft ja eh nichts«, dann ist das wie eine Bestellung ans Universum, dass er mit Sicherheit nichts kauft. Deine Körpersprache unterstützt dabei deine Gedanken und sendet unbewusste Signale aus. Du sendest Impulse aus, dass sich der Kunde so verhalten muss. Übe bewusst mehr Selbstkontrolle und Bewusstsein aus. Denk lieber: »Lieber Kunde, ich liebe dich, ich bin der beste Verkäufer für dich, jetzt und heute. Ich werde dich optimal beraten, sodass du immer wieder gerne zurückkommst. Ich habe alles, was dich glücklich macht, komm zu mir. Es gibt nur gute Fragen, es gibt nur gute Antworten.« Wenn du diese innere Einstellung ausstrahlst, dann bist du der Leuchtturm in deinem Unternehmen, du hast Charisma und plötzlich immer ein Lächeln im Gesicht. Du wirkst energetisch und magnetisch anziehend. Das wiederum zeichnet den erfolgreichen Verkäufer aus.

In der Forschung hat man dazu herausgefunden, dass, wenn wir über andere denken oder über andere sprechen, das Gehirn nicht unterscheiden kann, ob wir in Wirklichkeit über andere denken oder über uns selbst. Das heißt, das Gehirn hat immer das Gefühl, wir denken über uns. Deshalb ist es wichtig, dass wir über unseren Partner oder unseren Nachbarn gute Gefühle und Wünsche haben. Wenn wir uns über sie ärgern und uns aufregen, dass das Laub wieder auf unserer Seite des Grundstückes gefallen ist, oder dass er wieder zu laut war letzten Abend, dann hat das Gehirn das Gefühl, dass wir uns in Wirklichkeit über uns selbst ärgern. Das ist interessant und wichtig zu wissen. Deshalb ist es von Bedeutung, andere bedingungslos zu lieben und anzunehmen, wie sie sind.

Ruf deinem Nachbarn somit ab heute zu: »Hallo Nachbar – schön, dass es dich. (Bitte lächeln und Augenkontakt halten!) Hier hast du einen Blumenstrauß. Nächste Woche folgen dann Pralinen. *Ich liebe dich!*« Wie wird sich dein Nachbar verhalten? Mit Sicherheit anders als bisher!

Das Schöne dabei ist, dass wir damit auch unser Gehirn glücklich machen. Sich über jemanden zu ärgern, ist das Gleiche, als würden wir selbst Gift trinken und hoffen, dass der andere dann stirbt!

Jenseits der Logik-Tipp

Geh mit dem Fokus nun zu deinen Füßen. Spür in deine Füße hinein. Dadurch wird dein Geist ruhiger, du wirst selbstsicherer. Wer versucht, deinen Geist wo zu lähmen? Übernimm die Eigenverantwortung als selbstbewusster Mensch. Such dir jetzt einen Menschen aus, von dem du das Gefühl hast, er glaubt nicht an sich. Unterstütz diesen nun bewusst mit der Kraft deiner positiven Gedanken. Wünsch ihm das Allerbeste.

Mentales Sprechen – eine geheime Fähigkeit?

Ich habe über 30.000 einzelne Kundenberatungen und Coachings gemacht. In den Jahren 1996 bis 2001 leitete ich eine der erfolgreichsten Versicherungsagenturen in der Schweiz. Wir erzielten knapp 400 Prozent mehr Umsatz als unser schon sehr erfolgreicher Vorgänger. Ich erforschte damals Kundengespräche sehr gezielt danach, welche Rolle die Macht der Gedanken dabei spielt. Wenn ein Kunde in meinem Büro Platz nahm, begann ich bereits mental in Gedanken mit ihm zu sprechen. Ich bot jedem etwas zu trinken an (Wohlfühloase) und stieg individuell in das Kundengespräch ein. Als ich ihm das Versicherungsprodukt offerierte, suggerierte ich ihm in Gedanken: »Ich liebe dich. Du bekommst von mir das beste Angebot, das dich jetzt rundum glücklich und sicher macht. Es ist zum Wohle aller! Ich liebe dich und du willst dieses Produkt jetzt haben, weil du weißt, dass es dir guttut. Du fühlst dich sicher und spürst das Vertrauen. Ich bin immer für dich da.« So ungefähr »beeinflusste« ich die Kunden in Hunderten von Gesprächen. Wie schon festgestellt, machte ich dabei die Erfahrung, dass diese Methode nicht bei allen Menschen wirksam ist. Gegen den Willen eines Kunden geht nichts. Das heißt, der eigene Wille ist immer stärker! Natürlich führte ich den Kunden neben meiner mentalen Bemühungen auch auf die übliche Weise durch den Verkaufsprozess, ist ja klar. Viele, die meine Vorgehensweise testen, sind zu Beginn etwas überfordert. »Was? Ich muss sprechen und gleichzeitig etwas anderes denken?« Mit etwas Übung klappt das jedoch sehr gut, denn es ist lediglich eine Bewusstwerdung und Kanalisierung der Gedanken. Deine Gedanken sind sowieso immer vorhanden.

Natürlich bin auch ich nicht in jeder Minute bewusst mit meinen Gedanken unterwegs. Doch ich bin mir der Kraft der Gedanken sehr bewusst. So gebe ich oft meiner Tochter oder Frau einen Kuss und denke dazu: »Ich liebe dich!« Es auszusprechen ist natürlich genau so wichtig. Wenn ich neben meiner Frau im Bett einschlafe, dann halten wir uns dabei die Hände. Wenn ich die Hand loslasse, denke ich immer: »Ich liebe dich! Schlaf gut.« Das ist etwas Wunderbares und ich kann es jedem empfehlen. Der Fokus folgt der Aufmerksamkeit und du wirst mehr davon erhalten.

Meine Tochter singt häufig auch nur in Gedanken. Und weißt du was? Ich höre das. Gedanken hören (Telepathie) konnten schon die Ureinwohner von Australien, die Aborigines. Dies wird wunderbar im Buch »Traumfänger« von Marlo Morgan beschrieben.

Die Fähigkeit »mental zu sprechen« kann jeder erlernen. Das kannst du auch, nur hast du es vermutlich vergessen oder eben nie gelernt. Am einfachsten testest du es mit deinen Kindern. Die sind sehr offen. Versuch diese Technik an deiner Familie oder mit deinen Kunden. Sag ihnen in Gedanken, was du willst. Sag schöne Dinge, wie vorher beschrieben. Achte auf die Reaktion der Menschen und versuch zu hören, was sie denken. Wenn du es das erste Mal ausprobierst und plötzlich etwas geschieht, dann freu dich. Zufall? Niemals! Wiederhole es und vertraue!

Höre ich da den Zweifler in dir? Das kann ich gut verstehen. Du erfährst vielleicht zum ersten Mal davon. Denk an die Geschichte mit dem Professor und dem Arzt. Der Zweifler will dich beschützen: »Hey, verändere nichts, bist du verrückt? Die anderen denken ja, du bist nicht normal.« Aber ich kann dich trösten. Solange du denkst, du seist nicht normal, bist du normal. Menschen, die das nicht mehr denken, die haben dann wohl eher ein Problem.

Wie geht das »mentale Sprechen« genau?

1. Glaub daran! Glaub, dass du mehr kannst, als du in der Schule gelernt hast. Unsere Urvölker, die Mayas, Ägypter, Aborigines konnten es bereits.
2. Lass deine eigenen Gedanken ruhiger werden. Denk nichts.
3. Leg deine Hand auf dein Herz. Schließ kurz die Augen.
4. Fokussiere dich in Gedanken auf einen Menschen oder schau ihm direkt in die Augen.
5. Rede nun in Gedanken mit dieser Person.
6. Hör konzentriert hin. Was nimmst du wahr? Schalte dabei deine Gedanken aus und lausche.
7. Wie reagiert der Mensch?
8. Freu dich! Übung macht den Meister.

Bedenke, dass du diese Methode ausschließlich für positive Impulse verwendest. Negatives hat einen Bumerang-Effekt und kommt gemäß dem Gesetz der Resonanz schwungvoll auf dich zurück.

Mentales Sprechen ist wie Klavier spielen. Zu Beginn klingt es ein bisschen komisch, und wenn du es öfters anwendest, desto schöner wird es. Finde Bestätigungen, dass es geht. Fokussiere dich auf die 21, nicht auf die 23. Mit anderen Worten: Fokussiere dich nicht auf die Fehler, sondern fokussiere dich auf die Erfolge!

Unser Sohn hat früher, am Morgen, oft das Licht im Zimmer an gelassen. Immer wieder mussten wir ihn auffordern, es auszuschalten. Als wir uns vor Jahren intensiv mit diesem Thema befassten, machten wir ein einfaches Experiment. Meine Frau sprach nur noch in Gedanken zu ihm: »Bitte lösch das Licht.« Zu 100 Prozent stoppte unser Sohn exakt in diesem Moment, kehrte wie von Geisterhand ins Zimmer zurück, betätigte den Schalter und kam zum Frühstück. Heute weiß unser Sohn um diese gedankliche Verbindung und spricht mental zurück. Eine Mutter hat zu ihren Kindern sowieso einen sehr intensiven intuitiven Zugang. Lustig wurde es eines Abends, als wir mit der ganzen Familie beim Abendessen zusammensaßen. Unsere ältere Tochter erzählte uns, dass ihr ein Kinderlied in Gedanken nachlaufe, welches unsere jüngste Tochter irgendwann zu Mittag lautstark zum Besten gegeben hatte. Und schon wollte unsere Kleine Luft holen, um es zu singen. »Nein, bitte nicht«, rief nun lachend die ältere Tochter. Plötzlich grinste unsere Kleine und wurde ganz still. Doch wir hörten es alle in unseren Köpfen. Sie sang das Lied lautstark in Gedanken. Es ist unfassbar, dass das geht.

Jenseits der Logik-Tipp

Leg deine Hand aufs Herz. Atme tief ein und lausche. Welcher Mensch kommt dir jetzt ganz spontan in den Sinn? Denk nun ganz bewusst an diesen Menschen. Sprich in Gedanken mit ihm und wünsche ihm das Allerbeste. Ruf ihn später an, schick ihm eine SMS oder eine E-Mail und versuch herauszufinden, ob er/sie auch an dich gedacht hat.

Telepathie bei Verliebten

Telepathie kennst du aus der Zeit der »rosa Brille«. Du warst mächtig verliebt und die Welt hat irgendwie anders funktioniert. Du warst deinem Partner magisch verbunden. Rational nicht erklärbar. Selbst ein schwer beschäftigter Direktor, der 18 Stunden am Tag arbeitet, hat plötzlich wieder Zeit. Erinnerst du dich noch an deine Verliebtheitsphase?

In dieser Zeit wollte ich zum Beispiel gerade meinen neuen Schatz anrufen und schon flatterte eine SMS von ihr herein. Oder ich dachte bloß an meinen Schatz, und schon rief sie an. Diese Dinge haben wir doch alle schon erlebt.

Dieses intuitive Wissen kannst du bewusst wieder wecken. Zum Beispiel wenn du eine Zeitung aus dem Briefkasten nimmst. Nimm sie mit geschlossenen Augen in die Hand und fühle in sie hinein. Alles ist Energie. Was fühlst du?

- Was steht wohl heute in dieser Zeitung?
- Wiederhole diese Übung mit Briefen. Was könnte in diesem Brief stehen?
- Wiederhole diese Übung bei Rechnungen. Wie hoch ist der Rechnungsbetrag?
- Wiederhole die Übung am Morgen mit deinem Tag. Wie wird heute dein Tag sein?

Es gibt drei Formen von Bildern, die du bei dieser Übung empfangen kannst:

- Eigene Bilder aus der Vergangenheit, die du erlebt hast. Dazu gehören natürlich auch immer deine Emotionen zu den Bildern.
- Du kannst dir Fantasiebilder im Kopf ausdenken und entstehen lassen.
- Du kannst Visionen von der Zukunft empfangen und sehen.

▶▶ **Jenseits der Logik-Tipp**
Fühl in deinen kommenden Tag. Wie wird er heute sein? Schreib es auf und vergleiche am Abend, wie der Tag wirklich war. So kannst du rationell vergleichen und spürst plötzlich immer deutlicher, um welche Gefühle es in dir geht. Was kannst du »empfangen«? Was gibt es rein logisch für Möglichkeiten?

Deine magnetischen Gedanken spiegeln dich

Du kannst durch dein Denken Dinge im Außen magnetisch anziehen oder abstoßen. Du bist wie ein Magnet, der durch das Leben schwebt. Die große Mehrheit der Menschen ist sich dieser Tatsache nicht bewusst und lebt das Leben unbewusst als schlafendes Dornröschen. Bei dir ist das nun anders. Du kannst durch dein Denken das Außen »benutzen«, um Dinge in dein Leben zu ziehen, die du willst. Wenn du jedoch unbewusst lebst, wirst du durch den ganz normalen Alltag eingedeckt und durch die schlummernden Glaubensmuster im Innen weiterhin das anziehen, was schon deine Eltern angezogen haben.

Deine Kraft als unbewusster Magnet wird bei einem Musical, Kino- oder Theaterabend schnell sichtbar. Schau einmal, wer neben dir sitzt. Warum? Ganz einfach, du bist ein Magnet und du wirst automatisch neben jemandem sitzen, der etwas mit dir zu tun hat. Aus meiner Sicht gibt es folgende Möglichkeiten, weshalb du diese Person neben dir anziehst:

1. Ihr habt etwas Gemeinsames. Dann finde das Thema!
2. Der Mensch neben dir spiegelt etwas wider, das dir fehlt. Meistens sind das Eigenschaften, die uns nerven, oder die wir sogar hassen oder nicht verstehen.

Und weshalb nervt mich das so? Weil ich vielleicht auch gerne so egoistisch wäre. Vielleicht muss ich auch lernen, meine Meinung zu sagen. Oder ich muss toleranter werden.

3. Er hilft dir auf deinem Seelenweg weiter. Ganz nach dem Motto: Nichts geschieht zufällig. Was du jetzt daraus machst, entscheidest du selbst.

Ich möchte Dir das gerne an einem Beispiel illustrieren: Mit meiner Familie besuchte ich das alljährliche und bekannte Kindertheater in Winterthur, nahe unserem Wohnort. 800 Eltern und Kinder freuten sich auf die Vorführung. Die Tickets organisierten nicht wir, sondern meine Mutter. Wir gingen langsam an der Ticketkontrolle vorbei und saßen in der Reihe 16. Auch hier funktioniert der Magnet wieder wunderbar. Vor uns sitzt eine große Familie aus dem gleichen Dorf wie wir. Wie geht das? Ist das nicht unglaublich?

Natürlich kannst du diese Situationen immer als »Zufall« abstempeln. Doch sei dir bitte ab heute bewusst, dass du das ins Leben ziehst, was du denkst. Du bist der Prinz deines Landes. Du bist der Schöpfer deiner Gedanken. Du bist somit in deinem Leben exakt an dem Ort, an den es dich aus der Kraft deiner Gedanken hingezogen hat. Deine Gedanken lösen unbewusst Handlungen aus. Wenn du in deinem Leben nicht lächelst und keine Freude verspürst, dann wird dein Badezimmerspiegel dich auch nicht anlächeln, wenn du vorbeigehst. Deine Gedanken werden irgendwann deine Überzeugungen. Deine Überzeugungen sind wiederum magnetisch. So kommst du nur mit Menschen in Kontakt, die die gleichen Glaubenssätze und Geisteshaltung haben wie du. Wenn du dich über andere Personen oder Situationen ärgerst, dann hat das sehr viel mit dir zu tun. Betrachte einmal deine ärgerlichen Situationen in deinem Leben und ergänze sie mit dem Satz: »Ich sehe immer nur mich, egal wohin ich blicke.«

Die Geschichte des Tempels mit den 1000 Spiegeln bringt diese Sichtweise auf den Punkt: Ein Hund hatte von dem Tempel der tausend Spiegel gehört. Er wusste nicht, was Spiegel sind, doch er wollte den Tempel sehr gerne besuchen. Nach einer langen Reise kam er dort an und lief die Stufen hinauf. Als er durch die Eingangstür getreten war, blickten ihn aus tausend Spiegeln tausend Hunde an. Er freute sich und wedelte mit dem Schwanz. Da freuten sich auch in den Spiegeln tausend Hunde und wedelten mit dem Schwanz. Er verließ den Tempel in dem Bewusstsein: Die Welt ist voll mit freundlichen Hunden. Von da an ging er jeden Tag in den Tempel der tausend Spiegel. Am Nachmittag kam ein anderer Hund in den Tempel. Als er durch die Eingangstür getreten war, blickten ihn aus tausend Spiegeln tausend Hunde an. Da zeigte er vor Angst seine Zähne und knurrte. Und aus den Spiegeln knurrten tausend Hunde zähnefletschend zurück. Der Hund zog den Schwanz ein und eilte in dem Bewusstsein davon: Die Welt ist voll mit bösen Hunden. Nie wieder wollte er in den Tempel der tausend Spiegel gehen.

Der Tempel der tausend Spiegel ist die Welt. Wer egoistisch und streitsüchtig ist, der erlebt Egoismus und Streit in der Welt. Wer sich aber fröhlich und freundlich umsieht, der findet auch freundliche Gefährten. Wenn du das erkennst, dann bekommt dein Leben eine völlig neue Möglichkeit und Chance. Du bist für alles verantwortlich. Du erwachst aus dem Dornröschenschlaf und wirst ein Prinz bzw. ein Kaiser. Vom Opfer zum Macher deines Lebens. Es sind nicht die anderen, die dir dein Leben schwermachen, es bist immer allein nur du selbst. Klingt das hart? Ja, ich weiß. Wie du denkst, erkennst du schnell anhand deiner Probleme. Wenn du innerlich glaubst, du verdienst das Geld, das du verdienst, nicht oder Geld ist schmutzig, dann wirst du dies im Außen auch so wahrnehmen. Du erlebst aufgrund deines Glaubens, dass du nie viel Geld haben wirst. Gut möglich, dass sogar dein Partner dir das spiegelt und Geld »extra für dich« verschwendet.

Durch das Bewerten mit deinen Emotionen gibt es eine Resonanz. Diese spiegelt sich in:

- Person,
- Situation,
- Haustier,
- Auto und andere persönliche Dinge,
- Zufall,
- Schicksalsschlag.

Wenn dich etwas ärgert, dann such nach dem »Warum«. Frag dich: »Was hat es mit mir zu tun?« Es hat immer etwas mit dir zu tun, sonst wäre es dir egal. Zum Beispiel:

- Warum ärgerst du dich im Stau? Weil ich einen wichtigen Termin habe.
- Warum ärgert dich das? Weil ich so nicht pünktlich bin.
- Warum bist du gerne pünktlich? Das hat etwas mit Respekt vor den anderen Menschen zu tun.
- Warum ärgert es dich? Weil ich nicht gerne auf andere warte.
- Warum wartest du nicht gerne auf andere? Weil ich keine Zeit habe.
- Du hättest also gerne mehr Zeit in deinem Leben. Ja! Dann bau dir in deinem Leben mehr Freiraum ein für dich. Im Stau hast du exakt diese Zeit. Genieß deinen Stau und hör dazu ein Hörbuch von mir. Mach die anderen Staufahrer glücklich, indem du ihnen ein »Daumen nach oben« für ihr Auto hältst.

Diese einfachen Fragen nach dem »Warum«, welche jeder Mensch anders beantwortet, kannst du auf alles, was dich ärgert, anwenden. Wenn unsere Tochter so locker nach der Schule nach Hause kam, die Tasche in die Ecke schmiss und stundenlang auf dem Sofa ihre Jugendhefte las, dann stresste mich ihr Verhalten sehr. »Hast du deine Hausaufgaben gemacht?«, war meine provozierende Frage. Doch im Grunde musste ich meinen Ärger ja bei mir suchen und mich fragen: Was hat das mit mir zu tun? Warum ärgerte es mich wirklich? Die Antwort lag auf der Hand. Wie gerne hätte ich mit ihr getauscht und so sorglos anstelle des Arbeitens ihre Hefte gelesen. Meine inneren Glaubenssätze und Muster lassen mich noch heute fleißig arbeiten. Mehr Pausen, mehr Kind sein und mehr Spielen habe ich in meinem Leben bereits eingebaut. Es ist noch ausbaufähig. Ich bin es selbst, der mich in diese Situation gebracht hat. Durch das Bewusstwerden kann ich es ändern. Ich muss mich akzeptieren, so wie ich bin und mein Verhalten wertneutral betrachten. Das bringt mich in die Liebe, denn wir werden auch zu dem, was wir lieben. Wenn du dich über die Sturheit in der Politik, die Frechheit und die Dreistigkeit der Lügengeschichten der Menschen ärgerst, dann betrachte deine Gedanken und dein Verhalten, denn es geht wiederum nur um dich! Du bist es, der darüber so denkt. Der Fokus folgt der Aufmerksamkeit. Du fokussierst dich wieder auf die 23, statt die 21. Im Klartext: Du fokussierst dich auf das Problem, statt auf die Lösung. So kann dein Chef täglich sein Bestes in der Firma geben. Wie nimmst du ihn dabei wahr? Ist er kraftvoll und unterstützend mit seiner Art? Oder findest du, er ist zu verbissen und macht zu viel Druck? Für die Wirkung in dir musst du jedoch bei dir hinschauen.

Aus eigener Erfahrung kann ich bestätigen, dass schwere Schicksalsschläge durch jeden selbst verursacht werden. Die Seele gibt jedem von uns lange im Vorfeld immer und immer wieder kleine Zeichen. Leider haben wir nirgends gelernt, auf diese Zeichen zu achten und ignorieren diese. Selbst beim Schicksalsschlag erkennen viele den Zusammenhang nicht und bleiben als geschocktes Dornröschen liegen. Einen Schicksalsschlag müssen wir bewusst annehmen. Du wolltest es so, um etwas Wichtiges über dich zu erfahren. Erkenne den Bereich, wo die Liebe fehlte! Harte Worte, ich weiß. Doch leg die Hand auf dein Herz. Fühl in dich hinein! Fühlst du die Zeichen? Achtsamkeitsübungen öffnen dir diesbezüglich die Tore zur Seele und weisen dir den Weg. Du findest in diesem Buch viele solche Übungen.

Die Gründe, denen ein Schicksalsschlag folgt, sind oft immer gleich: In der Regel hören wir unsere innere Stimme nicht mehr. Wir hören nicht auf die Signale des Körpers. Wir sind lieblos zu uns, folgen verbissen einem falschen Ziel oder sind zu streng mit unserem Umfeld. Schlussendlich landen wir wieder bei unseren Glaubenssätzen.

Ich war selbst lange Zeit für viele immer erreichbar. Als selbstständiger Unternehmer lebe ich von den Aufträgen. Es braucht einen schnellen Service. Jahrelang gab ich allen meine Mobilnummer. Selbst auf der Visitenkarte stand sie. Schließlich wusste ich, dass ein Kunde, wenn er mich anruft, bereit für den Kauf ist. Dann muss es schnell gehen. Der Kunde ist »warm« und möchte abschließen. Doch ist das wirklich so? Gute Menschen sind stets erreichbar? Es brauchte lange, bis ich meine Zwangsversklavung zu mir selbst merkte. Eine der besten Investitionen in mich war der Büroservice, den ich beauftragte. Nie mehr muss ich auf das Handy schauen und Angst haben, ein Geschäft verpasst zu haben. Nein, im Gegenteil, erfolgreiche Menschen sind nicht so einfach zu erreichen. Meine Rückrufe erledige ich nach meinem Rhythmus. Natürlich noch immer innerhalb sehr kurzer Zeit, doch ich bin Kaiser und kein Sklave. Ich bestimme selbst. Das »immer-erreichbar-Sein« raubte mir sehr viel Lebenskraft.

▶▶ Jenseits der Logik –Tipp

Leg dir Entspannungsmusik ein und fokussiere dich auf deinen Atem. Komm ganz zur Ruhe. Frag dich allenfalls: »Was ist mein nächster Gedanke?« In deinem Kopf entsteht so eine Denkpause und du wirst immer ruhiger und ruhiger. Leg deine Hand auf dein Herz und frage: »Liebes Herz, wie kann ich dir helfen, mehr zur Ruhe zu kommen? Was willst du mir sonst noch sagen?« Lausche!

1. Erkenne, dass das Außen nur eine Reflektion in dir ist. Beschreibe die Situation.
2. Du bist der Kaiser und König deines Landes und somit auch deiner Gedanken. Akzeptiere das und frage dich, was stört mich und warum?
3. Hinterfrage dein Denken und deine Glaubenssätze. Warum ziehst du etwas an? Wir ziehen nur das an, was wir unbewusst glauben. Such das Positive darin!
4. Erkenne und fokussiere dich bewusst auf die 21, auf die Liebe und auf das, was du willst. Lass los. Sei dankbar und nimm es an, es könnte schlimmer sein.

Spiegelneuronen aktivieren

So tun »als ob« oder gutes Beobachtungs- und Einfühlungsvermögen im Außen können dein Inneres verändern. Dafür verantwortlich sind die Spiegelneuronen. Wenn wir die Spiegelneuronen aktivieren wollen, dann ist es natürlich wichtig, dass wir uns bei den Menschen aufhalten, die wir auch anziehen möchten.

Ein junger armer Mann hatte das Ziel, seine Geldenergie zu erhöhen und wollte in den Kreis von Reichen kommen.

Wie ging er vor? Er dachte sich: »Umgib dich mit dem, was du willst, und tu so als ob!« So ging er in das teuerste Hotel der Stadt zum Mittagessen. Da er noch nicht genug Geld hatte, um das ganze Mittagessen zu bezahlen, nahm er lediglich eine einfach Suppe und einen Salat, mehr nicht. Doch als er seine Suppe Löffel für Löffel genoss, fühlte er die vielen reichen Leute um sich. Er beobachtete, lauschte an den Nachbartischen und versuchte sich vorzustellen, dass er »zu ihnen« gehöre. Er spürte die Energie der Reichen und konnte mitfühlen. Er setzte sich auch gerade auf den Stuhl und aß so adelig wie die Leute am Nachbartisch. Am Schluss nippte er an der Bar einen Kaffee und versuchte mit den Menschen ins Gespräch zu kommen. Zum einen konnte er fühlen, ob er sich in dieser Umgebung überhaupt wohlfühlte, zum anderen gelang es ihm, Schritt für Schritt an der Energie der Reichen anzuzapfen.

Ich finde diese Geschichte großartig und sie lässt sich einfach auf das eigene Leben adaptieren.

Spiegelneuronen sind bei Neugeborenen einfach zu erkennen. Wenn du einem Kind die Zunge herausstreckst, dann wird es dies nachmachen. Dieser Impuls erfolgte über das visuelle System. In meiner Praxis helfe ich unter anderem über die Spiegelneuronen den Klienten dabei, ihre Selbstheilungen zu aktivieren. Wenn zum Beispiel ein Klient seinen Arm nicht mehr heben kann, dann fühle ich mich mental in die Zellen, das Gewebe und das Gedächtnis des »kranken« Armes hinein und synchronisiere diesen mit meinem gesunden Arm. Nach zehn Sekunden kann der Patient seinen Arm wieder anheben. Komplett *jenseits der Logik*!

Ich weiß, dass das für viele unter meinen Leserinnen und Lesern schwer zu glauben und nachzuvollziehen ist. Bitte bedenke! Ich löse immer nur Selbstheilungen aus. Lässt es deine Seele zu, dann funktioniert es tatsächlich. Eine Garantie gibt es dafür nicht. Bin ich ein Heiler? Nein!

Wenn ein Wasserhahn das Gefühl hat, er ist die Quelle, dann ist er größenwahnsinnig. Ein Mensch heilt sich immer selbst.

Neulich konnte ich einem Gespräch lauschen, bei dem ein Trainerkollege etwas über Spiegelneuronen erzählte. Eine Kursteilnehmerin kam zu ihm und sagte: »Ich muss Sie leider enttäuschen, das mit den Spiegelneuronen stimmt überhaupt nicht, das kann gar nicht funktionieren. Mein Mann müsste dann ja einen Waschbrettbauch haben.« Der Trainer fragte: »Wieso denn?« »Mein Mann schaut ständig Fußball. Die Fußballspieler sind durchtrainiert, haben stramme Beine, einen Superbody. Doch schauen Sie mal meinen Mann an, er bewegt sich nicht und hat eine riesige Waschtrommel.« Stimmt, dachte ich. Alle schauten wir auf den Kursleiter. Dieser sagte: »Die Frage ist, worauf Ihr Mann denn beim Fernsehen genau guckt. Schaut er auf die Fußballspieler oder eher auf den Fußball? Und wenn ich Ihren Mann so anschaue, dann sieht er mehr den Fußball.« Wir mussten alle lachen.

Eine Coaching-Kundin erzählte mir, sie habe meinen Flyer an ihrer Pinnwand angebracht. Immer wenn sie nicht weiterkomme oder eine Frage habe, dann frage sie das Pinnwand-Bild von mir. Ich wurde zuerst etwas verlegen, doch die Idee ist schlicht genial! Alles ist Energie. Mit jeder Energie können wir Kontakt aufnehmen und so auch mental kommunizieren. *Jenseits der Logik!*

▸▸ **Jenseits der Logik-Tipp**

Such dir fünf Fotos von fünf unterschiedlichen Personen, die du magst, schätzt oder gut kennst. Das kann jemand aus der Familie sein, Freunde, Bekannte, Vorbilder oder sogar bekannte Persönlichkeiten. Stell oder leg die Fotos vor dich auf den Schreibtisch. Wenn dir diese Woche etwas nicht gelingt, du nicht weiterkommst, du eine Idee oder einen Rat benötigst, dann betrachte eine der Personen und versuch zu fühlen, wie diese Person das Problem nun angehen würde. Beginn dich mit der Person empathisch zu spiegeln.

Finde und löse deine innere Handbremse!

Oft werde ich nach meinem Hintergrund zu meinem Thema »*Jenseits der Logik*« gefragt. »Wie bist du auf das gekommen?« Der Auslöser war mein Autounfall am 17. April 2007, 11:30 Uhr. Dieser Tag veränderte mein Leben. Ich fuhr an diesem Tag mit 60 km/h fast ungebremst in ein stehendes Auto, welches mir den Vortritt nahm. Ich spürte noch an der Unfallstelle ein leichtes Ziehen im Nacken. Nach mehrmaligem Zögern ging ich dann am gleichen Tag widerwillig zum Arzt. Am folgenden Tag fühlte ich im Nacken starke Schmerzen, ein typisches Schleudertrauma (Peitschenschlag), welches mich fortan nun über fünf Jahre täglich begrüßte. Als Unternehmer versuchte ich es zu überspielen. Ein Fassadenkampf des erfolgreichen Unternehmers und ein Leidenszug mit mir selbst begann.

Nach über 200 schulmedizinischen Therapiestunden fand ich keine Lösung für meine Schmerzen. Erst als ich mich dem energetischen Bereich öffnete, erlangte ich meine Gesundheit wieder. Nach circa zehn energetischen Behandlungen an meiner Wirbelsäule waren meine Schmerzen wie weggeblasen. *Jenseits der Logik!* Getrieben von den Fragen »Wo sind die wirklichen Grenzen?«, »Was ist Scharlatanerie und was ist Realität?« machte ich viele

Ausbildungen in diesem Bereich. Unter anderem auch eine zweieinhalbjährige Ausbildung als Geistheiler und eine einjährige Ausbildung als Aura-Chirurg. Eine Krankheit oder Schmerzen sind immer Disharmonien des Energiesystems, die man im Körper sieht oder spürt. Sowohl mit der Geistheilung als auch mit der Aura-Chirurgie harmonisiert man das Energiesystem über die Aura, das Quantenfeld, die Chakren und die Meridiane. Doch im Grunde heilt sich jeder selbst. Der Körper ist die größte Selbstheilungsanlage. Das siehst du schnell, wenn du dich schneidest. Es heilt von selbst. Doch manchmal braucht dein Energie-System einen kleinen Schubs, um wieder ins Gleichgewicht zu gelangen, um sich mit der eigenen Blaupause wieder zu verbinden. Aus meiner Sicht braucht es jedoch auch die Schulmedizin. Es ist das ganzheitliche Denken, das wir nutzen können – mit der modernen Medizin und den Techniken *jenseits der Logik*.

Ich fragte mich immer wieder, warum ich diesen Unfall in mein Leben gezogen hatte. Rückblickend ist mir klar, dass ich mein inneres Flüstern, meine innere Stimme nicht mehr gehört habe. Ich bin schlicht von meinem Weg abgekommen. Aber warum kommen wir vom Weg ab? In meinem Fall war es deshalb, weil ich nicht mehr nach meinen wahren Fähigkeiten mein Leben gelebt habe, sondern nach meinen unbewussten Glaubenssätzen und Prägungen.

Die folgende Übung hilft dir, unbewusste Handbremsen zu erkennen und aufzulösen. Nimm dir bewusst Zeit und schreib auf, was deine negativen Glaubenssätze sind, welche negativen oder einschränkenden Prägungen du hast. Diese Aufgabe kannst du vermutlich nicht einfach so lösen, indem du dich an den Tisch setzt und losschreibst. Vieles ist in deinem Unterbewusstsein und in einer Situation verankert oder gespeichert. Das heißt, ein Glaubenssatz oder eine Prägung braucht im Außen eine passende Situation, damit sie dich beeinflussen kann. Es ist wie Höhenangst. Wenn du im

Wald spazierst, dann beeinflusst dich die Höhenangst nicht. Erst wenn du auf einen Baum oder den Aussichtsturm kletterst, macht sie sich bemerkbar. Damit du dir jedoch deiner Bremsen bewusst wirst, kannst du dich jeden Tag immer wieder fragen:

»Was bremst mich in meinem Leben?«

»Wo lebe ich nicht mein volles Potenzial?«

»Welche negativen oder einschränkenden Prägungen begrenzen meine jetzige Situation und meine Fähigkeiten?«

Es gibt Menschen, die mir an dieser Stelle sagen, sie möchten das Negative nicht noch größer machen. Sie wollen sich doch auf das Positive konzentrieren und die Frage positiv formulieren. An sich ein guter Gedanke! Doch in diesem Schritt geht es um das Bewusstwerden. Ich muss hinschauen! Es geht darum herauszufinden, was dich unbewusst bremst und einengt.

Vielleicht helfen dir meine zwei stärksten Handbremsen, die ich bereits erwähnt habe: Glaubenssatz: Ein Indianer kennt keinen Schmerz. – Prägung: Ich muss ein gutes Bild nach außen wahren, denn es ist wichtig, was andere über mich denken.

Oft fällt uns diese Innenschau leichter, wenn wir einen Coach haben oder andere Menschen beobachten. Wir finden die Muster schneller. Da deine Gedankenschlaufen und Programme zu einem großen Teil von deinen Eltern kommen, tauchen wir in deine Kindheit ein. Stell dir also bei den unten gestellten Fragen vor, dass du wieder in deine Kindheit zurückgehst. Dabei trenne ich Mutter und Vater ganz bewusst, da jeder einen separaten Einfluss auf dich hatte. Beginnen wir bei deiner Mutter.

Frag dich:

1. Was bewertete ich als Kind an meiner Mutter negativ?

Beispiel: Deine Mutter konnte sich oft unter Druck nicht schnell und verständlich ausdrücken und hat deshalb ihre Meinung nicht gesagt.

2. Was habe ich deshalb über mich gedacht? Was hat es in mir ausgelöst?
   Beispiel: Es ist wichtig, geduldig und ruhig zu sein. Wenn ich mich bildhaft erkläre, dann versteht mich jeder.
   Handlungsaufforderung: Leg deine Hand auf dein Herz und sag laut: »Ich verzeih meiner Mutter und bin dankbar dafür, dass diese Erkenntnis mich in meiner Entwicklung weitergebracht hat.« Fühl es!
3. Was bewertete ich als Kind an meinem Vater negativ?
   Bitte ergänze mit deiner persönlichen Erfahrung.
4. Was habe ich deshalb über mich gedacht? Was hat es in mir ausgelöst?
   Bitte ergänze mit deiner persönlichen Erfahrung.
   Handlungsaufforderung: Leg deine Hand auf dein Herz und sag laut: »Ich verzeihe meinem Vater und bin dankbar dafür, dass diese Erkenntnis mich in meiner Entwicklung weitergebracht hat.« Fühl es!

Eine Kundin von mir hat das alles aufgeschrieben und den Zettel im Anschluss in einem kleinen Ritual verbrannt. Eine gute Idee.

Nun folgt der positive Teil, wieder getrennt nach Mutter und Vater:

1. Was bewertete ich als Kind an meiner Mutter positiv?
2. Was hat das mit mir gemacht?
3. Was bewertete ich als Kind an meinem Vater positiv?
4. Was hat das mit mir gemacht?
   Handlungsaufforderung: Leg deine Hand auf dein Herz und sag laut: »Ich danke meinen Eltern für die

positive Unterstützung. Ich bin dafür sehr dankbar!«
Fühl es!

Es ist wichtig, sich Folgendes zu merken: So wie wir als Kind behandelt wurden, so behandeln wir uns oft das ganze Leben!

Weitere mögliche Fragesätze lauten:

- Was nervt mich an meinen Eltern?
- Wie engen mich meine Eltern ein?
- Was haben sie oft gesagt?
- Was sind ihre Glaubensmuster?
- Wie haben sie mich als Kind behandelt?

Die Antworten auf diese Fragen und was die so erzeugten Glaubensmuster in uns ausgelöst haben, gilt es aufzudecken. Wenn ich mich zum Beispiel das ganze Leben immer für alles entschuldige, weil ich das Gefühl habe, ich störe jemanden, dann ist es wahrscheinlich nicht ein natürliches Verhalten, sondern mangelndes Selbstbewusstsein, weil es mir als Kind aberzogen wurde.

Persönliche Grenzen sprengen wir mit der Frage:

- »Was wäre, wenn diese Einschränkung nicht gültig wäre?«
- »Was wäre, wenn …?«

Nehmen wir dazu nochmals meinen (alten) Glaubenssatz: »Was denken bloß die anderen?« Was wäre, wenn dieser Glaubenssatz für mein Leben nicht gültig wäre?

- Ich würde mich frei bewegen.
- Ich würde einfach das tun, worauf ich Lust hätte.
- Es wäre mir egal, was der Nachbar denkt.
- Es wäre mir egal, was meine Freunde denken.

Oft möchten wir anderen Menschen gefallen, weil wir Anerkennung und Liebe suchen. Jeder Mensch sucht das, deshalb passen sich viele im Außen an und reduzieren wiederum ihre wahren Fähigkeiten und Gaben. Wir wollen Fehler vermeiden und schon sind wir wieder bei der 23.

Öffnende Potenzial-Fragen sind:

- Wenn ich alles haben könnte, was ich will, was würde ich wollen?
- Wenn ich 10 Millionen Schweizer Franken/Euro auf meinem Bankkonto hätte – wie würde mein Leben aussehen? Was würde ich tun?
- Wenn ich eine Erfolgsgarantie hätte, welche Ziele wären für mich nun erreichbar?

Jenseits der Logik-Tipp

Nimm nun deine negativen Glaubenssätze und Prägungen. Stell jedem Glaubenssatz die Frage: »Was wäre, wenn diese Einschränkung nicht gültig wäre?« Beantworte dir jeden einzelnen Glaubenssatz und gehe dabei auch in das wunderschöne Gefühl, welches sich jetzt öffnet.

Blick in den Rück-Spiegel

Unternehmerisch betrachtet werde ich besser, wenn ich mich selbst mit meinem Tun reflektiere. Eine Standortbestimmung. Mit einem Blick in den Spiegel oder besser in den Rückspiegel, finde ich schnell heraus, was in meinem Leben schief- und was gut lief. Daraus kann ich etwas lernen. Nimm ein Blatt Papier und schreib alles auf, was dir in den Sinn kommt:

- Schritt 1:
  Was habe ich bisher in meinem Leben erreicht?
  Was sind meine bisherigen Erfolge?
  Wenn du eine Firma hast, dann frag dich: Was habe ich (haben wir) bisher damit erreicht?
- Schritt 2:
  Welche Enttäuschungen hattest du in deinem Leben?
  Wenn du eine Firma hast, dann frag dich: Welche Rückschläge hatten wir in unserem Unternehmen?
- Schritt 3:
  Was kann ich daraus lernen?
  Wenn du eine Firma hast, dann frag dich: Wofür war es gut? Was haben wir daraus gelernt? Was können wir besser machen als bisher?

Die letzte Frage wird oft nicht gestellt. Sie wird ausgeblendet, weil die Ereignisse uns verletzt haben. Wir sind enttäuscht, wenn etwas nicht geklappt hat, und fragen uns oft nicht, warum die Niederlage denn überhaupt in unser Leben gekommen ist. Jeder gute Fußballtrainer, der besser werden will, analysiert sein Spiel. Getreu dem Motto: hinschauen!

2013 stellten wir zwei Mitarbeiter ein, die mich in Firmen für Seminare und Referate »verkaufen« sollten. Das floppte und ich verlor dabei viel Geld. Was lernte ich daraus? Ich muss mich selbst verkaufen. Das tue ich heute und siehe da, es funktioniert. Auch bei meinem Autounfall fragte ich mich immer wieder: »Wofür war es gut?« Was uns widerfährt, ist immer für irgendetwas gut. Nur wenn ich das erkenne und in der Demut frage: »Was kann ich daraus lernen?«, komme ich weiter.

Wenn du Unternehmer bist, dann betrachte deine letzten 365 Tage. Wie waren die? Was kannst du besser machen? Was kannst du optimieren oder delegieren? Was lernst du daraus? Wenn du die Antwort weißt, dann blicke 365 Tage nach vorne und frag dich: »Wie sieht meine Realität in einem Jahr aus, wenn ein ich super Jahr habe?« und »Wie sieht mein Leben in einem Jahr konkret aus?«

Aufgabenverteilung mit deinem Unterbewusstsein

Ein Eisberg ragt zu 10 Prozent aus dem Meer, der wesentliche Teil, 90 Prozent, ist unter dem Wasser und somit nicht sichtbar. Wenn du den sichtbaren Bereich verschieben möchtest, dann liegt es auf der Hand, dass dies allein mit dem Ziehen an der Oberfläche nicht reicht oder enorm schwer ist. Vielleicht gibt es sogar eine Strömung unter Wasser, die in die Gegenrichtung zieht. Du hast natürlich erkannt, dass der sichtbare Bereich deinem Verstand gleicht und der unsichtbare Bereich deinem Unterbewusstsein mit allen Glaubenssätzen und Prägungen. Vera F. Birkenbihl stellt dies, wie bereits erwähnt, noch deutlicher in Relation. Sie spricht von 15 Millimetern Bewusstsein und 11 Kilometern Unterbewusstsein. Die neuere Hirnforschung drückt es so aus: Unser Gehirn verarbeitet in der Sekunde vierhundert Milliarden Bit. In Zahlen: 400.000.000.000 Bit. Interessant ist, dass unser Bewusstsein davon 200 Bit einnimmt! Das sind mickrige 0,0000005 Prozent vom Gesamten. Diese Zahlen liegen außerhalb unserer Vorstellungswelt. Vorstellen kannst du dir jedoch eine Strecke von Zürich nach Moskau oder von Zürich nach Gibraltar (siehe auch www.luftlinie.org) von 2.000 Kilometern. Genau diese Strecke würde unser Unterbewusstsein betragen, wenn wir es wie ein Seil ausrollen würden. Die Relation des Bewusstseins beträgt dazu lediglich ein Zentimeter!

Es stellt sich somit die Frage: Was ist das richtige Ziel

und wie komme ich möglichst schnell dorthin? Wenn wir dies wiederum nur über die Schullogik-Seite versuchen, dann nutzen wir unser Potenzial eben nicht aus. Es muss da doch noch andere Techniken geben. Im Bereich *jenseits der Logik*! Und in der Tat, die gibt es. Dennoch ist es wie das Ying zum Yang. Wir benötigen immer auch den Logik-Bereich.

Mit der Logik können wir viele Dinge bewusst umsetzen:

- Ziele finden,
- tun/handeln,
- belohnen/genießen.

Mit dem Prinzip »*Jenseits der Logik*« dagegen schöpfen wir aus dem Unbewussten:

- Ziele prüfen oder zeigen lassen,
- Neue Wege/Ideen dank Intuition,
- Glaubenssätze optimieren,
- Affirmationen,
- Visualisieren,
- Absicht.

Es liegt auf der Hand, dass du mit dem »*Jenseits der Logik*«-Bereich um Welten schneller bist. Die große Frage lautet nun, wie geht das? Lass uns diese Punkte nun im Detail betrachten.

Wohin fliegt dein Pfeil?

Als Unternehmer bin ich es gewohnt, Ziele zu haben und verrückte Ideen umzusetzen. Wenn jemand sagt, dass etwas nicht geht, dann provoziert mich das innerlich und löst eine Motivation mit »jetzt erst recht« aus. Doch braucht jeder ein Ziel? Als ich 2003 meine Frau kennengelernt habe, stellte ich schnell fest, dass sie eine völlig andere Art von Zielen verfolgte als ich. Ich war aus der Versicherungszeit her gewohnt, mit Umsatzzielen zu arbeiten. Was sie mir dann jedoch als ihr Lebensziel offenbarte, ließ mich aufhorchen. Das Ziel meiner Frau war und ist »die verschiedenen Formen der Liebe zu leben«. Man muss sich das auf der Zunge zergehen lassen. »Die Formen der Liebe.« Was gibt es denn da?

Sie möchte als Kind die Liebe zu ihren Eltern spüren, sie möchte die Liebe zu einem Partner oder heute zu mir als Ehemann fühlen, sie möchte die Liebe als Mutter von Kindern erleben. Sie möchte den Kindern im Gerätesport motivierend zur Seite stehen und so die Liebe und Dankbarkeit der Kinder genießen. Ich zog den Hut vor meiner Frau. Sie ließ mich in eine neue Welt von Zielen eintauchen. Noch heute hat meine Frau eher kurzfristige Ziele. Wenn sie einen Prospekt oder einen Film über die Malediven sieht, dann weckt das etwas in ihr. Diese Energie wird dann ziemlich schnell sehr viel größer und so kann es sein, dass schon einige Wochen später die Ferien auf magische Weise umgesetzt werden können. Sie erzeugt einen enormen Fokus in dieser Zeit. Der Fokus folgt der Aufmerksamkeit.

Braucht ein Mensch denn überhaupt Ziele im Leben? Gail Matthews von der Dominican University of California spricht mir persönlich aus dem Herz. Er fand heraus:

1. Ziele werden eher erreicht, wenn Rechenschaft über die Fortschritte abgelegt wird (z.B. gegenüber einem Freund),
2. wer sich öffentlich zu einem Ziel verpflichtet, erreicht es eher,
3. schriftliche Ziele werden eher erreicht.

Leider nehmen sich gerade im privaten Bereich nur sehr wenig Menschen die nötige Zeit, um in Ruhe zu planen und die Ergebnisse der Planung dann auch umzusetzen. Viele lassen sich schlicht durch das Leben treiben.

Wenn ich meine vielen Coachings analysiere, komme ich zu einem spannenden Ergebnis:

- Dank dem Coaching fanden wir die Ziele und Fähigkeiten.
- Wir erstellten eine Strategie, um ins Tun zu kommen.

Doch genau an diesem Punkt scheitern sehr viele Menschen. Sie haben tausend Ausreden und Gründe, warum sie nicht ins Handeln kommen. Ich könnte dir ein Buch von Geschichten aufschreiben. Das Beginnen ist das eine, das »Dranbleiben« das andere. Wunderschön sehen wir das bei Menschen, die über ein Netzwerk etwas verkaufen wollen. Alle wollen, doch 90 bis 95 Prozent scheitern. Das Gleiche erlebte ich, als ich mich als Trainer und Redner selbstständig gemacht habe. Auch in diesem Bereich schaffen es langfristig nur circa zehn Prozent, von ihrer Tätigkeit zu leben. Ebenso im therapeutischen Bereich – es gibt unzählige Praxen, doch nur die wenigsten verdienen richtig Geld damit. Wenn du ein Ziel hast, ist die Umsetzung die größte Herausforderung. Das Tun und das Dranbleiben.

Wenn du ohne Kompass durch die Wüste wanderst, dann kann es gut sein, dass du die Orientierung verlierst und dich im Kreise drehst. Du landest an einem Ort, wo du nie hinwolltest. Du lässt dich unbewusst durch das Leben treiben und folgst den Zielen von anderen. Irgendwie erinnert mich das an einen Touristen, der in New York in ein Taxi steigt. Freundlich fragt der Taxifahrer: »Wohin soll es denn gehen?« Der Tourist: »Keine Ahnung, fahren Sie einfach los.« Für den Taxifahrer eine komplett verwirrende Situation. Doch du merkst, was ich meine. Auch wenn der Taxifahrer dir nun ein paar Vorschläge macht, reicht die Zeit leider nicht mehr, spontan in das Musical »The Lion King« zu gehen, da es seit Wochen ausverkauft ist. Doch ein todlangweiliges neues Theater an der Ecke hätte noch freie Plätze.

Du wirst alt und älter im Trott deiner Arbeit. Vielleicht flammt hie und da ein Wunsch auf, den du dir wieder ausreden lässt. Du minderst Schritt für Schritt deine Selbstwertgefühle und produzierst dir selbst eine Dornröschen-Schaffenslähmung. Du sitzt, wie viele Menschen, täglich zwei Stunden im Zug zur Arbeit oder stehst im Stau. Als Ausgleich schaust du zum Regenerieren drei bis vier Stunden täglich Fernsehen und lässt dich berieseln. Natürlich, du musst dich von der schweren Arbeit erholen, dazu hast du auch ein Recht. Das sollst du ja auch. Doch viele Menschen sind getrieben. Sie haben von außen so viele Pflichten aufgeladen bekommen und sind fremdgesteuert. Sie übergeben ihr Leben an eine Firma, an einen Partner, an eine Krankheit, an einen Unfall und verlieren den wahren Seelenplan. Und warum? Weil sie dann die nötige Anerkennung erhalten, die wiederum bei jedem tief in sich als Wunsch vorhanden ist. Tief in dir weißt auch du, dass du für etwas Größeres bestimmt bist. Es ist nie zu spät!

Wenn du dich jedoch nicht treiben lässt, sondern ein eigenes Ziel verfolgst, geschieht Folgendes fast automatisch: Du beginnst, dich auf etwas hin auszurichten, was dir Freude macht. Das ist wie bei einem Pfeil, den du im Pfeilbogen eingelegt hast, wenn du beginnst, dein Ziel zu fokussieren. Der Fokus folgt der Aufmerksamkeit und wird so automatisch größer. Deine Vorfreude kann wachsen. Das macht dich wiederum stark und dein inneres Selbstwertgefühl steigt von Tag zu Tag. Du lässt den Pfeil los und verfolgst wie ein kleines Kind mit großen Augen, was geschieht. Dein Adrenalin steigt, die Zeit vergeht wie im Flug, das Leben macht Sinn. Der Nebeneffekt: Durch deine positive Entschlussfreudigkeit wirst du mit großer Wahrscheinlichkeit sogar ein höheres Ziel erreichen. Möchtest du einen Turbo dazu zünden? Dann lies die nächsten Zeilen und wende sie auf dich an.

Wer ein Ziel hat, erlebt:

- eine Fokussierung,
- dass Selbstwert und Selbstbewusstsein sich steigern,
- dass ein höheres Ziel erreicht wird,
- Sinnhaftigkeit.

Im kalten Krieg war der Fokus stets auf bestimmte Ziele hin ausgerichtet, sodass er – auch wenn die politische Ausrichtung kein Segen war – ein Paradebeispiel dafür ist, wie man ein Ziel schneller erreicht: Wer wird es schaffen, zuerst auf dem Mond zu sein. UdSSR oder Amerika – ein Wetteifern der Möglichkeiten. Wer wird schneller das höchste Gebäude bauen? Wer wird den aktuellen Weltrekord im 100 Meter-Lauf unterbieten? Wer macht in diesem Jahr mehr Umsatz? Mit einem Wettkampf erreichst du plötzlich Dinge, die du vorher als unmöglich betrachtet hast. Die Aborigines fanden solche Vergleiche jedoch nicht sonderlich förderlich, da es bei diesen Vergleichen immer auch Verlierer gibt. Ein Weiser vergleicht sich immer mit sich selbst. So kann er wahrhaftig an sich wachsen.

Was kannst du somit tun, damit du noch besser wirst? Der Kreis schließt sich, indem du dich reflektierst und dir wiederum die Fragen stellst: »Was habe ich die letzten zwölf Monate erreicht und was kann ich noch in Zukunft erreichen?« Um richtig zu wachsen oder innerhalb kurzer Zeit einen Durchbruch zu erreichen, ist es wichtig, hinzuschauen und sich zu fragen: »Was bremst mich noch?« Es gibt einige Bremsklötze, auf die ich bei meinen Coachings immer wieder treffe: Negative Glaubenssätze wie: Schuldgefühle, Zurückweisungen, unklare oder falsche Ziele, Angst vor Fehlern, mangelndes Selbstwertgefühl, Faulheit, Überforderung, Ablenkung, schwarze Magie, Karma, nicht hinter dem Produkt/der Dienstleitung stehen, kein

Netzwerk, mangelnde Fachkenntnisse, Krankheiten, Folgen von Unfällen, körperlich zu schwach, zu wenig Geld, ...(ergänze die Liste weiter).

Die Frage ist eigentlich einfach. Wohin fliegt dein Pfeil? Was beeinflusst dich, dein Ziel anzuvisieren und den Pfeil loszulassen?

Jenseits der Logik-Tipp
Mach dir einen feinen Tee oder bereite dir einen Kaffee zu. Reflektiere im Geist dein Leben. Wenn du so darüber nachdenkst, was waren deine bisherigen Ziele? Hast du Ziele? Wie sehen deine verschiedenen Lebensbereiche aus? Worin bist du gut? Was wolltest du schon lange tun? Warum bist du bis heute nicht ins Tun gekommen? Was bremste dich?

Top Secret – Formel für mehr Geld

Immer wieder erlebe ich, dass Menschen Geldprobleme haben. Geld ist nur eine andere Form von Energie. Geld ist ein wundervoller Spiegel für deinen unternehmerischen Wert. Wie kommst du in die optimale Geldenergie? Auch ich erlebte schon Höhen und Tiefen. Wobei mir klar die Höhen besser gefallen. In Zeiten der Fülle nimmst du das Geld dankend an. Schlechte Jahre gilt es zu hinterfragen. In vielen Coaching-Gesprächen werde ich gefragt: »Wie kann ich Geld in mein Leben ziehen?«

Zugegeben, wie für viele Menschen ist Geld auch für mich ein wichtiges und zentrales Thema. Meine Eltern verdienten sehr wenig Geld. Ich erinnere mich noch heute sehr gut daran, wie ich mit meiner Mutter mit dem Zug in den

Tessin (Süden der Schweiz) gefahren bin und sie mir im Zug eine Coca-Cola kaufte. Wow, so einen Luxus erlebten wir nicht oft! Wir mussten jeden Rappen zählen. Mit meinem Job als Kinderfotomodel verdiente ich plötzlich 20 Schweizer Franken in der Stunde. Eine aus meiner damaligen Sicht riesige Summe Geld kam zusammen. Und ich weiß noch genau, wie es war, als ich 1992 das erste Mal in meinem Leben ein Monatseinkommen von über 10.000 Schweizer Franken erreichte. Ich feierte dies auf meine Weise, ging ganz allein ins größte Einkaufszentrum der Schweiz und genoss eine Tasse Kaffee mit Kuchen. Ich schaute mich um und wusste, dass ich von den Anwesenden vermutlich am meisten verdiente. Ich hatte die magische Grenze im Kopf durchbrochen, die Schleuse war nun offen für mehr. Ich erinnerte mich an meine Kindheit und war sehr stolz und dankbar.

Als ich mich 2005 selbstständig machte, recherchierte ich ein Jahr auf eigene Kosten. Meine Einnahmen waren deutlich kleiner als davor. Ein Auf und Ab des Geldes spiegelte mein Leben, es ging jedoch insgesamt betrachtet ständig aufwärts. 2012 fokussierte ich mich auf ein TV-Projekt, das über 1,5 Millionen Schweizer Franken Umsatz generieren sollte. Große Sponsoren wurden gefunden, doch es fehlte noch immer ein beträchtlicher Teil des notwendigen Geldes, sodass wir das Projekt verschieben mussten. Als ich 2013 zwei Angestellte für den Vertrieb einstellte, setzte ich alles auf eine Umsatz-Karte. Doch es kamen nur sehr wenige Aufträge herein. Ich schoss mein letztes Geld ein und manövrierte mich um Haaresbreite in den finanziellen Abgrund.

Warum lief es nicht mehr wie bisher? Ich hatte einst eine der erfolgreichsten Hauptagenturen in der Schweiz geleitet. Was hatte ich falsch gemacht? Ich war schlicht einem falschen Pfad gefolgt und hatte dabei die Gesetzmäßigkeit des Geldes vergessen. Musste ich mich jetzt nach neun Jahren der Selbstständigkeit wieder anstellen lassen? Es schrie in mir »Nein!« und ich folgte bedingungslos meiner Intuition, meinem Herzen. Erst jetzt horchte ich tief in mich hinein, denn der Schmerz war nun groß genug. Ich änderte damit meinen Ego-Pfad und folgte dem Ruf des Herzens. Ich schaute hin und stellte fest, dass ich stets Menschen vorgeschoben hatte, die mich »verkaufen« sollten. Zudem hatte ich immer auf Zusammenarbeit mit Menschen gesetzt, die mich fremdsteuerten oder beeinflussten. Ich entdeckte in meinen Glaubenssätzen, dass ich noch immer zu viel Rücksicht auf das Denken der anderen genommen hatte. Angst vor dem Versagen kam dazu. Ich harmonisierte diese innere Haltung mit einer einfachen Matrix-Atem-Übung und folgte konsequent meinem Herzen. Und was geschah nun? Wie von Geisterhand öffnete sich eine unsichtbare Geldschleuse und der Wohlstand kam wieder in großer Fülle zurück. 2014 war ein sensationelles Jahr. Von 0 auf 100!

Um Geld in dein Leben zu ziehen, braucht es gewisse Gesetzmäßigkeiten, die du einfach kennen musst. Wie immer ist deine Einstellung zum Geld-Match entscheidend. Was denkst du über das Geld? Was hat es für dich für einen Wert? Ist es nur ein angreifbarer Sachwert? Ist Geld schmutzig? Oder ist Geld schön? Das sind alles deine persönlichen Meinungen. Betrachtet wir Geld als liebevolle Energie, entscheidet die Macht der Gedanken auch hier wiederum über die Ablehnung oder Anziehung des Geldes. Grundsätzlich ist es von Menschen erfundenes liebevolles Tauschmittel. Du kannst im Grunde sehr froh sein, denn stell dir vor, du müsstest zwei Hosen gegen ein Abendessen eintauschen. Deine Einstellung zum Zahlungsmittel Geld ist jedoch von deinen Eltern sehr stark geprägt und die Energie dazu ist in deinen Chakren verankert und überliefert. Die ersten sechs Jahre wurden stark in dich hineingespeichert. Deine Erfahrungen mit deinem psychologischen Verhalten kommen dazu. Als Erstes musst du dir bewusst werden, dass du in einem größeren Wohlstand als deine Eltern und Vorbilder leben darfst. Eltern meinen es in der Regel nur gut, doch sie können dich ausbremsen. Viele Eltern haben Angst, dass du dich negativ verändern könntest, die Tradition brichst, größenwahnsinnig wirst, die Realität oder das ganze Geld verlierst. Mehr Geld als bisher zu haben bedeutet immer eine Veränderung. Kannst du damit umgehen? Okay, dann lass uns die Geld-Magnet-Formel anschauen.

Deinen Geldfluss kannst du auf verschiedene Arten erhöhen. Ich habe mich in den letzten vierzig Jahren immer wieder mit dem Thema Geld befasst. Eines habe ich herausgefunden: Es ist nicht die harte Arbeit, die uns reich macht. In vielen Seminaren, Büchern und aus ganz persönlicher Erfahrung habe ich stets meine Geldenergie mit dieser geheimen Formel erhöht: Absicht + Glaubenssätze + Intuition + Handeln = Geldfluss erhöhen.

Was heißt das konkret? Um Geld anzuziehen, benötige ich einen Grund. Warum brauchst du mehr Geld? Einfach so? Oft kommt die Antwort: »Damit ich glücklich bin, damit ich mich sicherer fühle.« Doch das zu erreichen, ist nicht die Aufgabe des Geldes. Geld ist Energie. Ich muss dieser Energie meine persönliche Anerkennung und Liebe entgegenbringen, am besten, wenn du auf deinem Herzensweg bist. Ich muss sie wertschätzen wie die Liebe zu einer Pflanze, zu einem Haustier oder zu einem lieben Menschen. Es geht wieder um das Gefühl. Von einem reichen Mann habe ich gelernt, dass ich mit dem Geld sprechen und eine dankbare und liebevolle Beziehung aufbauen soll. Und weißt du was? Ich tue das. Neid stößt sie logischerweise weg. Mit offenem Herzen kommt diese Energie zu dir und dann macht dich diese Energie glücklich und gibt dir die Sicherheit. Bevor das Geld erfunden wurde, mussten wir diese Energie durch das Tauschen von Waren wertschätzen. Gib mir deine Ziege und ich gebe dir dieses Buch. Es ist einfacher geworden. Mit der Kreditkarte oder dem Telebanking wird diese Energie nochmals verändert. Deine Münzen und Noten werden noch kleiner oder sogar unsichtbar.

Es ist wieder so, wie schon erwähnt: Wie du in den Wald rufst, so schallt es zurück. Gerne gebe ich dir ein konkretes Beispiel, wie die Geldformel funktioniert, anhand eines meiner Kunden. Nennen wir ihn: Uwe. Uwes Traum war es, einen Urlaub auf den Malediven zu verbringen. Sein Glaubenssatz spielte dagegen: Seine inneren Stimmen wiederholten immer wieder, dass er sich das nicht leisten konnte. Und er so einen Urlaub nicht verdient hatte. Uwe schaute hin, erkannte seine Glaubenssätze und löste sie endlich auf. Wie genau konnte es Uwe gelingen, dass er diesen Herbst Ferien auf den Malediven machen kann? Uwe befragte mit der Intuitionstechnik sein Unterbewusstsein und bekam gezeigt, dass er sich im Reisebüro als Angestellter bewerben sollte. So kam er ins Handeln: Uwe bewarb sich bei einem großen Ferienanbieter und bekam ab Sommer die Stellung. Nun ging es noch darum, den Geldfluss zu erhöhen: Wie durch ein Wunder konnte Uwe wenig später zu einem Vorzugspreis die maledivische Insel Sun Island erleben, da diese neu im Katalog aufgenommen werden sollte. So genießt Uwe im Herbst seine verdienten Ferien auf der Trauminsel.

In meinen Phasen des Geldüberflusses machte ich mir keine Gedanken über einen Mangel an Geld. Ich besaß es in Hülle und Fülle und konnte nicht so viel ausgeben, wie ich eingenommen hatte. Doch es gab in meinem Leben auch andere Phasen. Phasen der Angst, dass es nicht mehr reicht. Natürlich wusste ich, dass diese Angst vor dem Mangel noch mehr Mangel anzieht. Der Fokus folgt der Aufmerksamkeit. Wie löst du das, wenn du bei den Zahlungen am Computer nur noch Stress hast? Deine Geld-Energie ist somit unmöglich rein. Das heißt, im Laufe deines Lebens hast du verschiedene Meinungen dazu erfahren. Deine Eltern sagten dir dieses und jenes. Bei armen Eltern waren die Aussagen mit Sicherheit anders als bei reichen.

Da viele Menschen über zu wenig Geld verfügen, erleben die meisten wohl eher Ängste und Sorgen und verkünden dir ungewollt ihre Meinung. Diese speichern sich in deinem Energiefeld, deinen Chakren, deinem Glaubenssystem und in deinem Unterbewusstsein als Glaubenssätze wie zum Beispiel: »Geld verdirbt den Charakter«, »Lieber arm und glücklich, als reich und unglücklich«, »Reiche Leute sind arrogant«, »Ich habe nie Geld«, »Man kann nicht alles haben«.

Falls du kein Geld hast, dann liegt das nicht direkt an dir, es liegt an deinen inneren Programmen zu diesem Thema, die du bis heute ungeprüft lebst. Der aktuelle Stress über den Mangel ist wie Dünger für dein Unterbewusstsein. Ändern kannst du dies, indem du dir dies bewusst machst und die Glaubenssätze mit der Technik, die ich dir in diesem Buch mitgebe, umschreibst. Doch was braucht es noch? Um deine Geldenergie zu erhöhen, musst du auch ins Tun, ins Handeln kommen. Es braucht Bewegung oder schlicht eine Veränderung deiner aktuellen Situation. Wenn du an Ort und Stelle stehen bleibst, wirst du mit großer Sicherheit an einer falschen Stelle stehen. Eben dort, wo deine alte Geldenergie zu Hause ist und keinen Gewinn abwirft. Es ist, als stündest du an einer Straße und wartest auf einen Bus. Du weißt aus scharfer Beobachtung, dass es Busse in der Stadt gibt, die auf den Straßen fahren. Du stehst da und wartest und wartest, doch an deiner Stelle der Straße fahren keine Busse. Du schaust dich um und siehst in der Ferne, in einer anderen Straße, einen Bus vorbeifahren. Du schaust auf die andere Seite und siehst wiederum einen anderen Bus. Richtig! Beweg dich! Doch in welche Richtung gehst du? Welcher Bus ist der richtige für dich? Es braucht eine Entscheidung. Und genau das ist der letzte so wichtige Punkt. Um an Geld zu gelangen, musst du dein Feld, dein Unterbewusstsein fragen: Welches ist dein Weg, dein Ziel? Was sind die nächsten Schritte? In diesem Buch erfährst du deshalb eine exakte

Anleitung, wie du mit der Intuitionstechnik deinen richtigen Weg findest.

Du siehst, das Geld folgt der Aufmerksamkeit. Es einfach grundlos besitzen zu wollen, hat viel mit dem Ego zu tun. Gib dem Geld eine Richtung, einen Grund, warum es zu dir kommen soll. Geld ist Energie und unterliegt dem Gesetz der Resonanz. Geld ist im Überfluss vorhanden. Geld ist der Spiegel des Lebens. Geld und Vermögen sind somit eine Frage des Bewusstseins.

Aus meiner Sicht liegt das Geld auf der Straße. Du musst es nur aufheben. Siehst du das auch so? Eines muss dir jedoch bewusst sein. Wenn du deine Geld-Energie veränderst, kannst du Freunde verlieren, Geld verlieren, Job verlieren, im Alter kein Geld haben, so wie deine Eltern werden oder einsehen, dass du nicht mehr geliebt wirst. Vielleicht will deine innere Stimme dich warnen und sagt: Für Geld muss man hart arbeiten. Du kannst nicht reich und glücklich sein … u.v.a.m. Hast du es bemerkt? Das sind mögliche Ängste, die in dir aufkommen können. Werde dir deiner Glaubenssätze und Ängste einfach bewusst. Wenn eine Angstwelle aufkommt, dann entspann dich, bedanke dich und frag dich: Woher kommt dieser Satz, dieses Gefühl, dieses Verhaltensmuster? Wie kannst du es auflösen? Wie immer auf die gleiche Art und Weise. »Hinschauen! Sagte der Meister.« Woher könnte dieses Muster kommen? Was ist gut an diesem Muster? Oft will der Verstand uns lediglich schützen. Nimm dieses Geschenk an und bedanke dich, dass es dich so lange beschützt hat. Lass die Emotion, die beim Hinschauen aufkommt, zu, dann kann diese gehen. Harmonie wird einkehren. Deine Geld-Energie wird wachsen.

▸▸ Jenseits der Logik-Tipp

Leg deine Hand auf dein Herz. Wiederhole immer wieder die Worte: »Absicht + Glaubenssätze + Intuition + Handeln = Geldfluss erhöhen«. Werde dir bewusst, dass wir alle die gleiche Chance haben, unseren Geldfluss zu erhöhen. Du kennst jetzt das Geheimnis dazu.

Wann bin ich endlich Millionär?

Wenn es um das Thema Reichtum geht, werde ich oft gefragt, wie lange es denn dauert, »bis ich endlich Millionär bin«. Rein rechnerisch und logisch kann ich dir diese Frage so nicht beantworten, doch eines ist klar: Wenn du dir diese Frage stellst, hast du das Prinzip nicht verstanden. Was? Wie war das? Ja, du hast das Prinzip nicht verstanden.

Viele stellen sich die Fragen:

»Wie lange dauert es noch, bis ich Millionär bin?« oder

»Wie lange dauert es noch, bis ich endlich mehr Umsatz habe?«,

»Wie lange dauert es noch, bis ich gesund bin?«,

»Wie lange dauert es noch, bis ich eine gute Beziehung habe?«.

Warum darfst du dir diese Fragen nicht stellen? Ganz einfach: Wenn du dir diese Fragen stellst, ist dir bewusst, dass es immer noch einen Graben gibt, zwischen dem, was du sein willst, und dem, was du bist, das heißt, du bist nicht Millionär, du bist nicht gesund, du hast keine Beziehung. Punkt.

Die richtige Aussage ist somit:

»*Ich bin* Millionär!«

»*Ich bin* gesund!«

»*Ich bin* in einer glücklichen Beziehung!«

Du bist somit per sofort im Bewusstsein des Wohlstandes. Anders formuliert heißt das, ich bin im Wohlstandsbewusstsein, ich habe immer mehr Geld, als ich ausgeben kann. Am einfachsten suchst du dir dazu ein ideales Vorbild. Das hilft deinem Unterbewusstsein sehr schnell.

Bei Reichtum kann ich dir den Namen Donald Trump empfehlen. Trump gilt als einer der erfolgreichsten Männer Amerikas. Er ist ein cleverer »Kämpfer«. Seinen Name vermarktet der Selbstdarsteller mit dem Elefantengedächtnis als Marke, die er in Filmen und TV-Castings-Show zusätzlich stärkt. Das für mich Faszinierende an seiner Geschichte ist: Er stand schon zweimal vor der Pleite. 1989 und 2009 gab es gegen sein Unternehmen Insolvenzverfahren. Er hatte mit 1,5 Milliarden Dollar Schulden vermutlich viel weniger Geld als du. Doch heute hat er mit geschätzten 2,7 Milliarden (Forbes-Institut) wieder mehr Geld als du. Gemäß seinen eigenen Angaben besitzt Donald Trump heute sogar fünf Milliarden Vermögen. Ich empfehle dir, seine Biografie zu lesen oder seine Website www.trump.com zu besuchen.

Er hat sein Wohlstandsbewusstsein nie aufgegeben. Hätten alle Menschen auf einen Schlag gleich viel Geld, er wäre bereits morgen wieder reicher als wir alle. Saug dir die für dich positiven Seiten von Donald Trump oder sonst einer reichen Persönlichkeit an. Überleg dir, wie diese Person handelt, denkt, reagiert, geht, entscheidet. Spiegle den Reichtum. Nimm diesen Reichtum-Energieteil an und sei dir bewusst: Dieses Wohlstandsbewusstsein kann jeder frei wählen. Sei dir bewusst, du bist schon heute Millionär.

Jenseits der Logik-Tipp

Leg deine Hand aufs Herz. Atme tief ein und sage fünfmal: »Ich bin Millionär, ich bin gesund, ich bin in einer guten Beziehung.« (Sag das, was *du* willst.) Fühl die Energie, die sich in dir bildet. Verhalte dich so, wie du bist. Der Fokus folgt der Aufmerksamkeit. Doch wenn wir das Herz wieder dazunehmen, dann warst du schon immer reich. Denn Geld hat mit Glück nichts zu tun.

Mit Herzensenergie zum Erfolg

Als Beispiel für die Anziehungskraft von Erfolg und Reichtum möchte ich dir zwei persönliche Geschichten von mir verraten. Ja, das Wort verraten trifft es richtig, denn ich habe sie noch selten jemandem im Detail erzählt. Doch ich denke, es ist an der Zeit, dass ich sie dir anvertraue. Denn du kannst sie für dich auch anwenden.

In den Jahren 1996 bis 2001 leitete ich, wie schon angesprochen, eine der erfolgreichsten Hauptagenturen in der Schweiz.

1. Geheimnis: »Wie habe ich eine der erfolgreichsten Hauptagenturen in der Schweiz aufgebaut?«

Sicherlich hat mich meine Chefin in meiner Ausbildung sehr geprägt. Obwohl sie eine sehr liebe und charismatische Chefin war, drillte sie mich auf Erfolg. Dies hat noch heute Einfluss auf mein Leben. Zum Beispiel: Wenn ich in einem Laden stehe und etwas schief im Regal steht, dann verspüre ich den Drang, es gerade auszurichten. Wenn ich nicht umgehend in einem Laden bedient werde, läuft eine innere Stimme ab, die sagt: »Das hätte es bei uns nie gegeben!« u.v.a.m. Gottlob kann ich viele dieser Drill-Programme heute auf Pause stellen, doch diesen inneren Ehrgeiz, diesen Antrieb kann ich auf Knopfdruck aktivieren. Dies hilft, wenn es um einen Sondereinsatz geht, wie zum Beispiel, dieses Buch zu schreiben. 2014 war das beste Jahr seit Jahren. Ich platze beruflich aus allen Nähten und schreibe dazu noch dieses Buch.

Als ich 1990 bis 1995 bei der Winterthur Versicherung im Außendienst arbeitete, hatte ich wieder einen sehr speziellen Drillmeister als Chef. Seine Hauptagentur gehörte schweizweit zu den besten. Von ihm konnte ich sicherlich sehr viel lernen und in mein Leben mitnehmen. Doch seine Art und Weise war dann doch etwas zu sehr auf das Geld ausgerichtet. Das Menschliche blieb deutlich auf der Strecke, was ihm privat und geschäftlich zum Bumerang wurde. Doch wieder hatte ich viel für mich gelernt und wusste, was ich wollte und was nicht.

Aufgrund meines sichtbaren Einsatzes erhielt ich 1995 meine große Chance. Ich durfte die Leitung einer Agentur per 1996 übernehmen. Viele belächelten meine Chance und machten Witze über die Region auf dem Land. »Hast du die gelben Gummistiefel schon bestellt, wenn du auf den Bauernhöfen über den Miststock gehen musst?« Mich schmerzten diese Aussagen. Ich überlegte mir aufgrund meiner Drill-Strategie, wie ich diese Agentur sehr schnell sehr erfolgreich machen konnte. Ich begann dabei an der Basis, in der Agentur selbst. Für 30.000 Schweizer Franken ließ ich die Agentur verschönern. Neue Teppiche, neuer Anstrich, zum Teil neue Möbel, neue Bilder und Lampen, die die Räumlichkeiten in ein warmes Licht tauchten. Die bisherigen Öffnungszeiten von 8.30 bis 11.45 Uhr wurden auf 8.00 bis 18.00 Uhr verbessert. Der bisherige Agenturleiter setzte auf Kundenbesuche. Deshalb war er oft unterwegs. Aus meiner Sicht verlor er so sehr viel Zeit, da unsere Kunden eh fast alle bei uns vorbeifuhren, kehrte ich es um und »bestellte« die Kunden in unsere Agentur. So konnten wir sehr schnell doppelt so viele Kundenkontakte bewältigen. Wenn die Kunden in unsere Agentur kamen, überließen wir nichts dem Zufall. Ein freundlicher Empfang mit einem strahlenden Lächeln, sanfter Musik, schönen Bildern, einem warmen Getränk und einem angenehmen frischen Duft beeinflussten unsere Besucher unbewusst. Die mentalen Verkaufsgespräche, die ich geführt habe, werden auf einer anderen Seite schon beschrieben.

Nun zu meinem wahren Geheimnis. Ich baute die Agentur auch energetisch auf. Mit 25 Jahren überredete mich meine Mutter, an einem Meditationsseminar in Zürich teilzunehmen. Wir lernten, Herz-Energie zu erzeugen und diese anderen Menschen zu senden. Dieses Wissen nutzte ich nun auch für meinen Umsatz.

Und so habe ich es gemacht: Ich legte mich zweimal pro Woche hin und meditierte. Ich entspannte meinen Geist und meinen Körper mit einem Body-Scan. (Der Body-Scan wird im Buch weiter hinten beschrieben.) Als ich in der tiefen Entspannung war, öffnete ich mein Herz-Chakra. Eine rosa Wolke trat aus und hüllte mich wohlig ein. Dann habe ich mir lieb gewonnene Menschen vorgestellt (Eltern, Partner, enge Freunde), bei denen meine rosa Wolke wie über einen Regenbogen in deren Herz flog. Ich öffnete ihre Herzen, schickte pure Liebe und sagte mental dazu: »Ich liebe dich, ich mag dich, toll, dass es dich gibt.«

In einem zweiten Schritt fokussierte ich mich auf mein Agenturgebiet. Ich schickte diese rosa Wolke an meine Kunden. Dabei schickte ich die erste Energie an den Standort meiner Agentur. Von dort aus dehnte sich diese rosa Wolke immer mehr aus. Es erreichte jedes Herz in diesem Gebiet und wurde immer größer. Es dehnte sich über das zugeteilte Gebiet aus und erreichte die umliegenden Dörfer und Städte. (Solltest du Mühe mit dieser Vorstellung haben, dann verwende dazu einfach Google-Map.) Das wurde immer größer und ich sagte dann die Affirmation dazu: »Die Kunden strömen in Massen zu mir. Jeder Kunde, der Hilfe benötigt und dem ich helfen kann, kommt zu mir. Ich liebe meine Kunden, gebe täglich mein Bestes. Die Kunden erkennen mich als optimalen Partner. Sie sind dankbar und freuen sich, dass sie zu mir kommen dürfen. Sie sind froh, dass es mich gibt und dass sie mich alles fragen können. Es kommen nur die passenden Kunden zu mir.« Ich habe mir parallel dazu das Positive vorgestellt, eben das, was ich will. Was will ich denn? Ja, ich möchte viele Neugeschäfte abschließen. Ich dehnte deshalb das Feld immer größer aus, es wurde schlussendlich fast so groß wie der Kanton Zürich. Eine ideale Größe, schließlich wollte ich, dass die Kunden zu mir in die Agentur kamen und nicht ich auf Weltreise musste.

Spannend ist nun jedoch für dich zu wissen, was genau geschah? Jeder Kunde, der zu uns in die Agentur kam, wollte irgendein Geschäft abschließen. Ich stellte das ziemlich schnell fest, denn wir hatten immer mehr Kunden im Geschäft. Natürlich machten wir nun auch Werbung in der Region. Ich suchte mit Vereinen und Firmen Kooperationen, um unseren Namen schnell sichtbar zu machen. Ich versuchte parallel dazu, an vielen Veranstaltungen teilzunehmen und baute mir viele Duplikatoren sprich Vermittler auf. Vermittler waren zum Teil weiter weg. Diese Kunden wurden am Telefon beraten und wir verschickten alles via Post.

Im dritten Schritt wendete ich die Macht der Gedanken an und das mentale Kommunizieren. Wenn Kunden anriefen oder in unsere Agentur kamen, war ich komplett authentisch. Die Kunden konnten mich alles fragen. Ich bot ihnen den besten Service und setzte aus meiner Drill-Erfahrung auf 100 Prozent Kundenzufriedenheit. Ich habe alles für den Kunden getan, damit er immer glücklich ist oder glücklich war. Rückblickend weiß ich, dass 80 Prozent Kundenzufriedenheit komplett ausreichen. Die letzten 20 Prozent strapazierten mein Herz derart, dass ich es stressbedingt untersuchen lassen musste. Nun gut, wir lernen alle dazu.

Bereits im ersten Jahr machten wir 25 Prozent mehr

Umsatz als unser sehr erfolgreicher Vorgänger in seinem besten Jahr. Am Ende waren es über 400 Prozent mehr Umsatz. Geht nicht? Gibt's nicht!

Meine zweite Erfolgsgeschichte: Wie dir bereits bekannt, war 2013 für mich ein Jahr der Entscheidung. Obwohl ich anfangs 2013 alles auf eine Karte mit zwei Angestellten gesetzt hatte, war ich offenbar dennoch in einer komfortablen Lage, sodass ich nicht selbst auch ins Tun kam. Erst als ich erkannte, dass ich entweder pleitegehe oder durch den Schmerz einer allfälligen Anstellung nicht mehr meinen Traum als selbstständiger Unternehmer leben konnte, schob ich niemanden mehr vor mich. Ich ergriff die Verantwortung und fokussierte erneut auf meinen Herzensweg. Ich wusste, dass meine Seele »Energie-Coaching, Referate und Seminare« geben möchte. Den Menschen helfen, ihnen eine Chance oder eine Lösung zu zeigen und sie ins *Tun* bringen, das war mein Weg.

Das Leben gibt dir immer wieder Zeichen, du musst diese nur erkennen. Und so erging es mir. Als ich mit meiner Frau im Januar 2014 den Kinofilm »Medicus« in Winterthur sah, lief mir in der Pause mein lieber Freund Andy Knöpfel über den Weg. Irgendwie hatten wir uns aus den Augen verloren, doch wir genossen unser kurzes Pausen-Treffen sichtlich. Wenige Tage später trafen wir uns zum Lunch und schnell kam die Idee, dass er für seine Kunden ein Dankes-Referat mit mir anbieten könnte. Andy arbeitete damals bei der Krankenkasse. Er fand meine Aura-Chirurgie und Energiearbeit sehr interessant und war der Meinung, dass Kunden einer Krankenversicherung bestimmt einen großen Nutzen von meiner »*Jenseits der Logik*«-Arbeit hätten. Es sei Zeit, einmal etwas nicht Alltägliches zu zeigen und über den gewohnten Tellerrand zu blicken. Innerhalb weniger Wochen organisierten wir für seine Kunden eine Veranstaltung. Mein Referat: »*Jenseits der Logik* – Schmerzfrei in 60 Sekunden!«

war geboren. Knapp 30 Kunden hatten wir erwartet, über 50 Kunden waren gekommen. Ein voller Erfolg! Es folgten weitere Abendreferate. Mit durchschnittlich 70 bis 90 Besuchern. Schnell füllte ich so meine Praxis mit Energie-Coachings in Winterthur.

Rückblickend ist Andy Knöpfel zur rechten Zeit am richtigen Ort aufgetaucht. Doch was habe ich im Vorfeld gemacht? Ich hatte im Jahr 2013 erkannt, dass es so nicht mehr weitergeht. Ich fokussierte mich auf meinen Herzensweg, öffnete mein Herz und versandte wiederum diese »magische« Energie. Da ich zum Zeitpunkt des Visualisierens noch keine Praxis hatte, schickte ich die Energie mitten in die Fußgängerzone in der Stadt Winterthur. Ich baute dort immer und immer wieder eine Energie-Kugel auf, die sich von dort ausdehnte. Spannend ist, dass die heutige Praxis nur etwa zehn Gehminuten von diesem Punkt entfernt ist.

Grundsätzlich habe ich es wiederum identisch gemacht, wie zu meiner besten Versicherungszeit. Warum ich so lange gewartet habe, weiß ich auch nicht. Meine Praxis hatte ich zu Beginn einen Tag in der Woche offen. Schnell war ich für einen Monat ausgebucht. Ich erweiterte auf zwei, dann auf drei Tage pro Woche. Noch immer bin ich auf über einen Monat ausgebucht. Tendenz klar steigend. Mein Jahres-Praxisumsatz überstieg innerhalb von nur zwölf Monaten einen sechsstelligen Betrag. Die Arbeit muss natürlich top sein, doch das sagt jeder Arzt oder Therapeut von sich. Dennoch weiß ich, dass sehr viele Therapeuten auch nach Jahren nicht auf einen grünen Zweig kommen. Du weißt nun, wie es geht. Tu es!

Du hast noch Zweifel an der Herz-Energie? Aus der Quantenkommunikation wissen wir heute, dass getrennte Teilchen synchron bleiben, egal wie groß die Distanz ist, die zwischen ihnen liegt. Nehmen wir an, du trennst in Zürich ein Teilchen. Das eine bleibt in Zürich, während das andere nach Sydney fliegt. Wenn du nun das Teilchen in Zürich veränderst, dann wird sich das Teilchen in Sydney gleichzeitig auch verändern. Im November 2012 gab die Eidgenössische Technische Hochschule Zürich (ETH) einen Meilenstein in der Quantenkommunikation bekannt. Forschern, unter der Leitung von Atac Imamoglu, Professor für Quantenphotonik, ist es zum ersten Mal gelungen, ein »künstliches Atom« und ein Lichtteilchen in einem Halbleitersystem miteinander zu »verschränken«. Albert Einstein bezeichnete diese Verschränkung seinerzeit als »spukhafte Fernwirkung«. Für viele ist schwer vorstellbar, warum eines dieser Teilchen seinen quantenphysikalischen Zustand ändert, wenn man den Zustand seines verschränkten Gegenstücks manipuliert, das mehrere Kilometer von ihm entfernt ist.

Am 26. August 2014 gab das Max-Planck-Institut (Deutschlands erfolgreichste Forschungsorganisation) bekannt, dass ihren Wissenschaftlern für die Physik des Lichts und der Forschungsabteilung der Universität in Erlangen-Nürnberg eine Quantenkryptografie gelungen ist. Es handelt sich dabei um gequetschte Quantenkommunikation, die den Datenverkehr via Lichtblitze durch die Atmosphäre überträgt. Sie haben erstmals einen hellen Lichtpuls, den sie vorher in einen besonders empfindlichen Quantenzustand gebracht hatten, über 1,6 Kilometer durch die Luft vom Max-Planck-Institut zur Universität gesendet. Dabei blieb der Quantenzustand, den sie gequetscht nennen, erhalten, was viele Physiker nicht für möglich gehalten hatten. Helle Lichtblitze für die Quantenkommunikation durch die Atmosphäre zu nutzen, böte gegenüber der dafür heute gebräuchlichsten Technik manchen Vorteil: So lassen sich die Photonenpakete anders als einzelne Photonen auch bei Sonnenschein übertragen. Außerdem werden die dafür nötigen Empfänger schon heute für die optische Telekommunikation sowohl über Glasfasern als auch über Satelliten verwendet.

Das Institute of HeartMath untersucht die menschliche Herzfrequenz. Dabei fand man heraus, dass die Herz-Frequenz permanent die unmittelbar bevorstehende Zukunft abscannt. Beim folgenden Test wurden die Hirn- und die Herz-Frequenz gemessen: Probanden schauten am Computer erfreuliche, positive Bilder an. Mit einem Zufallsgenerator wurden in unregelmäßigen Abständen Schreckensbilder gezeigt. Die Herz-Frequenz »wusste« es im Durchschnitt vier Sekunden, bevor das Bild sichtbar war, was einer deutlichen Vorausahnung entspricht.

William A. Tiller (www.tillerinstitute.com) fand zudem heraus, dass die Herzenergie eine Geschwindigkeit von 9,5 Billiarden (9.500.000.000.000.000!) Stundenkilometer hat. Wir können so mit einem Wimpernschlag das ganze Universum erreichen.

Was lernen wir daraus? Du bist mit allem verbunden. Mit der Macht unserer Gedanken können wir die Liebe im Herzen öffnen und versenden. Egal, wo der Mensch im Universum ist, er wird es zeitgleich spüren.

▸▸ Jenseits der Logik-Tipp

Leg dich entspannt hin und sende liebevolle Herzensenergie an liebevolle Menschen. Vergrößere diese Energie nun auf eine Region. Mach diese schrittweise größer. Alles ist Energie. Wiederhole diese Übung ein- bis zweimal in der Woche während circa drei Monaten. Glaubst du an Wunder? Ich freue mich immer über E-Mails von Leserinnen und Leser, die mir ihr ganz persönliches Wunder aufschreiben und zusenden. Vertrau dir! Du bist ein genialer Schöpfer deiner Gedanken.

Körper-Pendel

Einer meiner Kunden hatte das Problem, das er nur sehr schwer Entscheidungen treffen konnte. Bei einem Coaching fanden wir heraus, dass er von seinem Vater oft unter Druck gesetzt, gezwungen wurde, sich zu entscheiden. Wenn er heute etwas entscheiden musste, dann folgte das Programm: »Ich muss es richtig machen, sonst hat man mich nicht lieb.« Doch welches ist der richtige Weg?

Wäre es nicht toll, wenn du ein inneres Pendel hättest, das du alles fragen könntest? Ein inneres Pendel für deine richtige Richtung bei Entscheidungen aller Art. Immer wenn du etwas Wichtiges wissen möchtest, könntest du mit »Ja« oder »Nein« eine Antwort erhalten. Du könntest damit deinen Körper, dein Herz befragen, um den richtigen Weg zu finden. Heute schenke ich dir eine der hilfreichsten und einfachsten Übungen in diesem Buch. Ich nenne diese das »Körper-Pendel«. Wie funktioniert es?

Steh gerade auf den Boden. Schließ die Augen. Deine Füße bleiben nun immer am Boden. Lehne oder kippe nun sanft nach vorne und sag dir: »Lieber Körper, wenn ich nach vorne kippe, dann heißt es für dich *ja*.«

Steh nun wieder gerade. Warte zwei Sekunden, lehne dich sanft nach hinten und sag: »Lieber Körper, wenn ich ein bisschen nach hinten kippe, heißt das für dich *nein*.«

Du hast deinen Körper nun mit Ja und Nein geeicht. Nun folgt die Überprüfung, ob es richtig gespeichert ist und ob es bei dir funktioniert.

Frag dich mit geschlossenen Augen laut: »Lieber Körper, bin ich in der Schweiz?« (Nenne das Land, in dem du jetzt gerade bist.) Lass dich fallen, schalte deinen Verstand aus. Denke nichts. Was passiert mit dir? Es wird dich nun wie von Geisterhand ganz sanft nach vorne ziehen. Du selbst machst nichts bewusst.

Jetzt folgt die Gegenfrage mit geschlossenen Augen, laut

und deutlich: »Lieber Körper, bin ich in Amerika?« (Frag nach einem Land, in dem du nicht bist.) Wiederum wird es dich, wie von Geisterhand, nach hinten ziehen. Herzliche Gratulation, du hast nun ein inneres Pendel, das dich ein Leben lang begleiten wird, entdeckt.

Du kannst mit diesem Körper-Pendel alles abfragen. Du kannst mit deinem Körper sprechen, mit deinem Herzen, deinen Organen, deiner Seele u.v.a.m.

Frag deinen Körper: »Brauche ich jetzt eine Pause?«

Frag dein Herz: »Bin ich auf dem richtigen Weg?«

Frag deinen Bauch: »Soll ich gesünder essen?«

Frag deine Seele: »Bin ich auf dem richtigen Weg?«

Wenn du im Supermarkt an einem Regal mit neuen Produkten vorbeikommst, dann frag deinen Körper: »Tut mir dieses Produkt gut?« Wenn ja: kaufen! Wenn nein: zurück ins Regal. Vertraue, es stimmt. Natürlich kannst du das mit ein wenig Übung mit offenen Augen machen. Du wirst dich dann auch nur noch in Gedanken fragen müssen, und schon schwankst du ganz sanft nach vorne oder nach hinten.

Neulich war ich in einem CD-Shop und hielt eine wundervolle CD in den Händen. Afrikanische Musik, ideal für meine Praxis, dachte ich. Ich wendete das Körper-Pendel an und fragte in Gedanken: »Lieber Körper, gefällt mir diese Musik auf dieser CD?« Ich kippte leicht nach hinten. Hmm, also ein Nein. Ich schaute erneut auf die CD-Hülle und dachte, ach, die sieht so schön aus. Ich kaufe sie trotzdem. Gesagt getan, ging ins Auto, legte die CD ein, startete den Player und ... »Oh mein Gott!« Darf man diese Musik verkaufen? Einfach grässlich! Ich musste lachen. Ich verwende das Körper-Pendel gerne für Investitionen oder wenn ich unsicher bin. Es geht schnell und ist unauffällig.

> **Jenseits der Logik-Tipp**
> Verwende dieses Körper-Pendel täglich bei allem, was du tust. Du wirst selbstsicherer und wirst diese Selbstsicherheit plötzlich in dir fühlen. Vertrau dir und deiner Intuition.

Das »Gefällt-mir-Spiel«

Wir wissen bereits, dass ein großer Teil unserer Gedanken sich täglich wiederholt und oft negativ ist. Wir wurden dazu erzogen, uns auf die 23 zu fokussieren, statt auf die 21. Weiter haben wir uns gefragt:

- Was klappte nicht?
- Welche negativen Glaubenssätze habe ich?
- Was bremst mich?

Es ist an der Zeit, dass wir das Blatt wenden. So tauchen wir in die Fragen ein:

- Was gefällt mir?
- Was sind meine positiven Glaubenssätze?
- Was gibt mir Kraft?
- Wie gebe ich richtig Gas?
- Was treibt mich an?

Als ich circa fünf Jahre alt war, hing bei uns in der Wohnung am Türrahmen ein gelbes Smiley. Meine Mutter meinte: »Das ist unser Glücksbringer, da er mich so an dich erinnert.« In Wahrheit pflanzte mir meine Mutter das Glück ins Unterbewusstsein ein. Sie schrieb mir immer und immer wieder kleine Notizzettel und legte diese an die unterschiedlichsten Orte. Auf mein Pult, auf meinen Nachttisch, in meine Schultasche usw. Darauf stand unter anderem: »Ich mag dich!«, »Ich denke an dich!«, »Schön, dass es dich gibt!«, »Ich bin stolz auf dich!«, »Du hast so schöne goldene Locken, mein kleiner Prinz!«

Sie machte mir viele Komplimente. Dieses Verhalten beeinflusste mich in seiner Art, sodass auch ich meinem Umfeld viele Komplimente mache. Ich erachtete es schon fast als meine Mission, dass der Mensch sich als Glückskind erkennt. Aus meiner Sicht ist das »Komplimente machen« ein sehr wichtiger Schlüssel für unser Leben. Von allen großen Büchern dieser Welt erhalte ich immer wieder die gleichen Bestätigungen. Auch in der Psychologie und in meinen über 30.000 Kundenbegegnungen finde ich das von meiner Mutter vorgelebte Verhalten über die Komplimente. Alle Menschen sehnen sich nur nach Anerkennung und Liebe.

Als wir am 29. November 2014 zu einem Geburtstagsfest eingeladen waren und ich im Anschluss mit meiner Frau nach Hause fuhr, sagte ich ihr, dass ich es liebe, sie in der Menge der Personen zu beobachten: »Wenn ich dich so betrachte, unter diesen Menschen, dann leuchtest du für mich wie ein Sonnenstrahl aus der Masse hervor. Deine herzliche Ausstrahlung, deine charismatische Art zieht jeden in den Bann. Du kannst mit Menschen wundervolle Gespräche führen und findest zu jedem einen Zugang. Du weißt nach der Party noch die Namen der Gäste, obwohl wir viele das erste Mal gesehen haben. Du hast die Gabe, innerhalb von Sekunden zu erfassen, was den anderen interessiert und wo seine Stärken sind. Ich fühle mich als Ehemann an deiner Seite sehr wohl. Ich bin stolz, dein Mann zu sein. Ich bin sehr dankbar, dass du meine Frau bist. Ich liebe dich!«

Wenn du Facebook kennst, dann kennst du den »Like«-Button. Klickt man diesen unterhalb eines Textes oder eines Fotos an, dann heißt das: »Dein Beitrag gefällt mir!«. Bekommst du ein »Like« für einen Beitrag, dann freust du dich vermutlich. Wir freuen uns, dass sich jemand über uns freut. Und genau darum geht es jetzt.

Wenn du heute deine Frau siehst, oder deinen Partner

oder einen lieben Freund, dann »klick« ihn doch an, so wie oben ich bei meiner Frau. Sprich aus: »An dir gefallen mir deine Augen, deine Haare. Mir gefällt dein Körper, du riechst gut, ich mag, wie du gehst, wie du schaust, wie du sprichst, wie du klingst, wo du herkommst, deine Erfahrungen, dein Wissen, deine Liebe, deine Toleranz, deine Harmonie, dein Verständnis« usw. Du veränderst kaum die Welt mit einem Facebook-Klick, doch du kannst die Welt eines Menschen verändern, wenn du sein Herz berührst und Komplimente aussprichst.

Doch ist dir auch schon aufgefallen, wie viele Menschen auf Komplimente reagieren? Richtig, sie rechtfertigen sich und machen es oft klein.

- Aussage: »Schönes Kleid«
  Antwort: »Ach, das ist doch nur ein Kleid, welches ich im Ausverkauf gekauft habe.«
- Aussage: »Du wohnst an einem schönen Ort!«
  Antwort: »Ach, wir hören halt doch auch die Autobahn und die Nachbarn sind auch nicht einfach.«
- Aussage: »Gutes Buch«
  Antwort: »Heute würde ich besser schreiben. Es fehlt dies und das.«

Auch ich ertappe mich immer wieder, dass ich in die Rechtfertigungsfalle tappe. Es braucht Übung, ein Kompliment einfach annehmen zu können, da wir vielleicht hinterfragen, ob es denn stimmt. Es gibt ein wundervolles Spiel, welches ich dir gerne erkläre. Das Spiel heißt: »Mir gefällt an dir ...« Such dir einen Spielpartner und mach ihm ein Kompliment. Das Gleiche kannst du natürlich für dich auch machen. Wenn du ein Kompliment bekommst, nimm es einfach an und sag: »Danke, dass du es bemerkt hast.« Achte dabei darauf, was in dir geschieht. Was spürst du wo? Was geschieht in deinem Kopf, wenn du dieses Spiel spielst?

Ich liebe dieses Spiel. Es ist der Schlüssel zu deinen

Gefühlen. Gegen ein Kompliment kannst du dich nicht wehren. Es öffnet etwas Magisches in dir. Etwas Vergessenes, was du viel mehr machen solltest. Nimm Komplimente im Herzen an und beginn, daran zu wachsen.

Jenseits der Logik-Tipp
Komplimente müssen immer ehrlich sein und von Herzen kommen, das weißt du. Ich lade dich ein, diese Woche täglich fünf Komplimente auszusprechen. Du wirst so Menschen im Herzen berühren und darin eine positive Spur hinterlassen.

Was willst du wirklich?

Die einen Menschen brauchen eine Möhre vor der Nase, um die Motivation vor dem Kopf zu sehen. Sie müssen sehen, wo das Ziel hingeht. Sie müssen die Möhre riechen, damit sie wissen: ›Aha, dahin geht der Weg.‹ Die anderen brauchen die Möhre hinten reingeschoben, damit sie getrieben werden, und damit sie endlich mal Gas geben. Wie ist das bei dir? Was motiviert dich in deinem Leben?

Ein Unternehmen braucht motivierte Mitarbeiter. Motivierte Mitarbeiter werden mehr wahrgenommen und häufiger befördert. Nicht anders ist es, wenn es um eine Partnerschaft geht. Lachende und fröhliche Menschen werden eher gesehen. Oder hast du dich schon einmal in einen spießigen Jammerlappen verliebt?

Bitte schreibe nun zehn Punkte auf, was dich motiviert. Was willst du wirklich?« Weißt du die Antwort? Um mit der Kraft deiner Gedanken deine persönlichen Grenzen zu sprengen, musst du wissen, was du in deinem Leben wirklich willst.

Eine wundervolle Übung ist das nächste Spiel. Es heißt: »Was will ich wirklich?« Du kannst es allein mit dir und einem inneren Dialog führen, es aufschreiben oder zu zweit mit einem Partner spielen. Du stellst dir ganz einfach die Frage: »Was willst du wirklich?«

Eine mögliche Antwort könnte in unserem Beispiel sein: »Ich möchte ein bekannter Schauspieler werden.«

Du wiederholst nach einer Antwort ganz einfach immer wieder die Frage:
»Was willst du wirklich?«
Antwort: »Ich möchte eine Filmrolle haben.«
»Was willst du wirklich?«
»Ich möchte einen Kriminologen spielen im Fernsehen.«
»Was willst du wirklich?«
»Ich möchte eine gute Serie liefern.«
»Was willst du wirklich?«
»Ich möchte, dass man mich bewundert.«
»Was willst du wirklich?«
»Ich möchte, dass man mich wahrnimmt.«
»Was willst du wirklich?«
»Ich möchte ein Leben, in dem man mich sieht.«
»Was willst du wirklich?«
»Ich möchte, dass meine Eltern mein wahres Potenzial endlich sehen.«
»Was willst du wirklich?«
»Ich möchte meinen Eltern beweisen, dass ich wertvoll bin.«
»Was möchtest du wirklich?«
»Ich möchte mich lieben und annehmen, wie ich bin.«

Statt zu fragen: »Was willst du wirklich?«, kannst du dazwischen auch fragen: »Warum willst du das?« Im Beispiel oben kamen wir zur Feststellung, dass die genannte Person nur Schauspieler werden wollte, um den Eltern zu beweisen, dass sie wertvoll ist. Als sie das erkannte, wurde sie zuerst sehr traurig und blass. »Oh mein Gott!«, war ihre Antwort. »Jetzt habe ich das immer noch nicht hinter mir.« Es wühlte sie innerlich auf und sie spürte, dass im Grund jedoch die Selbstliebe der entscheidende Punkt ist.

Als wir das erkannten, stellte ich nochmals die Startfrage: »Möchtest du wirklich ein bekannter Schauspieler werden?« Ein »Nein« schoss aus dem Mund: »Ich möchte den Menschen helfen, sich selbst zu finden. Ich möchte den Menschen aufzeigen, wie sie sich innerlich stark fühlen können.« Plötzlich passte alles, denn die Person wusste genau, wovon sie da sprach.

Hinter der Frage »Was willst du wirklich in deinem Leben? « tauchen wir in ein tiefes unbewusstes Meer ein, das uns plötzlich aufzeigt, warum wir etwas wollen. Oft folgen wir nicht unserem Herzensweg, sondern wollen irgendjemandem etwas beweisen. Wandle dich vom Schauspieler zum Darsteller. Spiel nicht eine Rolle, sondern folge deinem Ruf oder Klang des Herzens.

▸▸ Jenseits der Logik-Tipp

Schließ deine Augen und leg deine Hand aufs Herz. (Es ist egal welche Hand.) Mach mit dir oder einem guten Freund das Spiel: »Was will ich wirklich?« Schreib dir die Antwort auf, es ist sehr emotional und befreiend.

Wer bist du und was kannst du?

Um mit der Macht der Gedanken die Grenzen zu sprengen, musst du folgende Fragen über dich beantworten können:

1. Warum bin ich da?
2. Was sind meine speziellen Fähigkeiten, Gaben oder Talente. Was liebe ich?
3. Was ist mein Auftrag auf dieser Welt?
4. Warum bin ich da?

Widmen wir uns dieser letzten Frage. Kannst du sie für dich beantworten? Fast alle Menschen spüren in sich ein tiefes Gefühl, dass sie aus einem Grund auf der Welt sind. Obwohl viele Menschen die Seele nicht sehen, glauben fast alle, eine zu besitzen. Nach den Büchern von Neale Donald Walsch (»Gespräche mit Gott«) hat die Seele auf der Erde einen Auftrag oder den Wunsch, etwas zu erfahren. Eine Seele spürt Gefühle nur, wenn sie in einem Körper ist. Da ich deine Seele sehen und lesen kann, vertrete ich die Aussage, wir sind beseelte Körper. Du machst auf dieser Welt mit deinem Körper gewisse Erfahrungen, die du ohne Körper nicht machen kannst. Viele Seelen möchten »Verlustangst« oder »Trauer« erleben und spüren. Viele Menschen verharren jedoch in dieser Haltung ein Leben lang und vergessen dabei, dass sie den freien Willen besitzen.

Doch warum bin ich da, wo ich stehe? Weil ich alles, was in meinem Leben passiert ist, mit meinen Gedanken angezogen habe. Weil ich durch die Macht der Gedanken anderer beeinflusst wurde, darum bin ich da, wo ich stehe.

Wie kannst du deine Seele lesen? Wie bekommst du Antworten auf deine Fragen? Wenn ich die weltliche Religion betrachte, dann finden wir im Buddhismus viele Antworten exakt auf diese Frage. Wir finden auch Lösungswege. Eine wundervolle Geschichte dazu hat Paulo Coelho (»Der Alchimist«). Wir suchen oft im Außen, doch den wahren Schatz finden wir nur in unserem Herzen. In diesem Buch findest du diverse Übungen, um deinen Weg und dein »Warum« zu finden. Du bist eine wundervolle Seele, glaube an dich!

Entdecke deine Fähigkeiten!

Es gibt logische und unlogische Möglichkeiten, die eigenen Fähigkeiten zu finden. Beginnen wir mit der logischen Möglichkeit: Da wir alle auf die 23 getrimmt sind, fällt es vielen Menschen leicht, zu sagen, was sie nicht (mehr) wollen. Nimm ein Blatt Papier und schreib oben als Titel: »Was ich nicht gerne tue.« Lass es jetzt einfach sprudeln.

Nimm ein neues Blatt Papier und schreib nun auf: »Was tue ich gerne.« Was würdest du auch ohne Geld machen? Was könntest du Tag und Nacht machen? Was bereitet dir Freude? Welche Hobbys hast du? Du wirst feststellen, dass es bereits nach wenigen Stichworten beginnt, zu stocken. Lass los und ergänze diese Liste in den kommenden Tagen immer wieder. Interessant ist, dass wenn du dich entspannst, also meditierst, es dir leichterfallen wird, deine Fähigkeiten aufzuschreiben. Frag auch dein Umfeld, wie Eltern, Freunde, Bekannte und Geschäftskollegen: »Was kann ich aus deiner Sicht gut?«

Befassen wir uns nun mit den unlogischen Möglichkeiten: Setz oder leg dich bequem hin. Schließ deine Augen und entspanne deinen Körper. Beobachte deinen Atem. Ich kann mich schneller entspannen, wenn ich sanfte Musik höre. Lass deinen Geist immer tiefer und tiefer fallen und achte auf deinen Atem, der in ruhigen Zügen kommt und geht. Du kannst immer mehr loslassen und entspannst dich immer mehr und ganz von selbst.

Frag dich dann nach ein paar Minuten in der Entspannung: »Liebe innere Stimme, zeig mir erfahrbar und verständlich, was sind meine Fähigkeiten?« Wiederhole die Frage und warte auf verständliche traumähnliche Bilder, Filme, Stimmen, Geschichten, die dir eine klare Lösung vermitteln. Was empfindest du dabei? Was bedeutet es für dich?

Du kannst mit dieser einfachen unlogischen Technik alles erfragen. Du bekommst die Antwort aus einem Feld, in dem alles gespeichert ist. Die Vergangenheit, die Gegenwart und die Zukunft. Dieses Feld hat viele Namen. Auch in unseren alten Kulturen finden wir für dieses Bewusstseinsfeld verschiedene Namen, unter anderem auch Akasha-Chronik, Universum, Intuition, Gott ... Heute wird es oft als *morphisches Feld*, ursprünglich auch als morphogenetisches Feld, bezeichnet. Der britische Biologe Rupert Sheldrake interessierte sich dafür, wie Pflanzen und auch alle anderen Lebewesen ihre Form erhielten. Sheldrake studierte Biochemie am Clare College der Universität Cambridge und Philosophie an der Universität Harvard. Erst in den 1990ern konnten Faktoren gefunden werden, die tatsächlich solche »Felder« festlegen – sie werden als Morphogene bezeichnet.

Wir können uns das im Grunde ganz einfach vorstellen, es ist wie ein Spinnennetz, das durch das gesamte Universum mit allem verbunden ist. Auf den Spinnenfäden sind Wassertropfen. Darin spiegelt sich wiederum das gesamte Universum. Ändert man irgendwo etwas, dann hat das eine Wirkung auf alles. Alles ist mit allem verbunden, so wie bereits vom Max Planck Institut und HeartMath® beschrieben. Es ist nicht im Außen, es ist überall. Also auch in dir. Es bildet die Quelle der göttlichen Synthese, die bereits große Denker wie Pythagoras, Keppler, Leonardo da Vinci, Tesla und Einstein nutzten.

Wie dir bereits bekannt, habe ich seit meiner Geburt einen Sehfehler. Mein linkes Auge hat nie gelernt, richtig zu sehen. Dies hat deutliche Auswirkungen auf mein Hirn, auf mein Denken und die Wahrnehmung. Alles hat Vor- und Nachteile. Immer wieder wollte ich vom »Schöpfer« wissen: Warum habe ich das in diesem Leben so gewollt?

Ich überlegte mir, was ich das Feld genau fragen soll. Was bedeutet es für mich? Wie würde ich das Leben betrachten oder sehen, wenn ich zwei gesunde Augen hätte? Offenbar muss ich ja etwas nicht sehen oder etwas bewusst nicht tun.

Sonst wäre es ja nicht so. Ich meditierte über diese Frage und stellte dem Feld folgende Frage: »Zeig mir, was ich nicht tun muss.«

Plötzlich sah ich einen Perlentaucher, der auf dem Meeresboden nach Perlen suchte. Detailliert und genau suchte er in der Tiefe. Schlagartig wurde mir klar, dass ich das in der Tat nicht bin. Es hätte auch eine Filmsequenz eines Uhrenmachers oder eines Buchhalters kommen können, doch das Perlentaucher-Film-Bild brachte es auf den Punkt. Es war für mich eine deutliche Metapher, ein Sinnbild, das ich klar verstand.

Ich wusste somit, ein Perlentaucher bin ich nicht. Nun folgte die Gegenfrage, die für mich noch viel wichtiger war: »Was ist meine Fähigkeit?« Ich tauchte wieder in die Meditation der Entspannung und fragte das Feld: »Zeig mir klar, deutlich und erfahrbar, was ist meine Fähigkeit.« Ich sah das klare blaue Meer, einen Sandstrand, ich überblickte eine felsige Bucht, ich überblickte die Zusammenhänge, ich sah den klaren tiefen Meeresgrund, die Wasseroberfläche und auch den Himmel. Das ganze Bild in einem herrlichen Überblick. Wieder war es eine Metapher, ein Sinnbild, das ich klar und deutlich verstand. Ich kann verschiedene Welten miteinander sehen und verbinden. Ich sehe und verstehe die Zusammenhänge in diesen verschiedenen Welten. Es ist für mich sehr einfach. Ja, und so ist es!

Für mich war das eine totale Bereicherung, weil dieses Bild aus mir kam. Nicht jemand anderes erklärte mir, wie es sein könnte, sondern ich selbst erlebte diese Situation. Um mir dieses innere Bild, dass schlussendlich wie ein Traum war, bewusst zu speichern, habe ich im Internet dann ähnliche Bild-Sequenzen gesucht und ausgedruckt.

Jenseits der Logik-Tipp
Leg dich bequem hin und entspann dich in einer Meditation. Frag dich in der Entspannung: »Zeigt mir, was ich in meinem Leben nicht tun muss.« Schreib dir das umgehend auf. Entspann dich erneut und frag dich dann: »Was ist meine Fähigkeit?« Schreib dir alles genau auf. Ich lade dich ein, dieses fantastische Feld öfter anzuzapfen. Es ist komplett unlogisch und du findest auf magische Weise immer die richtigen Antworten. Vertraue!

Wenn die reale Welt aus zwei Welten besteht

Menschen unterteilen sich im Denken in zwei Welten. Es gibt den knallharten Realisten, der weiß, wie die Welt wirklich ist. Er verwendet Sätze wie: »Geld liegt nicht auf der Straße«, »Das Leben ist hart«, »Man muss hart arbeiten«. Es gibt jedoch auch die andere Seite. Die Welt der Optimisten. »Und morgen geht wieder die Sonne auf«, »Es gibt für alles eine Lösung«, »Wir schaffen das bestimmt«.

Der Realist wird von Optimisten als eher pessimistisch betrachtet, er sieht das Glas halb leer; die Welt ist schmutzig, mit unnötigen Sorgen. Der Optimist wird im Gegenzug vom Realisten als Träumer empfunden. Beides geht über die Vorstellungskraft. Der Realist bezieht seine Vorstellungen jedoch aus der realen Vergangenheit oder seinen bewiesenen Berechnungen. Der Optimist bezieht seine Vorstellungen aus neuen möglichen Gedanken, die bisher noch nie jemand hatte. Columbus und andere Visionäre sind Optimisten. Sie motivieren die Mannschaft und machen Mut. Doch bevor Columbus in den See sticht, überlegt er sich ganz realistisch, wie lange er und sein Team unterwegs sein können. Die Wahrheit liegt somit immer in der Mitte. Realisten und

Optimisten sind wie zwei verschiedene Sprachen. Wir müssen tolerant sein, um die Gedankengänge des anderen anzunehmen.

Ein Vater und sein 15-jähriger Sohn sind beim Nachbarn zum Kuchenessen eingeladen. Der Nachbar verwickelt den Sohn in ein Gespräch und fragt: »Na, Junge, was möchtest du beruflich mal werden?« Wie aus der Kanone geschossen sagt der Junge: »Ich möchte einmal Bankdirektor werden.« Der Vater des Jungen zuckt zusammen, als er diese Aussage hört und ist entsetzt: »Junge, willst du mich blamieren? Wir sind eine Arbeiterfamilie. Eine Arbeiterfamilie wird nie, nie, nie eine leitende Position in einer Bank erreichen. Schlag dir das aus dem Kopf, du Träumer!« In diesem Moment wurden tiefgreifende Prägungen auf das Kind ausgeübt, vermutlich nicht das erste Mal. Das Denken des Vaters ist in seinem Energiefeld gespeichert und ging in den 15 Jahren automatisch auf den Jungen über. Der Traum wird vielleicht im Hinterkopf bleiben, doch oft sind Eltern Vorbilder und wir folgen unbewusst den »Gedankenvorgaben«, die auch schon unsere Eltern zwanghaft übernommen haben. Schließlich wollen wir unsere geliebten Eltern nicht enttäuschen und leben kein Leben nach dem wahren Potenzial und nicht nach unseren Gaben und Fähigkeiten.

Was ist wichtig an dieser Geschichte? Der Vater war ein Realist, der Sohn ein Optimist. Optimisten sind aus Sicht der Realisten oft Träumer. Sie träumen von einer Welt, die es gar nicht gibt. Träumer sind jedoch Visionäre, Menschen zum Beispiel wie Steven Jobs, Richard Branson, Leonardo da Vinci u.v.a.m. Wenn es keine Visionäre gäbe, keine Träumer, dann wären wir nie auf dem Mond gelandet, dann gäbe es nie neue Produkte. Es braucht jedoch auch den Realisten, um die Welt zusammenzuhalten. In welcher Welt bist du zu Hause?

Jenseits der Logik-Tipp

Nimm ein Blatt Papier und mach in der Mitte des Blattes, von oben bis unten, einen Strich. Schreib oben links: Realist, oben rechts: Optimist. Auf welche Seite gehört dein Name? Geh nun deine Familie durch. Wer gehört wohin? Nimm nun deine Freunde, Bekannten und Menschen aus deiner Firma. Gerade innerhalb der Familie sind solche Erkenntnisse sehr wichtig.

Warum Fotokopieren lebensgefährlich sein kann

Bei meinen Referaten zeige ich jeweils einen kurzen Film. Ein Mann steht vor einem Fotokopierer, öffnet den Deckel und schaut plötzlich ganz nervös umher, ob jemand kommt. Bahn frei, niemand zu sehen. Er öffnet die Hosen, lässt diese runter und setzt sich mit seinem nackten Po auf den Fotokopierer. Er schaut nochmals, ob jemand kommt. Die Luft ist rein. Schnell drückt er auf die Kopiertaste. Der Kopierer läuft, mein Publikum lacht. Doch dann geschieht das Unerwartete: Das Glas des Kopierers bricht ein und der Mann fällt in den Kopierer hinein. Ein Stöhnen des Manns, mit einem peinlich berührten »Aua« ist zu hören. Mein Publikum leidet sichtlich mit dem Mann mit.

Dieser Film verdeutlicht in wenigen Sekunden, wie das Gesetz der Resonanz funktioniert. Das Gesetz der Schwerkraft kennen wir alle. Wenn ich einen Kugelschreiber loslasse, fällt er zu Boden. Das wusste schon Isaac Newton, als er einen Apfel beobachtete, der zu Boden fiel. Das Gesetz der Resonanz funktioniert viel feiner, viel langatmiger. Ich stelle mir immer einen Engel vor, der mich und meine Gefühle beobachtet. Er hat den Auftrag, mir mehr von dem zu schenken, was ich denke und fühle. Wenn ich zum Beispiel im Stau stehe und mich ärgere, möchte mein Engel mir mehr davon schenken. Er geht davon aus, dass ich diese Situation offenbar wünsche und denkt: »Oh, der Erni ärgert sich.« Mein Engel hat ein Netzwerk mit 300 anderen Engeln und verbreitet diese frohe Botschaft weiter. Schließlich will er mir die bestellten Gefühle wiederum für mein Leben liefern. So muss ich mich nicht wundern, wenn ich zwei Wochen später in den Ferien im Supermarkt an der Kasse wieder lange in der Staukolonne warten muss und mich erneut ärgere.

Leider erkenne ich in der Regel diese genial wiederholte Situation nicht, da gemäß dem Gesetz der Resonanz viel Zeit zwischen den Situationen liegt und ich diese nie bewusst wiederholen würde. Mein Engel jedoch ist sehr stolz, denn seine Lieferung war perfekt, er wollte mich nur glücklich machen. Es ist somit wichtig, dass du dir bewusst wirst, was du dir den ganzen Tag auf den Gedanken- und Gefühle-Kopierer legst. Denn das, was ich auf meinen persönlichen Gedanken-Kopierer lege, erhalte ich gnadenlos zurück. Da es jedoch zeitverschoben ist, finde ich es oft nicht heraus oder gebe dem Außen oder anderen für die Umstände die Schuld. Die Emotionen aus Freude oder Schmerz sind wunderbare Duplikatoren. Ärger, negative Emotionen verbreiten sich genauso wie Glück und Freude. Die Frage ist einfach: »Was legst du öfters auf deinen Kopierer?«

Jenseits der Logik-Tipp

Stell einen Wecker auf stündliches Klingeln ein. Schreib bei jedem Klingeln exakt deine Gedanken und Gefühle auf. Sollten deine Gedanken und Gefühle mehrheitlich negativ sein, dann findest du am Ende des Buches zehn Punkte für mehr Freude in deinem Leben. Lies dazu auch täglich Witze und verordne dir mehr Lachen!

Die Macht der Visionen – mutig für Neues

Als der Marktführer im Jahre 2007 die Nokia-Handys noch kleiner machte, war auch die Akkulaufzeit mit einer Woche rekordverdächtig und kundenorientiert. Als das iPhone am 9. Januar 2007 auf der Macworld Conference & Expo in San Francisco vorgestellt wurde, belächelte Nokia das iPhone. Es war ein riesiges Handy, passte in keine Hosentasche, der Akku war innerhalb kurzer Zeit leer. Dies widersprach allen Grundregeln, die im damaligen Handy-Markt galten.

In einem Interview erzählte Steve Jobs, damaliger Apple-CEO, dass er bereits sieben Jahre zuvor alles patentieren ließ. Das heißt, Anfang der 2000er-Jahre hatte er die Idee, einen Multi-Touch-Bildschirm zu entwickeln, auf dem die Kunden wie auf einer Computertastatur tippen konnten. 2007 kam also das neue iPhone auf den Markt. Erst später erkannten Nokia, Sony, Motorola und die anderen Markenanbieter, dass es nicht einfach ein neues Handy ist, sondern dass es eine neue Möglichkeit ist, mit der Menschheit zu kommunizieren. Es wurde eine neue Bewusstseinsstufe eingeführt. Wie Visionär Steve Jobs das gelungen war? Er hatte immer wieder über die intuitiven Eingebungen gesprochen. Auch er nutzte die Möglichkeit, mit der Meditation am morphogenetischen Feld anzudocken und sich so alles »zeigen« zu lassen. Das ist alles andere als logisch. Bewundernswert ist sein Mut, auf die innere Stimme zu hören und etwas Neues zu wagen. Dieses Beispiel soll auch dir Mut machen, diesen Weg zu gehen. Manchmal müssen wir einen Sprung ins kalte Wasser wagen. Mutig zu sein, müssen wir üben und das können wir bewusst tun.

Doch wie lernen wir das? Das ist sehr einfach. Stell dir

vor, du hast einen Seminartag bei mir gebucht und gehst in der Pause auf die Toilette. Du siehst zehn Toilettenkabinen und steuerst erfahrungsgemäß eine Kabine unbewusst an, verrichtest deine Dinge und kehrst wieder in den Seminarraum zurück. Du hast gelernt, du musst viel Wasser trinken und wie es der Tag so will, musst du in der Pause wieder auf die Toilette. Welche der zehn Kabinen wählst du? In welche Toilette gehst du? Zu 90 Prozent wirst du in die gleiche Kabine gehen – warum? Weil du sie schon kennst. Doch warum gehst du in die gleiche Kabine? Weil du weißt, dass diese Toilette nicht gefährlich ist. Toiletten sind ja auch so gefährlich ... Das ist doch unglaublich – die Macht der Gewohnheit geht so weit, dass wir uns schon im Kleinen verfangen und wieder dorthin gehen, bei dem wir wissen: »Da geschah mir nichts.«

Wähle deshalb heute bewusst einen neuen Nachhauseweg. Geh bewusst zu einer anderen Zeit, an einem anderen Tag ins Fitnesscenter. Du wirst plötzlich neue Menschen kennenlernen, Menschen, die du vorher noch nie wahrgenommen hast. Wenn du immer um Punkt zwölf Uhr Mittagessen gehst, im gleichen Restaurant, dann tu es bewusst zu einer anderen Zeit. Teste 11:30 Uhr oder 13:00 Uhr, geh in ein neues Restaurant. Du wirst neue Energien feststellen und neue Menschen entdecken, die dich plötzlich weiterbringen, dir neue Kontakte geben, und so kommst du deinem Ziel immer näher.

Du weißt jetzt, dass Veränderungen im Kleinen beginnen. Es ist wichtig für dich, diese Kleinigkeiten zu erkennen und zu verändern.

▸▸ **Jenseits der Logik-Tipp**

Wo kannst du in deinem Leben etwas mutiger sein? Komm diese Woche ganz konkret ins Tun und nimm bewusst kleine Veränderungen vor. Wie fühlt sich das an? Was verändert sich? Wen hast du neu kennengelernt? Was hast du Neues entdeckt?

Neue Glaubenssätze für eine magnetische Zukunft

Wir werden in diesem Kapitel beginnen, deine alten negativen Glaubenssätze in positive Glaubenssätze umzuwandeln. Wir bilden und stärken deine neuen Werte und Glaubenssysteme für eine magnetische Zukunft. Klingt das gut? Legen wir los!

Als ich am 24. Oktober 1997 die 300. und letzte Folge von »Aktenzeichen XY … ungelöst« mit Eduard Zimmermann sah, verriegelte ich im Anschluss an die TV-Sendung alle Türen und Fenster. Obwohl das Ziel der Sendung die Aufklärung von Verbrechen war, konnte ich danach nicht mehr ruhig schlafen. Ich wusste, die Fälle waren echt. Echt und sehr nahe. Ich hörte in dieser Nacht auf einmal ein Kratzen an der Haustür. Auf leisen Sohlen schlich ich zur Tür und spähte durch den Türspion. Ich sah nichts. Nun hörte ich ein Knarren aus Richtung des Wohnzimmers … oh mein Gott! Ist da jemand? Mein Herz pochte bis zum Hals. Langsam schlich ich, mit einem Schirm bewaffnet, den Gang entlang und lauschte nochmals. Jetzt war es still. Plötzlich ein lauter Knall. Ich fiel fast in Ohnmacht. Am ganzen Körper standen mir die Haare zu Berge. Der Knall kam aus dem Bad. Natürlich wusste ich, dass mich diese dämliche TV-Sendung beeinflusste. Ich rannte mit einem lauten Schrei ins Bad und stellte fest, dass aus unbekannten Gründen der Wäscheständer auf dem Boden lag. In der Wohnung war niemand.

Was an der Tür gekratzt hat, weiß ich bis heute nicht.

Warum der Wäscheständer ausgerechnet an diesem Tag, zu dieser Zeit zusammengebrochen war, ist mir ebenfalls ein Rätsel, doch ich habe für mich seither entschieden, dass mir die TV-Sendung »Aktenzeichen XY … ungelöst« nicht guttut. Und so sehe ich seither diese Art von TV-Sendungen nicht mehr.

Du liest in der Tageszeitung, dass alle zehn Sekunden in Deutschland eingebrochen wird. Unsere Versicherung hat diesen Monat der Rechnung einen Flyer beigelegt. Darauf steht: »Im Schutz der Dämmerung – Einbrecher haben Hochsaison.« Dazu ein Bild von einem Einbrecher. Auf der Rückseite des Flyers steht genau, wie und wann die Täter vorgehen und was gestohlen wird. Nach dem Lesen kannst du dir das sehr gut vorstellen. Und wieder nährst du dein Angst- und dein Resonanzfeld. Grundsätzlich mache ich das ja auch, doch es geht mir darum, dass du dir bewusst machst, was passiert, und dass du dich von diesen Infos bewusst fernhältst. Was suggeriert dir das alles? Dass du dich absicherst!

In unserer Nachbarschaft haben wir gute Bekannte. Unsere Kinder und deren Kinder spielen oft zusammen. Neulich kam unser Sohn von ihnen zurück und fragte uns, warum unser Nachbar drei Schlösser an der Haustüre hat und wir doch die Haustür nur sehr selten abschließen. Was antwortet man da? Ganz einfach. Dein Denken und Handeln zieht das in dein Leben. Gemäß dem Gesetz der Resonanz muss sich diese Familie absichern. Schon die kleinen Kinder spielen an ihren iPods Kampf- und Baller-Games. Die Familie konsumiert die Nachrichten und die Familie schaut Thriller- und Action-Filme. Ihre Angst ist wie ein Magnet und zieht wiederum Angst in ihr Leben. Wir haben ein komplett anderes Energiesystem, wir sind in der Freude. Bei uns ist jeder herzlich willkommen, wir teilen und geben und sind für jeden da.

Ich übernachte immer wieder in Hotels und schätze die Vorteile in den Zimmern sehr. Da gibt es Seifen, verschiedene Hautcremes, Tücher, verschiedene Kissen, Bademantel,

Pantoffeln, Getränke, Kaffeemaschine, Süßigkeiten und vieles mehr. All diese Produkte machen dir den Aufenthalt angenehmer. Vielleicht bekommst du sogar einen flauschigeren Bademantel als du schon zu Hause hast, doch das gibt dir noch lange kein Recht, diesen einfach in den Koffer zu stecken und mitzunehmen, nur weil du keinen Rabatt für die teure Übernachtung erhalten hast. Wenn du dennoch der Verlockung nachgehst und ihn mitnimmst, dann war das aus Sicht des Hotels und wohl auch aus Sicht des Universums Diebstahl. Das Hotel wird es verschmerzen, doch dein Verhalten war nicht korrekt. Gemäß dem Gesetz der Resonanz löst deine Handlung nun etwas aus, was du in kurzer Zeit in deinem Umfeld wiederfindest. Nun geschieht dir vielleicht der Diebstahl deiner Jacke oder sonst ein unangenehmer Verlust tritt in dein Leben. Wenn du richtig tief in dieser Resonanz bist, erlebst du einen Einbruch in dein Haus, bei dem dir etwas gestohlen wird, und du fühlst dich jetzt bestätigt, dass du auch drei Türschlösser anbringen musst. Du weißt jetzt, diese Welt ist wirklich gefährlich, du hast es ja im TV gesehen und persönlich erlebt.

Öffne dein Herz! Lebe ein ehrliches, offenes Leben. Wenn du einen Rückschlag hast, dann halte die zweite Wange hin – symbolisch gesehen. Bleibe der 21 treu. Frag das Universum: Was willst du mir zeigen? Was muss ich lernen?

Ich weiß, dass diese Aussage provoziert. Aus persönlicher Erfahrung und aus Erfahrung von meinen Seminarteilnehmern weiß ich jedoch, dass das Gesetz der Resonanz immer funktioniert. Säe Positives, setz eine positive Pflanze und gieß diese mit Liebe, sie verdoppelt und vermehrt sich. Deine Absicht dahinter, dein Fokus wird sich erweitern.

In drei Atemzügen zur Harmonie

Ich habe mich immer wieder gefragt, wie ich hinderliche Glaubenssätze langfristig harmonisieren kann. Eine einfache Möglichkeit ist es, einen Glaubenssatz einfach zu überschreiben. Das heißt, ich wiederhole immer und immer wieder, was ich will. Nach etwa drei Wochen täglicher Wiederholung beginnen sich im Hirn normale Rituale zu bilden und der neue Glaubenssatz wird zur Gewohnheit. Wichtig dabei ist, sich ebenfalls täglich zu fragen: »Was ist besser als bisher?« Durch diese Frageform fokussierst du dich auf den Erfolg. Doch manchmal gibt es Glaubenssätze, die lassen sich nicht so leicht überschreiben oder verändern. Wir merken dies daran, dass wir einfach nicht weiterkommen. Wir bleiben in einer alten ungewünschten Energie hängen.

Die folgende Übung ist die schnellste und wirkungsvollste Übung im Universum, die du haben kannst.

1. Schritt: Such dir einen Glaubenssatz, den du löschen bzw. harmonisieren möchtest. Da viele Menschen mehr Geld in ihr Leben ziehen möchten, beschreibe ich die Übung mit dem Thema Geld.

Nehmen wir an, du möchtest folgenden Glaubenssatz drehen: »Reiche Leute sind arrogant, und ich möchte nicht arrogant sein.« Es wäre hilfreich, wenn du dir die Zeit nimmst und dir zeigen lässt, warum du zu wenig Geld in dein Leben ziehen kannst. Findest du es nicht heraus, dann nimm folgenden Satz: »Ich habe immer zu wenig Geld.« Such nun mit deinem scharfen Verstand den umgekehrten Fall. Wie würde der Glaubenssatz positiv lauten? In unserem Beispiel gäbe es diese Möglichkeiten: »Ich bin finanziell frei und unabhängig, ich bin reich, habe immer mehr Geld, als ich ausgeben kann.« Der Satz könnte auch lauten: »Ich bin reich und liebevoll.« Wie genau du Sätze bildest, findest du auf den Folgeseiten.

2. *Schritt:* Such nun an deinem Körper deinen alten Glaubenssatz. Der Glaubenssatz hat ein negatives Gefühl, welches wir nun ändern. Wo an deinem Körper fühlst du dieses beklemmende Gefühl? Spürst du es am Bauch? Im Herzen? Am Kopf? Nehmen wir einmal an, du fühlst es am Bauch. Halte mit deiner »Nicht-Schreibehand« diese Stelle. Rechtshändler nehmen nun also die linke Hand und legen diese auf den Bauch, an die gefühlte Stelle. Nun such an dir oder viel mehr *vor dir* den Gegenpunkt. Das heißt, wir suchen nun den Ort, an dem dein positives Gefühl, der positive Glaubenssatz, dein Optimum ist. Da für viele dieser Punkt über Jahre unerreichbar war, können sie sich diese nicht vorstellen, solch einen Punkt an sich überhaupt zu haben. Aus diesem Grund musst du wissen, dass es wenige Zentimeter vor deinem Körper ein Feld gibt, in dem dein neuer, positiver Glaubenssatz vorhanden ist. Er wartet auf dich. Küss ihn, berühr ihn. Er ist in einem für dich unsichtbaren Feld, doch du kannst ihn mit den Fingerspitzen oder deiner Handfläche spüren. Stell dir dazu einfach eine imaginäre Wolke vor. Wo die ist? Ja, das will dein Verstand wissen. Fantasiere jetzt einfach etwas, wie ein glückliches Kind. Sag einfach, hier könnte eine Wolke, ein Feld mit dem für dich richtigen Glaubenssatz sein. Konzentriere dich darauf. Spürst du die Struktur, die Dichte? Lass dich von deinen Gefühlen und deiner Intuition leiten. Intuition ist gefühltes Wissen, logisches Wissen ist somit fehl am Platz. Du findest hier das Ying zum Yang, das Dunkel zum Hellen, das Oben zum Unten. Bilde es dir einfach ein, stell dir vor, du findest wirklich etwas. Mach bitte das Spiel jetzt mit. Also: mit der »führenden« Hand (in unserem Beispiel die rechte Hand) findest du einen Widerstand in einer transparenten Wolke. Ich gehe davon aus, dass du nun beide Punkte gefunden hast.

Wichtig ist, dass du dich vor diesem Experiment auf einer Skala von 1 bis 10 fragst, wie beengend dein Glaubenssatz, das negative Gefühl für dich ist. In der Regel ist es ja 8, 9 oder 10, also schlimm und störend.

3. Schritt: Nun zum Ablauf der Übung:

1. Leg nun deine linke Hand auf die Körperstelle, wo dein negativer Glaubenssatz zu Hause ist. Benenne diesen nochmals und spüre hinein.
2. Such nun mit der rechten Hand den imaginären Punkt vor dir im Feld, wo der positive Glaubenssatz zu Hause ist. Benenne diesen nochmals und spüre hinein.
3. Nochmals kurz den negativen Glaubenssatz berühren und spüren.
4. Nochmals kurz den positiven Glaubenssatz berühren und spüren.
5. Konzentriere dich nun auf den negativen, bremsenden Glaubenssatz. Berühre und spüre diesen. Während du nun einatmest, fokussierst du dich voll und ganz auf den negativen Glaubenssatz. Atme tief durch die Nase ein und wieder aus.
6. Konzentriere dich nun auf den positiven, lösenden Glaubenssatz. Berühre und spüre diesen. Während du einatmest, fokussierst du dich voll und ganz auf den positiven Glaubenssatz. Atme tief durch die Nase ein, mach eine kurze Atempause …
7. … und geh beim Ausatmen mit dem Fokus und deiner ganzen Aufmerksamkeit in dein Herz. Du nimmst dazu beide Hände und legst diese auf dein Herz. Du bist vollkommen bei dir, im Hier und Jetzt, in deinem Herz.

Durch die Verschiebung der Aufmerksamkeit ins Herz lässt du alles los und es prallen die beiden Glaubenssätze zusammen. Dieses Zusammentreffen spürst du mit einem kleinen Durchströmen durch deinen Körper. Deine Glaubenssätze sind zusammengestoßen. Der alte ist weg und der neue bleibt. Es ist eine sehr einfache und wundervolle Technik. Wenn du etwas geübt bist, dann kannst du sie auf drei Atemzüge reduzieren, ohne dich zu bewegen. Du kannst nur im Geiste deine Aufmerksamkeit fokussieren.

Manchmal hilft es, während der Übung die Augen zu schließen. Geh intuitiv vor. Nach dieser Atemtechnik kannst du dich erneut fragen, auf einer Skala von 1 bis 10, wie hat sich das verändert? »Reiche Leute sind arrogant – stimmt es wirklich noch, oder darf man reich und glücklich sein?« Oft reicht einmal und es ist bereits erledigt.

▸▸ **Jenseits der Logik-Tipp**

Ich lade dich nun ein, dies mit all deinen Glaubenssätzen zu tun, die du auf der vorigen Seite aufgeschrieben hast. Ein neues Leben wartet auf dich!

Die Schatztür zu einer neuen Welt

Die treibende Kraft für einen persönlichen Durchbruch ist die Vorstellungskraft. Stell dir vor, du nimmst eine gelbe saftige Zitrone in die Hand und schaust sie dir genau an. Du nimmst ein Messer und schneidest diese Zitrone in zwei gleiche Hälften. Du riechst nun an einem Stück, öffnest den Mund und beißt herzhaft hinein.

Ist dir auch der Speichel im Mund zusammengelaufen oder hat sich alles zusammengezogen? Allein nur durch die Vorstellung beginnt unser Körper zu reagieren. Das ist absolut genial! Unser Unterbewusstsein kann nicht zwischen real oder Vorstellung unterscheiden. Diese Tatsache öffnet dir die Schatztür zu einer Welt voller Wunder. Das »Tun als ob« oder »Vorstellungskraft ist stärker als Willenskraft« öffnet dir unbegrenzte Möglichkeiten.

In der Geschichte der Menschheit gibt es viele bekannte Experimente mit der Vorstellungskraft. Um deinen persönlichen Horizont zu erweitern, stelle ich dir nun acht Bereiche vor, in denen das »Tun als ob« wunderbar funktioniert.

1. Partner anziehen
   Wie bereits erwähnt, haben wir die Möglichkeit, einen Menschen in unser Leben zu ziehen. Wie ich meine Frau »bestellt« habe, weißt du bereits. Dabei ist wichtig zu wissen, dass es nicht darum geht, einen bestimmten Menschen in dein Leben zu ziehen. Es geht vielmehr darum, den optimalen Partner in dein Leben zu ziehen. Wenn du einen bestimmten Menschen willst, dann beschränkst du mit deinem Verstand die universellen Möglichkeiten, die dein Herz jedoch kennt. Wenn du das Gefühl hast, ich will jetzt aber nur »Heinz Uwe«, dann hast du das Leben mit den für dich unbegrenzten Möglichkeiten nicht verstanden. Es spricht nur dein Verstand, dein Ego, aus dir und nicht das Herz. Das Herz sieht viel weiter und in viel größeren Möglichkeiten, dass sollte dir bewusst sein. Vertraue deinem Herz. Ziehe den Partner an, der optimal zu dir passt.
2. Genug zu essen
   Als der Zweite Weltkrieg vorüber war, fand man fünf Soldaten, die in den Kleidern von KZ-Insassen geflüchtet waren. Sie wurden aufgehalten, da man dachte, dass es verkleidete Soldaten waren. Grund der Annahme war, dass diese fünf Personen eher wohlgenährt aussahen und nicht so abgemagert waren wie die restlichen KZ-Insassen. Es stellte sich heraus, dass die Männer tatsächlich KZ-Häftlinge waren. Doch warum waren sie nicht abgemagert wie die restlichen Häftlinge, die gefangen gehalten worden waren? Der

Grund war beeindruckend. Die fünf Häftlinge hatten sich bei jedem Essen zusammengesetzt und das Essen gewürdigt. Sie stellten sich vor, dass sie nicht Brot und Suppe aßen, sondern ein reichhaltiges Menü. Sie bedankten sich und genossen jeden Bissen. Einmal war es ein teures Gulasch, dann wieder ein gesunder Salat. Sie wiederholten das bei jeder Mahlzeit und beeinflussten mit ihrer Fantasie ihr Unterbewusstsein. Der Körper wiederum glaubte das und verhielt sich dementsprechend positiv.

3. Gesundes Essen
Wenn ich zwischendurch ein Stück süßen Kuchen esse und dazu ein schlechtes Gewissen habe wie zum Beispiel: »Ich sollte das nicht essen, es macht mich dick«, dann programmiere ich mir das Fett in Gedanken an Bauch, Beine oder Po. Russische Heiler behaupten, dass die Emotionen deiner Gedanken während des Essens einen Einfluss auf deinen Körper haben. Du kannst dich sprichwörtlich krank oder gesund denken. Du kannst die besten Vitamine, das beste Obst essen, doch wenn du während der Einnahme an Krieg, Mord und Totschlag denkst, kombiniert dein Körper die Nahrung mit diesen Emotionen. Es gibt Kulturen, in denen das Essen vor der Einnahme gesegnet wird. Gebete vor dem Essen haben die gleiche Wirkung. Du löst eine positive Absicht auf deine Nahrung aus. Wir wissen bereits, dass wir durch die Macht der Gedanken das Wasser beeinflussen können. Die Nahrung hat eine große Eigenschwingung. Gerade Fleisch, bei dem die Tiere sicherlich nicht in Liebe zu Tode gestreichelt wurden, sondern vor dem Tode in Angst und Panik lebten, hinterlassen diese Adrenalinstoffe gemischt mit weiteren toxischen Medikamenten. Wenn du dir überlegst, was du tagsüber alles zu dir nimmst, dann würde dir

wohl eher der Appetit vergehen. Alles ist Energie und kann mit deiner Gedankenkraft beeinflusst werden. Versuche die Formel von Émile Coué: Danke, liebe Mahlzeit. Ich segne dich und danke dir, dass ich dich jetzt in Freude essen darf. Kennst du Kyäni? Das ist eine Nahrungsergänzung für die Zellerneuerung. Es reinigt das Blut, aktiviert die Hirnleistungen und macht fit und gesund. Es ist für die Schönheit von innen und umfasst 40 gesunde Früchte und Gemüse in einer Art Zaubertrank. Es gibt noch weitere solche Nahrungsergänzungen. Ich kann dir sehr ans Herz legen, dich damit einmal zu befassen. Weitere Infos findest du auf meiner Website: www.brunoerni.com oder www.Management-Schamane.ch

4. Krafttraining
Zu faul fürs Fitnesscenter? Du kannst aufatmen, denn du kannst ganz bequem auf deiner Couch zu Hause Krafttraining ausüben oder ausprobieren. Dr. Vinoth Ranganathan von der Cleveland Clinic Foundation in Ohio, USA fand heraus, dass allein durch das bloße Denken an Muskelaufbau die eigene Muskelkraft zunimmt. Er machte dazu folgendes Experiment: Dr. Ranganathan und sein Team unterteilten dreißig gesunde junge Männer in Gruppen. Die erste Gruppe sollte sich einbilden, den kleinen Finger zu trainieren. Die zweite Gruppe den Armbeuger. Jeder musste drei Monate lang, fünfmal in der Woche, je 15 Minuten, so intensiv wie möglich an die Muskelbewegung *denken*, durfte sie aber nicht ausführen. Mit einer Arm-Halterung stellten die Wissenschaftler außerdem sicher, dass die Teilnehmer die Arme nicht bewegten. Die Kraft maßen sie vor und nach den Übungen. Sie fanden heraus, dass die Personen, die sich vorstellten, ihren kleinen Finger zu trainieren, tatsächlich einen Kraftzuwachs von 35 Prozent erdachten. Wer

seinen Armbeuger durch Kopfkino forderte, schaffte im Schnitt 13,4 Prozent Kraftzuwachs. Dr. Vinoth Ranganathan glaubt, dass die Vorstellungskraft durch die Macht der Gedanken gut für alle ist. Gerade Menschen, die Schwierigkeiten haben, sich körperlich zu bewegen, sollten im Geiste die Übungen machen. Für alle Männer: Träum weiter von deinem Waschbrettbauch, nun ist erwiesen, dass das hilft ... Wenn du nun zusätzlich ins Krafttraining gehst, hilft es dir, nicht nur die wirkliche Übung zu absolvieren, sondern sich das parallel dazu auch noch mal zusätzlich vorzustellen. So hast du das Krafttraining doppelt gemacht.

5. Sport

   Aus dem Skisport ist bekannt, dass viele erfolgreiche Skifahrer vor dem Wettrennen in Gedanken die Abfahrt gedanklich visualisieren. Das heißt, sie fahren den Hang herunter und gleiten durch die Tore. Sie fühlen dazu die Gewichtsverlagerung und kommen mit einer Bestzeit ans Ziel. Anhand des weltbesten Tennisspielers findest du weiter hinten im Buch eine exakte Struktur, wie du das auf dein Leben adaptieren kannst.

6. Spielen

   Wie kannst du die Macht der Gedanken beim Spielen verbinden? Aus meiner Sicht gibt es hier zwei Varianten. Zum einen gibt es die ausgesandte Absicht. Das heißt, du stellst dir vor, wie es kommen soll. Zum anderen gibt es dank der Feinstofflichkeit die Möglichkeit, intuitiv zu wissen, was kommt. Wie das geht? Sicherlich nicht mit dem Verstand. Auch hier geht man wieder in die Ruhe. Frage in der Ruhe gezielt und lausche der Antwort.

   Anfang Juni 2008 las ich ein Buch über die intuitive Wahrnehmung. Darin stand, dass jeder Mensch ganz einfach Dinge voraussehen kann. Es gab dazu eine einfache Anleitung, die ich natürlich als skeptischer Mensch gerne testete. Am 7. Juni 2008 war das Eröffnungsspiel der Fußball-Europameisterschaft in Basel, Schweiz. Ich wollte wissen, wer Fußball-Europameister 2008 wird. Wenn das alles so einfach ist, dann werde ich meine Antwort erhalten. Ich legte mich hin und bat um »Eingebung«. In der Meditation sah ich einen schwarzen Stier, der auf einer Anhöhe neben einer Hauptstraße stand. Das war alles. Ein schwarzer Stier? Ich ordnete es für mich dem Land Spanien zu. Die Hauptstraße erinnerte mich zudem an die Autobahn auf Grand Canaria, zwischen dem Flughafen und Playa del Inglés. Tja, ich hätte wohl wetten müssen, denn 2008 wurde Spanien in der Tat Europameister. Dennoch kam der Skeptiker in mir wieder hoch und dachte an Zufall? Ich weiß, die Krankheit »Zufall« haben viele Menschen und sie kommt aus der 23er-Schul-Zeit. Warum verwenden wir das bloß so wenig? Ich rufe dich auf, mehr auf deine Intuition zu hören. Eine 100 Prozent-Intuition gibt es gemäß Experten nicht, doch wenn du 70 bis 80 Prozent aufweisen kannst, dann ist das schon sehr gut. Übung macht den Meister.

7. Geschäftlicher Erfolg

Dieses Thema haben wir in diesem Buch bereits besprochen. Der Fokus folgt der Aufmerksamkeit. Gerade im Sport oder im Business gilt: Der Entschlossenere gewinnt. Ich habe immer wieder Kundenaufträge, bei denen ich einen optimalen Geschäftsabschluss für ein bestimmtes Geschäft visualisieren muss. Du möchtest ein Beispiel? Ein Großauftrag von zehn Millionen Umsatz steht in der Pipeline. Es ist wichtig, dass das Geschäft zum Abschluss kommt und zum anderen der langfristige Erfolg gewährleistet ist. Was nützt ein schnelles Business? Nichts. Es muss immer zum Wohle von allen sein. Doch manchmal ist eine Partei sich der Chance noch nicht bewusst oder hat eine zu tiefe Energie für Folgeaufträge. Dann gilt es diese Energie anzuheben, Chancen und Möglichkeiten in ein Feld zu ziehen und Lösungen zu zeigen. Ich hebe damit das Bewusstsein dieses Auftrages. Ich mache das nicht mit der Verstandesabsicht, nein, das wäre wieder zu einseitig. Es ginge nur um Macht und Geld. Ich öffne hier die Herzensenergie. Die ist 4.000-mal stärker und kennt viel mehr Möglichkeiten.

In diesem Buch wollen wir an die Grenzen der Möglichkeiten gehen. Du kannst das alles auch. Fokussiere dich auf dein Herz und öffne die unbegrenzten Möglichkeiten, die dieses Geschäft in sich trägt. Visualisiere den Geschäftsabschluss, die freudige Begegnung, das Sympathisch-Finden, das gemeinsame Kaffeetrinken, das gegenseitige Vertrauen und die gegenseitige Vertragsunterzeichnung. Beide Parteien haben ein gutes Geschäft gemacht, weil darin die Wunscherfüllung stattfand. Beide Parteien schütteln sich die Hände, sie freuen und bedanken sich mit einem voll umfassenden, positiven Gefühl. Und wieder das Wichtigste am Ende deiner Vorstellung: »Zum Wohle aller!« Dein begrenzter Verstand sieht nur bis zur nächsten Kreuzung. Das Universum ist jedoch unendlich.

8. Hellsehen-Spiel mit Karten – so geht es

In meinen Seminaren entdecke ich mit dem »Hellsehen-Karten-Spiel« immer wieder sehr erstaunliche *Jenseits der Logik*-Talente. Machen wir doch auch bei dir einen Test. Wichtig ist, dass du ganz langsam damit beginnst. Das stärkt dein Vertrauen in dein *Jenseits der Logik*-Talent. Erstelle fünf Karten mit fünf verschiedenen Farben. Z.B. rot, gelb, grün, blau und weiß. (Du kannst auch Zahlen von 1 bis 5 nehmen.) Misch diese Karten und nimm eine auf, ohne dass dein Partner diese sehen kann. Er muss nun »erraten«, welche Farbe du siehst bzw. welche Farbkarte du aufgenommen hast. Fokussiere dich bewusst wieder auf die 21 und gratuliere dir, wenn es geklappt hat. Fehler gibt es nicht. Höchstens eine neue Chance. Versuch dabei, deinen Verstand auszuschalten. Fokussiere dich auf dein Herz. Atme durch dein Herz. Was nimmst du für Impulse wahr? Siehst du die Farbe? Weißt du es einfach? Ist es ein Gefühl? Geh innerlich die mögliche Farbpalette durch und achte dabei auf deine Gefühle. Geh die Farbpalette hin und zurück, doch immer aus deinem Herzen. Übung macht den Meister!

Nun gehen wir eine Stufe weiter. Nimm ein Kinderkartenspiel mit Bildern. Nach dem Mischen bekommt jeder zehn Karten. Setz dich vis-à-vis hin. Nimm die oberste Karte und betrachte diese. Der andere muss nun herausfinden, was für ein Bild du siehst oder in den Händen hast. Dabei gibt es grundsätzlich zwei Arten, um an die Lösung zu kommen. Entweder du fokussierst dich auf die Karte oder auf das, was der andere sieht. Du kannst es im Feld lesen, wie oben beschrieben. Es gleicht einem Raten, doch wenn du via deinem Herz an seinem Feld andockst, wirst du zu einem wahren Hellseher. Es soll dich ermutigen, deinen Alltag genauso wahrzunehmen. Du kannst in Kundenverhandlungen dem Kunden im wahrsten Sinne in die Karten schauen. Du fühlst dich in den Auftrag oder die Offerte und weißt so mehr.

Jenseits der Logik-Tipp
Du hast über acht wundervolle Bereiche und unzählige Beispiele gelesen. Wähl dir jetzt einen Bereich und versuch es nachzumachen.

Testobjekte: Wolken, Bienen, Hunde und Kühe

Immer wieder habe ich mich gefragt: Wo sind die wirklichen Grenzen der Vorstellungskraft? Wie wir Wetter beeinflussen können, habe ich dir schon beschrieben. Das folgende Beispiel jedoch ermöglicht es jedem, die persönliche Kraft der Gedanken selbst zu testen.

Was es dazu braucht sind Wolken am Himmel. Idealerweise eignen sich Schäfchenwolken bzw. Wolken, die nicht sehr groß sind. Schau in den Himmel und wähl dir eine aus. Nun löse einfach mit deiner Vorstellungskraft diese Wolke auf. Das ist alles. Was? Wie war das? Als ich dies das erste Mal hörte, lachte ich über diese Aussage innerlich. Wie soll das gehen? Nun, in der Zwischenzeit habe ich viele Experimente selbst durchgeführt und kann bestätigen, dass es funktioniert. Wolkenauflösen ist grundsätzlich so einfach wie Kaffeetrinken, wenn du dies einmal, zweimal, dreimal, viermal, fünfmal, zehnmal getestet hast. Du fixierst mit deinem Blick eine Wolke und sagst in Gedanken dieser Wolke: »Du wirst jetzt kleiner, du wirst immer kleiner und kleiner.« Du kannst dir auch bloß vorstellen, wie diese Wolke, die du anschaust, nun immer kleiner und kleiner wird. Stell dir vor, wie die Wolke sich wie ein Nebel auflöst oder stell dir statt der Wolke einfach blauen Himmel vor. Verfolge nun die Wolke, um sicherzugehen, dass deine Gedanken wirklich diese Kraft haben. Beginne mit Vorteil bei kleinen Wolken oder Wolkenfetzen. Das geht relativ schnell.

Kannst du auch mit Tieren kommunizieren? Ja klar, alles ist Energie. Du kannst mit allen Formen der Energie kommunizieren. Jede Energie klingt zudem unterschiedlich. Wenn du mit Tieren kommunizierst, dann ist dies eine sehr witzige Sprache. Sie ist kurz. Du spürst, dass die Tiere ein anderes Bewusstsein haben als die Menschen. Tiere leben mehr im »Jetzt« als Menschen. Doch belassen wir es mit der Kommunikation bei den Tieren auf einem einfachen Experiment. Nehmen wir dazu eine Kuh-Herde.

Bei der nächsten Begegnung mit einer Kuh-Herde stellst du dich an den Zaun oder betrachtest die Herde aus der Distanz. Mach es wie bei den Wolken und fixiere eine bestimmte Kuh. Nein, hier geht es nicht um das Auflösen. Sprich mit der Kuh in Gedanken immer und immer wieder. Irgendwann wird sich diese Kuh zu dir bewegen. Sag ihr: »Komm, liebe Kuh. Steh auf. Geh von dort, wo du bist, nach unten zum nächsten Baum, dort ist das Gras viel besser.« Oder sag: »Komm zu mir, ich habe frisches Gras«, wenn du am Zaun stehst. Stell dir dabei wieder vor, wie sich die Kuh bewegt. Wie sie sich Schritt für Schritt bewegt. Suggeriere ihr, dass am Ort des Zieles etwas Schönes auf sie wartet. Ganz besonders feines Gras, das, was sie eben haben will. Wenn du die Leitkuh wählst, dann folgt ihr die ganze Herde. Du bewegst allein mit deiner Vorstellungskraft eine ganze Kuh-Herde. Ist das nicht unglaublich?

Ich habe das mit vielen Tieren getestet. Keinen klaren Erfolg hatte ich bei Katzen, Fliegen und Ameisen. Bei Hunden kommt es aus meiner Sicht auf die Situation und auf die Rasse an. Gut geht es hingegen bei Wespen, noch besser bei Bienen. Wenn du eine Wespe oder eine Biene aus dem Haus befördern willst, dann bleib ganz ruhig. Nimm mit ihr mental Kontakt auf. Sag ihr: »Du bist hier falsch und willst in Wirklichkeit wieder raus.« Öffne das Fenster und stelle dir eine Art roten Sog vor, der von der Wespe/Biene aus dem Fenster geht. Wie ein Energiestrudel, der die Wespe oder die

Biene aus dem Raum zieht. Auf wundervolle Art und Weise »zieht« es die Wespe/Biene aus dem Raum, aus dem Fenster. Kannst du dir das vorstellen? Es wird sehr kurz dauern, und die Wespe oder die Biene wird rausfliegen.

▶▶ **Jenseits der Logik-Tipp:**
Gönn dir jetzt eine Pause. Geh an der frischen Luft spazieren und betrachte die Welt mit dem Wissen, dass alles Energie ist. Such dir eine Wolke am Himmel aus und löse sie auf. Übung macht den Meister.

Auf in die Praxis

Starten wir in die Praxis. Wiederholen und vertiefen wir das Gelernte, um mit der Kraft der Gedanken deine persönlichen Grenzen zu sprengen. Schau dich um. Was siehst du? Alles, was du sehen kannst, war einmal eine Idee von einem Menschen. Ob Lampe, Vorhang, Bodenplatten oder draußen die Häuser, die Brücken, die Autos ... alles entstand im Kopf eines Menschen.

Es braucht eine Idee – befrage deine kreative Hirnhälfte

Um dein Hirn und dein Herz zu befragen, braucht es logischerweise Ruhe und Entspannung. Leg dir für die nächste Übung ein Blatt Papier, einen Schreiber oder ein Aufnahmegerät bereit.

Es gibt viele Techniken und Möglichkeiten den Körper zu entspannen. Eine einfache Art ist, Entspannungsmusik zu hören. Für diese Übung empfehle ich dir die Tibetische Klangschale 1 von Klaus Wiese oder Spirit of Tashi Jong. Such dazu auf YouTube oder in deinem nächsten Fachgeschäft. Messungen haben ergeben, wenn du zweimal in der Woche meditierst, hast du bereits nach sechs Wochen eine konstant kreativere und offenere rechte Hirnhälfte.

Leg oder setz dich bequem hin. Schließ die Augen und entspann dich. Konzentriere dich auf deinen Atem. Ein und wieder aus. Mit jedem Atemzug bist du entspannter. Lass deine Gedanken los. Du kennst diesen Zustand – kurz vor dem Einschlafen oder Erwachen. Du tauchst immer tiefer und tiefer in deine Entspannung. Doch du bleibst im Wachzustand. Fordere nun dein Unterbewusstsein auf: »Zeig mir deutlich und erfahrbar, wie ich meine Ziele schneller erreiche.« Lausch deinen Impulsen und wiederhole wie ein Mantra immer wieder die Frage. Dann lässt du los. In der Entspannung wirst du plötzlich Bilder erhalten oder einen Film sehen. Du wirst Klänge hören oder es einfach wissen. Du bekommst Metaphern aus dem morphogenetischen Feld geliefert, die dir deutlich eine Antwort und Ideen geben.

Folgende Fragen helfen dir, schneller an dein Ziel zu kommen:

- Wer kann mir dabei helfen?
- Wer hat es schon erreicht?
- Gibt es da Vorbilder, die es schon erreicht haben?
- Wie verkaufe ich mehr?
- Was ist der richtige Weg?
- Wen kann ich allenfalls als Vermittler gewinnen, damit ich meinen Umsatz noch schneller erreiche?
- Wie kann ich meinen Verkauf automatisieren?
- Wie kann ich sichtbar werden oder was muss ich tun, um noch mehr Sichtbarkeit zu erreichen?
- Wie kann ich eine Hebelwirkung erzeugen?
- Welches sind allenfalls meine Zwischen- oder Etappenziele?

Die obigen Fragen sind Beispiele. Ergänze diese mit deinem Wissen.

Intuition ist die Sprache deines Herzens

Warst du schon mal unter der Dusche und hattest plötzlich eine super Idee, einen sogenannten Geistesblitz? Eine Lösung für dein Problem? Du stiegst aus der Dusche und sagtest innerlich: »So mache ich das!«

Ideen tauchen oft dann auf, wenn wir nicht aktiv mit dem Verstand suchen. Die vorher angegebenen Übungen dienen dir, die Logik, den Verstand auszuhebeln und in die Tiefe zu gehen. Die Intuition ist die Sprache deines Herzens. Sie führt dich, wenn du zuhörst. So suchst du vielleicht schon lange ein Auto, doch du findest einfach keines. Plötzlich, quasi aus dem Nichts, kommt dir die Eingebung – oder eben die Intuition –einmal mit deinem Onkel Paul zu telefonieren, um zu fragen, wie es ihm so geht. Er hat spontan morgen Zeit. Der Zufall will es, er verkauft gerade sein Auto, und du bist der glückliche neue Autobesitzer.

Mir ging es so mit Mara, meiner lieben Bürofee. Meine Coiffeuse sandte mir ein SMS, dass Mara einen neuen Job suchte. Ich wusste das schon seit einem Monat, doch ins Handeln kam ich erst, als mein Schmerz, sprich mein Schreibsalat, wieder so hoch war, dass er mich bedrückte. Ich schrieb Mara am Dienstagabend um 22 Uhr ein SMS. »Habe gehört, du suchst einen Job. Ich suche jemanden, der mich unterstützt. Wollen wir uns mal kurzschließen?« Am nächsten Morgen um 8:08 Uhr kam die Antwort: »Danke, dass du an mich denkst. Bei mir würde ein Mittagessen in Zürich jeweils Montag, Dienstag oder Mittwoch gehen ...« Mittwoch? Es war Mittwoch und ich hatte um 14 Uhr in Zürich einen Termin. Ich fragte: »Spontan? Heute Mittag zum Essen?« »Ja.« Und so trafen wir uns bereits an diesem Mittwoch, 14 Stunden nach meiner ersten SMS, und besprachen die Situation, ihre Interessen und meine Probleme. Wenige Tage später entschieden wir uns für eine Zusammenarbeit. Wiederum vier Tage später begleitete sie mich bereits zu einer beruflichen Veranstaltung. Wir harmonierten perfekt und sie übernahm mein Büro in Rekordzeit. Meine Dankbarkeit ist riesig und sie freut sich genauso. Wir beide sind einfach unserer Intuition gefolgt.

Die Wege zu Lösungen sind manchmal sonderbar, wir können sie nicht mit dem Verstand angehen. Wenn dir etwas nicht gelingt oder du dein Leben »befragen« willst, dann frag dich: Was möchte das Leben von mir?

Die Intuition spricht dich mit Gegebenheiten, mit Unwohlsein und mit Freude an. Frag dich immer wieder:

- Bin ich sicher, dass ich das wirklich will, was ich gerade tue?
- Stimmt meine Absicht zurzeit?
- Handle ich gerade automatisch oder aus der Gewohnheit?

Wie kannst du deine innere Stimme deutlicher hören? Es ist einfach, du musst nur auf dein Herz hören. Okay, so einfach ist das wiederum nicht. Der Lärm und die Ablenkungen da draußen sind gerade in der heutigen Zeit enorm.

Wenn es eine Übung gibt, die ich dir als die wirkungsvollste von allen empfehlen müsste, dann ist die folgende wohl eines der wertvollsten Geschenke, die du haben kannst! Sie ist einfach und öffnet dir den Weg direkt in dein Herz.

Schließ deine Augen. Leg die Hand aufs Herz.

- Atme durch dein Herz ein und sag:
  1. Leichtigkeit – atme aus.
- Atme durch dein Herz ein und sag:
  2. Liebe – atme aus.
- Atme durch dein Herz ein und sag:
  3. Mitgefühl – atme aus.
- Atme durch dein Herz ein und sag:
  4. Vertrauen – atme aus.

Wiederhole diese Übung fünfmal hintereinander, drei- bis fünfmal pro Tag. Diese einfache Methode wird dich zu dir selbst führen. Du wirst automatisch öfter das tun, was dir guttut, da du dich besser wahrnimmst. Dies wiederum macht dich glücklich und zufrieden.

In dir gibt es auch eine weise Stimme. Du erkennst sie daran, dass sie sehr fein ist. Es ist die Herzensstimme. Sie klingt anders als die anderen Stimmen, die du in dir hörst. Gedanken sind unbewusst. Sie laufen wie eine alte wiederkehrende mp3-Sammlung ab und wiederholen sich täglich. Es gibt Stimmen von deinen Mitmenschen, deinen Eltern und Lehrern. Doch auch von dir. Erkennst du den Engelschor in dir? Es braucht etwas Übung, deine Herzensstimme in diesem Chor herauszuhören. Dennoch weißt du, dass das geht. Du kannst dich in einem Raum mit vielen Menschen ebenfalls auf einen bestimmten Menschen fokussieren.

Die Stimme der Weisheit oder eben die Herzensstimme, hörst du, wenn du dich entspannst und du dich auf dein Herz fokussierst. Ich kann das nicht für dich machen. Du musst es selber versuchen. Jetzt wäre ein guter Moment! Verbinde dich mit dem Atem und denk nichts. In dieser Ruhe kannst du auch an verschiedenen anderen Quellen anzapfen. Alles ist Energie. Du kannst mit dem Verstand die Quelle wählen und mit dem Herzen fühlen, wissen und hören.

Die Antwort wird eine andere Stimme in dir sein! Das ist nicht dein Denker, der dich den ganzen Tag beschützen will. Es ist eine neue Stimme, eine Stimme aus dem Unterbewusstsein. Gib deiner inneren Stimme einen Namen. So kannst du einfacher mit ihr kommunizieren. Oder frag sie, wie sie heißt. Lausche! Vielleicht erfindest du zu deiner Stimme einen inneren Menschen, einen inneren Coach. Nutz die Macht deiner Fantasie. So wie es für dich am besten geht, ist es richtig.

Bau zu deiner inneren Stimme eine Beziehung auf. Nimm einmal an, du bist nicht diese innere Stimme, sondern etwas viel Größeres. Und dadurch hast du Zugang zu einem unbekannten großen Feld. Sei es das morphogenetische Feld, sei es das Universum, sei es Gott, sei es die Akasha-Chronik. Egal was es ist – es spielt keine Rolle. Wir Menschen wollen immer alles verstehen, doch schon die Aborigines wussten, es ist mehr da, als wir sehen. Du erkennst ganz klar, dass es nicht deine Gedanken im Kopf sind, sondern dass es eine andere Stimme ist. Oft – so meine Erfahrung – spricht diese Stimme in einer anderen Sprache bzw. in einem anderen Rhythmus. Es kann sein, dass wenn du einen Schweizer Mundart-Dialekt hast, die Antwort auf Hochdeutsch erfolgt. Oft höre ich von Menschen, dass sich die Stimme anhört wie aus einer alten Zeitepoche. So erkennst du deutlich, dass das nicht deine Gedanken sein können, die antworten.

Mögliche Antworten können natürlich auch in inneren Bildern entstehen. Bilder aus einer Adler-Perspektive, bei denen du einfach zuschaust, oder bei denen du etwas miterlebst. Du bist dann mitten im Geschehen. Bilder können Unterschiedliches bedeuten. Es gibt aus meiner Erfahrung drei verschiedene Interpretations-Möglichkeiten:

1. Bilder zu vergangenen Situationen. Was bedeuten dir diese Situationen? Was kommen für Gefühle auf und was bedeutet das für dich?
2. Metaphern, Bilder, die dir etwas sagen wollen. Es sind Symbolbilder, die du verstehen kannst. Was bedeutet das für dich?
3. Klare Visionen. Bilder und Situationen, die in der Zukunft so kommen. Blick in die Zukunft.

Wenn ich in einem Problem feststecke, dann muss ich nur mit meiner Frau sprechen. Es ist ein wundervolles Geschenk, denn während ich sie frage, weiß ich schon die Antwort. Es ist ein offensichtliches Lesen am Feld. Wir müssen jedes Mal wieder lachen, doch ohne sie geht nichts. Das intuitive Wissen ist bei mir stark ausgeprägt. Wenn ich in einer fremden Stadt mit dem Auto unterwegs bin, finde ich das Ziel in der Regel intuitiv. Du weißt gewisse Dinge einfach. Doch Vorsicht, der Verstand kann dir ein Schnippchen schlagen. Wenn es mir besonders wichtig ist, dann ist eine gewisse Anspannung da und es geht nicht. Nur schon der Hauch von Erwartung oder Druck versperrt den Zugang.

Um nun jedoch für dich wichtige Resultate zu erhalten, begib dich in die Entspannung, wie du es schon kennst. Wenn du dann in der Entspannung meditierst, dann kannst du dir folgende Fragen stellen:

- Wie sieht mein optimales Zukunfts-Ich aus?
- Was ist der nächste Schritt in meinem Leben?
- Was ist meine optimale Berufung?
- Wie kann ich mein Finanzfeld stärken?
- Wie komme ich kurzfristig zu mehr Geld?
- Zeig mir einen Glaubenssatz, der wichtig ist.
- Was hindert mich noch, um Geld zu haben?
- Wie kann ich mein Vermögen ausbauen?

Stell themenbezogene und richtungsweisende Fragen. Wenn du die Richtung nicht kennst, dann frag: »Was ist der nächste Schritt in meinem Leben?« oder fordere auf: »Zeig mir verständlich meinen nächsten Schritt.« Es ist wie beim »Zwiebelschälen«: Da kommt einfach die nächste Schicht, der nächste Schritt. Auch das beschriebene Körper-Pendel ist eine wundervolle Ergänzung. Ich habe viele Kunden, die dieses Pendel täglich im Alltag anwenden. Es kann so einfach sein.

Es kann dir niemand anderes raten, etwas zu tun. Klar, du kannst dich im Außen von fremden Coaches unterstützten lassen, du kannst dich von erfahrenen Menschen, die Erfolg hatten, beraten lassen. Doch niemand ist so wie du, das heißt, dein Weg wird zu 100 Prozent anders sein als mein Weg. Und das ist gut so, denn ich brauchte ja meine Erfahrungen für meinen Weg, für meinen Seelenplan, meinen Seelenweg. Damit dir die folgenden Session-Fragen schnell gelingen, möchte ich dir im Folgenden ein paar Möglichkeiten geben, wie du dich sehr schnell und einfach entspannen kannst.

Entspann dich!

Am einfachsten ist es, wenn du eine Entspannung über den Körper herstellst, das heißt, du nimmst einen konkreten Punkt an deinem Körper wahr und fokussierst dich darauf. Wenn du dich jetzt zum Beispiel auf deine Füße konzentrierst und einmal in deine Füße spürst, während du diese Zeilen liest, dann stellst du jetzt vielleicht beim linken Fuß ein sanftes Kribbeln fest. Du merkst, dass jetzt auch der rechte Fuß zu kribbeln beginnt. Und jetzt spürst du bei beiden Füßen ein Kribbeln. Du nimmst deine Füße immer intensiver wahr und merkst, dass deine Füße angenehm warm werden. Du bist voll präsent im Hier und Jetzt.

Bewusstseinsforscher behaupten, dass bei vielen Menschen der Geist viel zu lebendig ist und wir quasi nicht im Körper anwesend sind. Dies hat eben den genannten Effekt, dass wir uns zu viel in Gedanken und Sorgen und zu viel in der Vergangenheit oder in der Zukunft befinden, doch nie im Jetzt. Wie sollen wir da das Leben genießen? Mit diesem einfachen Trick, schnell Füße zu spüren, fokussierst du deine Aufmerksamkeit ins Hier und Jetzt. Du bist voll präsent für deine nächste Aufgabe. Spür deine Füße während des Tages immer wieder bewusst.

Wenn du dich jetzt noch mehr entspannen möchtest, dann empfehle ich dir, dich hinzulegen und darauf zu achten, dass es um dich herum ruhig ist: Störquellen wie Handys abschalten. Darauf achten, dass niemand in den Raum kommt, dass du garantiert eine halbe Stunde für dich allein bist. Dein Unterbewusstsein kann sich so deutlich besser entspannen. Du spürst deine Füße. Und jetzt gehen wir weiter. Wir machen ein »Body-scanning«. Du scannst deinen Körper von unten nach oben, von den Füßen bis zum Kopf. Wir kennen Body-scanning zum einen aus dem Stressmanagement, zum anderen aus dem klassischen autogenen Training oder der Meditation. Du beginnst, deinen Körper von unten nach oben schrittweise zu entspannen. Du spürst nach deinen Füßen die Waden. Du spürst auch eine angenehme Schwere und Wärme. Du fühlst nun in die Oberschenkel, ins Gesäß, in den Bauch, in den Rücken, in die Schultern, in den Nacken, in die Arme, in die Hände, in den Hals, in den Kopf und in das Gesicht. Und während du dich schrittweise sanft und langsam entspannst, tust du das in deinem gewünschten Tempo. Du wirst immer tiefer und tiefer in einen angenehmen, entspannten Zustand fallen. Du spürst den ganzen Körper, wie er angenehm warm wird, sodass es dir richtig wohl ist.

Eine weitere einfache Übung, um dich schnell zu entspannen: Du atmest durch die Nase langsam ein und wieder aus. Fokussiere dich nun auf die Nasenflügel. Du spürst beim Einatmen einen sanften Windhauch. Was spürst du beim Ausatmen? Und wieder ein und wieder aus. Bleib beim Fokus des Spürens an der Nase. Die Entspannung des Geistes folgt sehr schnell. Wenn wieder Gedanken auftauchen, konzentriere dich darauf, den Atem zu spüren. Schnell erfolgt die gewünschte Entspannung des ganzen Körpers und Geistes.

Ich weiß, und du hast recht, in einem Buch kann man das nicht so gut verdeutlichen. Es gibt deshalb auch CDs und mp3 von mir über diese Techniken. Du findest diese auf meiner Website *www.brunoerni.com* oder in jedem guten Shop.

Eine weitere Möglichkeit, dich tief zu entspannen, habe ich für Fortgeschrittene:

- Nimm eine bequeme Sitzposition ein.
- Reib deine Hände oder drück kurz den linken Daumen in die rechte Handfläche und den rechten Daumen in die linke Handfläche. Dies aktiviert deine Handchakren.
- Stell dir nun vor, du hast zwischen deinen Händen einen Energieball oder einen unsichtbaren Ball, der nun fest zwischen deinen Händen ist. Du versuchst, diesen unsichtbaren Ball zusammenzudrücken und spürst dabei einen sanften Widerstand. Du spürst deutlich, hier ist ein Ball, ein imaginärer Ball zwischen deinen Händen. Während du nun versuchst, diesen Ball so zu halten, die Energie zwischen den Händen zu spüren, legst oder rollst du deine Zunge ans Gaumendach.
- Nun gehst du mit deiner Aufmerksamkeit zur Zirbeldrüse. Die ist mitten in deinem Kopf. Die Drüse findest du an der Schnittstelle zweier Linien: die eine verläuft von einem Punkt zwischen den Augenbrauen zum Atlas (dem ersten Halswirbel), die andere von einem Ohr zum anderen, also hinter deinen Augen.

Der französische Philosoph Descartes sagte: »Ich denke, also bin ich.« Weiterhin sagte er, dass die Zirbeldrüse der Sitz der Seele, das Verbindungsglied zwischen dem Geistigen und dem Physischen, und demzufolge zwischen Materie und Geist sei. Die Zirbeldrüse ist dein drittes Auge, der Zugang zur Intuition. In allen alten Kulturen und Religionen findest du dieses dritte Auge. Sehr beeindruckend bei den alten Ägyptern oder auch in der indischen Tradition. Das Wort Glandula pinealis (Zirbeldrüse) kommt vom lateinischen pinea (Zapfen), weil die Drüse die Form eines kleinen Pinienzapfens hat. Die Farbe der Zirbeldrüse ist grau-rötlich. Die durchschnittliche Länge beträgt beim Menschen 5 bis 8 Millimeter bei einer Breite von etwa 3 bis 5 Millimeter und das Gewicht liegt bei etwa 80 bis 500 Milligramm, im Mittel etwa 100 Milligramm. Das heißt, die Zirbeldrüse ist so groß wie der Nagel deines kleinen Fingers.

Die Zirbeldrüse braucht viel Entspannung, Dunkelheit über den Augen, das heißt, schlafen und entspannen ist sehr wertvoll. Und sie ist sehr anfällig zum Beispiel auf Fluorid; dies reduziert die Wahrnehmung.

Du gehst also hinter die Augen, legst die Zunge an den Gaumen und versuchst gleichzeitig den Ball zusammenzupressen, den du immer noch in den Händen hältst. Was geschieht jetzt? Du wirst dabei feststellen – wenn du die Übung richtig machst – dass du nichts mehr denken kannst! Endlich Ruhe von den vielen Gedanken im Hirn. Du bist per Knopfdruck im Nirwana und denkst nicht mehr. Das ist sehr gut! Das bringt dich schlagartig zur Ruhe. Zusammen mit dem schrittweisen Entspannen des Körpers genießt du jetzt eine Wellness-Phase, die unbezahlbar ist und deinen Körper in die Harmonie bringt. Das wiederum heißt Gesundheit für dich.

Jetzt kannst du in aller Ruhe deine vielen Session-Fragen stellen – die Frage, auf die du eine Antwort willst – und dann warte einfach, was geschieht.

Deine drei Grundbereiche für deine Ziele

Viele Menschen haben das Gefühl, dass sie aus einem besonderen Grund auf der Welt sind. Geht dir das auch so? Träume, Wünsche oder Lösungen in deinem Leben suchst und findest du immer in den drei folgenden Bereichen:

1. Privatbereich
2. Business
3. Gesundheit

Diese drei Grundbereiche müssen zudem in einer Balance sein. Das heißt, wenn es dir in einem der Bereiche nicht gut geht, dann zieht das die anderen Bereiche herunter. Der wichtigste von allen ist der private Bereich. Alles landet schlussendlich im Privatleben. Du nimmst geschäftliche Probleme mit nach Hause an deinen heiligen Ort der Erholung. Das Privatleben ist somit dein wichtigstes Fundament. Die drei genannten Bereiche kannst du für deine Ziel-Findung in weitere Unterbereiche unterteilen. Frag dich: Was möchte ich noch sehen, hören, erleben und/oder tun in meinem Leben? Wie lange habe ich denn noch Zeit? Was ist meine Aufgabe in diesem Leben? Was will ich mit 80 Jahren erlebt haben und mit wem? Was werde ich an meinem 80. Geburtstag über mich sagen? Was werden die Menschen an meinem Grabe über mich sagen?

Hier 15 bewährte Bereiche:

1. Familie
2. Freunde
3. Hausarbeit
4. Lebenstraum
5. Hobby, Verein
6. Sport, Gesundheit
7. Freizeit
8. Weiterbildung
9. Reisen
10. Wohltätigkeit, Unterstützung
11. Finanzen
12. Beruf, Berufung
13. Eine Spur im Leben hinterlassen
14. Spielzeuge und verrückte Sachen
15. Weitere Bereiche

Auf dem Weg, ein Ziel zu erreichen, kannst du strategisch mit Aufgaben, Kontrolle und Wiederholungen vorgehen.

Beobachte erfolgreiche Menschen, wie sie etwas gemacht haben. Du findest in diesem Buch ein paar Ideen. Doch was nützt das harte Arbeiten, wenn keine Energie dahinter ist? Füll deine Ziele mit der Energie und der Kraft deiner Vorstellung. Durchlebe deine Ziele in der Vorfreude, sie bald als real zu haben. Drei- bis fünfmal in einer tiefen Entspannung reichen aus meiner Erfahrung aus, um es so kommen zu lassen, wie du es dir vorstellst. Die Ziele sind erst kraftvoll, wenn du die einzelnen Punkte konkretisierst und ihnen eine Frist gibst.

Die Macht der fünf – Was meine Mutter und Jack Canfield gemeinsam haben

Als Kind hatte ich oft Mühe mit meinen Hausaufgaben. Ich schob diese stets bis fast zum letzten Tag vor mir her. Dabei konnte ich die Tage nicht mehr genießen, da ich ständig an die noch zu erledigenden Aufgaben denken musste. Doch alles auf einmal zu erledigen, war mir zu viel, und so machte ich lieber nichts. Meine liebe Mutter half mir damals, mein Ziel zu erreichen und meinte: »Nimm deine 50 Aufgaben und unterteile diese in die Anzahl der Tage, die du hast. Du hast noch fünf Tage Zeit, das heißt, du machst täglich zehn Aufgaben und alles gelingt dir wie von selbst.« Zu Beginn fehlte das Ritual, doch die Idee war und ist sehr gut: große Dinge kleiner machen und unterteilen.

Und wie setze ich das auf meine Ziele um? Wie gelingt es mir zum Beispiel, von diesem Buch, das du gerade liest, eine hohe Auflage zu erreichen? Wie gelang das Jack Canfield und Mark Victor Hansen mit ihren Büchern »Chickensoup for the soul« (Hühnersuppe für die Seele)? Diese Bücherreihe, mit über 250 Buchtiteln, gibt es in 43 Sprachen, in über 100 Ländern. Weltweit wurden mehr als 500 Millionen

Bücher verkauft. Weltweit wurden im Einzelhandel für die Seele-Marken-Produkte die zwei Milliarden überschritten. Eine unglaubliche Zahl.

Wenn Menschen eine so einzigartige Geschichte vorzuweisen haben, interessiert mich immer sehr, wie genau sie das gemacht haben. Was kann ich daraus lernen? Kann ich das für mein Buch oder für meine Projekte auch umsetzen? Als ich erfahren habe, wie die beiden Herren das gemacht haben, musste ich etwas schmunzeln und an meine Mutter denken. Jack Canfield und Mark Victor Hansen haben zu Beginn unzählige Bücher über den Vertrieb und das Marketing für Bücher gelesen. Sie standen vor einem riesigen Berg an Arbeit und waren am Ende völlig überwältigt von der Vielfalt der Möglichkeiten. Ihre Lösung: Sie entschlossen sich, schrittweise während zwei Jahren jeden Tag fünf Aktivitäten umzusetzen. Aktivitäten und Aufgaben, die sie zu ihrem großen Ziel hinführten, einen Bestseller aus ihrem Buch zu machen. So einfach? Ja, so einfach!

Und was genau haben sie gemacht? Sie gaben Interviews in jedem Radiosender, der etwas über sie berichten wollte, sie verschickten Gratisbücher an Zeitungen und Zeitschriften in der Hoffnung auf eine Buchbesprechung. Sie riefen Firmen an, um ihr Buch als Motivationshilfe für die Mitarbeiter zu promoten. Sie gaben Seminare zum Thema, bei dem die Bücher verkauft wurden. Sie verschickten Exemplare an Prominente, in der Hoffnung, diese würden das Buch empfehlen. (Tatsächlich erhielt Jack Canfield daraufhin eine Einladung zu Sidney Portier mit entsprechendem Presserummel.) Großes Aufsehen erregten auch die zwölf Gratis-Exemplare für die Geschworenen im O. J. Simpson-Prozess. Es war bekannt, dass diese nicht fernsehen oder Radio hören durften, um nicht beeinflusst zu werden. Deshalb schickten Canfield und Hansen ihnen ihre Bücher gegen die Langeweile zwischen den Verhandlungszeiten. Dafür erhielten sie einen Dankesbrief vom Richter. Immer mal wieder wurde ein Geschworener abgelichtet, der gerade das Buch las. Die beste Werbung. Insgesamt, sagt Canfield, war es die Summe ihrer Aktionen, die das Buch zum Millionen-Bestseller machte. Am Anfang schien es, als habe alles kaum einen Effekt, doch je länger sie »die Macht der Fünf« anwendeten, desto stärker kam die Lawine ins Rollen. Ein Ergebnis löste den nächsten Effekt aus und verstärkte die gesamte Effektivität.

Welche fünf Dinge kannst du ab heute umsetzen, um deinen persönlichen Durchbruch zu erreichen? Wenn du täglich fünf Aufgaben angehst, dann sind das in einem Jahr 1.825 Aufgaben. Diese Liste musst du planen. Es gehört in deine Monats-, Wochen- und Tages-Kontrolle. Natürlich wirst du gewisse Aktivitäten nicht umsetzen, doch wenn nur zwei von den fünf Aktivitäten pro Tag fruchten, dann sind das 730 mehr erreichte Aufgaben als bisher! Das ist genial!

Ich danke meiner Mutter und Jack Canfield für diese wirkungsvolle Idee. Ist es doch die Summe der Aktivitäten. Meine Mutter und Jack sind übrigens fast auf den Tag gleich alt. Ob das an ihrem Jahrgang liegt?

Sprich von der Lösung, nicht vom Problem

Wenn du Ziele hast, begegnen dir auch Hürden. Viele denken sich »von einem Problem weg« anstatt »hin zur Lösung«.

Beim Abnehmen oder bei Übergewicht wissen viele: Ich will das nicht, ich will kein Fett an meinem Bauch, ich will kein Übergewicht. Doch was suggerieren wir uns? Richtig, noch mehr davon. Wir fokussieren uns auf die 23 statt auf die 21. Besser wäre: Ich bin schlank! Und dann benötigen wir auch Bilder davon. Das heißt, wir sehen uns nicht weniger Kuchen essen, sondern wir sehen uns gesundes Obst essen. Wir sehen und fühlen, wie schlank wir sind.

Denk daran: Sobald du etwas »weg willst«, ist es noch da. Du erinnerst dich, als die Mutter dem Kind zurief: »Geh nicht auf die Straße!«. Das ist genau das Gleiche: Du bist auf dem Fokus vom »weg« immer noch beim Problem. Also: Wenn du abnehmen möchtest, dann stell dir das Ziel vor – wie soll dieses denn exakt aussehen? Sprich von der Lösung und nicht vom Problem! So werden wahre Wunder geschehen! Wenn du einen großen Bauch hast, dann nützt es nicht viel, wenn du ein Bild von einem Muskel-Sixpack an deinen Kühlschrank hängst und denkst: »So soll es sein.« Die Richtung ist sicher richtig. Doch wir denken nicht in Schwarz oder Weiß. Wir denken und handeln in Grau. Dein Unterbewusstsein wird dir das sonst gar nicht glauben. Es braucht die bekannten Zwischenschritte. Wenn du in einer Einzimmerwohnung wohnst und du möchtest in einem Palast wohnen, dann braucht es Zwischenschritte, weil dein Unterbewusstsein die Energie für einen Palast nicht verstehen, nicht annehmen kann, denn das sind verschiedene Welten. Du musst dein Unterbewusstsein Schritt für Schritt zum Palast begleiten. Das heißt also, es braucht Etappenziele. Nach der Einzimmerwohnung folgt eine 3 ½- oder 5 ½-Zimmer-Wohnung. Dann ein kleines Häuschen, dann vielleicht ein größeres Haus, gefolgt von einer Villa, noch einer größeren Villa, dann ein Schloss und am Ende ein Palast.

Es ist ganz wichtig, dass du dich nicht überforderst, denn das machen viele. Viele lassen diese Schritte aus und denken: »Ich habe gelernt zu visualisieren, das kann ich, das schaffe ich, das setze ich um, ich weiß jetzt, wie's geht!« Und dann geht der Wunsch nicht in Erfüllung, weil du dein Unterbewusstsein überforderst.

Klar bin auch ich ein Fan vom großen Denken. Versuch, so große Schritte wie möglich zu machen. Lass dich nicht einengen. Große Menschen denken und handeln groß. Dieses Groß hat nichts mit der Körpergröße zu tun.

Ein Haus zu visualisieren ist etwas Wundervolles. Geh dir Häuser anschauen. So bekommst du Bilder von größeren Ideen. Dann geh später in deiner Fantasie durch diese Räume. Füll sie mit Leben. Geh in Gedanken über den Rasen, geh in Gedanken in deinen Pool. Geh in Gedanken durch die Räume und stell dir vor, wie deine Küche aussehen könnte, wie vielleicht deine Kochinsel aussehen könnte, wie deine Zimmer aussehen. Stell dir vor, wie deine Freunde kommen und alles bestaunen. Was fühlst du dabei? Sieh dich auch immer mitten im Geschehen, und nicht wie in einem Film. Einfacher fällt dir das vielleicht bei einem Auto. Davon gibt es mehr und es ist relativ einfach, ein Auto Probe zu fahren. So kommst du in eine wundervolle 3D-Energie. Riech das Leder, spüre das Steuerrad und den Bodenhalt. Hör den Motor und genieß die Sicherheit und das Ansehen.

Auf den folgenden Seiten wirst du nun die wichtigen Hilfen erhalten, was durch dein wiederholtes Denken, Sprechen und Vorstellen in dein Leben kommen kann. Du kannst dir mit der bisherigen Struktur einen Plan machen und dir in den verschiedenen Lebensbereichen die gewünschten Ziele »bestellen«. In diesem Buch und in meinen Referaten und Seminaren gebe ich all mein gesamtes Top-Secret-Wissen gerne weiter. Warum? Weil es leider Realität ist, dass nur drei bis fünf Prozent der Menschen etwas damit unternehmen. Ich wünsche mir von Herzen, dass du auch dazugehörst und dieses Wissen für dein Leben nutzt.

Damit dir die vereinbarten Ziele auch gelingen, kannst du gerne die SMART-Regel anwenden. SMART ist ein Akronym für »Specific Measurable Accepted Realistic Timely« und dient z.B. im Projektmanagement, doch auch im Rahmen von Mitarbeiterführung und Personalentwicklung hilft es als Kriterium zur eindeutigen Definition von Zielen im Rahmen einer Zielvereinbarung.

Buchstabe	*Bedeutung*	*Beschreibung*
S	spezifisch	Ziele müssen eindeutig und konkret definiert sein (nicht vage, sondern so präzise wie möglich, jedoch kurz gehalten).
M	messbar	Ziele müssen messbar sein (Messbarkeitskriterien).
A	akzeptiert	Ziele musst du innerlich annehmen können. Sie müssen angemessen, attraktiv und doch anspruchsvoll sein.
R	realistisch	Ziele müssen möglich sein. Doch denke groß.
T	terminiert	Zu jedem Ziel gehört eine klare Terminvorgabe, bis wann das Ziel erreicht sein muss.

Aus dieser SMART-Regel kreierst du dir einen Satz für dein Ziel: »Ich habe bis zum 31. Dezember des Jahres 2016 meinen neuen Porsche 911 36 Carrera in Weiß, mit 325 PS.«

Wie könnte dieser Satz für mehr Geld, Gesundheit oder eine traumhafte Partnerschaft lauten? Oder was sind deine nächsten Schritte in diese Richtung? Versuch dies nun für dich zu formulieren. Denk immer daran: kurz, knapp, präzise mit Datum. Und nochmals zur Erinnerung: Verneinungen und negative Formulierungen werden auch so geliefert. Gib deine Bestellungen positiv und bejahend auf!

Mit positiven Wortwiederholungen ans Ziel

Was haben Jack Canfield und Mark Victor Hansen noch unternommen, um mehr als 500 Millionen Bücher zu verkaufen? Im Buch »The Success Principles« (dt. »Kompass für die

Seele«) erläutert Jack Canfield 64 Prinzipien, um Menschen erfolgreicher zu machen. Viele kennen Canfield jedoch aus dem Film von Rhonda Byrnes »The Secret«. Konkret interessierte mich, wie genau hat Jack Canfield persönliche Grenzen gesprengt? In seinem Buch beschreibt er im Erfolgsprinzip Nummer 10, dass wir unserem Unterbewusstsein immer bejahende Worte suggerieren sollen. Das heißt nichts anderes, als eben sich auf die Lösungen, auf die 21, zu konzentrieren und nicht auf die Probleme bzw. auf die 23. Die persönlichen Grenzen sprengte er durch ständige Wortwiederholungen, sprich Affirmationen, die schon Émile Coué, Joseph Murphy und auch mir so gelangen.

Mit Wiederholungen von Affirmationen beeinflusst du bewusst deine innere Haltung positiv. Du beeinflusst bewusst dein Unterbewusstsein und suggerierst dir so durch diese hypnotischen Wiederholungen deine Wahrheit und deinen Glauben daran, was wiederum deine Gedanken und deine Handlungen lenkt. Affirmationen gleichen Gebeten oder Mantras. Wir verwenden sie für deine Zieleerreichung, deine Wunscherfüllung. Du kannst sie auch für Selbstheilung, Erkenntnis, Erleuchtung und vieles andere verwenden. Wie immer gibt es keine Grenzen. Affirmationen sind wahre Schatzkistenschlüssel für deine Ziele.

Sogar in der klinischen Psychologie gibt es zahlreiche Ansätze, dysfunktionales Verhalten oder Geistesverfassungen durch Anwendung von geeigneten Therapien, denen affirmative Elemente zugerechnet werden können, zu heilen bzw. zu lindern. Also über die Logik in die Unlogik. Auch in der Werbung und der modernen Massenkommunikation dienen affirmative Schlüsselsätze dazu, durch ansteckende Begeisterung für ein Produkt, eine Dienstleistung oder Ähnliches zu interessieren, zu motivieren und letztendlich zu aktivieren. Ein sehr bekanntes Beispiel ist der englischsprachige Satz »Yes, we can!« (zu Deutsch etwa: »Wir schaffen es!«), den US-Präsident Barack Obama als Slogan seiner Partei für die Präsidentschaftswahl in den Vereinigten Staaten 2008 verwendete. Ein eigener tiefer, negativer Glaubenssatz kann jedoch eine Affirmation bremsen. Mit der Atemtechnik-Übung oder einer Frageform kannst du dies umgehen.

Zurück zu Jack Canfield: Er war Lehrer und hatte ein geregeltes Einkommen. Parallel dazu verkaufte er bereits Bücher und hatte damit einen kleinen Nebenerwerb. Mit diesen Büchern verdiente er circa 24.000 US-Dollar. Das ist beachtlich für einen Lehrer, der nebenbei einfach Bücher verkauft. Canfield machte sich Gedanken: »Wie kann ich das duplizieren? Wie kann ich mehr Bücher verkaufen? Wie kann ich diese Energie erweitern?« Er affirmierte und visualisierte und bezifferte seine zusätzlichen Einnahmen mit 100.000 US-Dollar. Es gelang ihm eine Kooperation mit einem Magazin einzugehen, wo er Auszüge aus seinen Büchern einbringen konnte. So entstanden ein wertvoller Duplikator und eine deutliche Sichtbarkeit. Die Kraft der Konzentration und Kooperation steigerte den Umsatz innerhalb eines Kalenderjahres auf sagenhafte 92.000 US-Dollar. Nun gut, du kannst einwenden, es hat ja nicht mit den 100.000 US-Dollar geklappt. Da hast du recht, doch ich würde sagen, 92.000 US-Dollar sind besser als bisher und das Ziel gilt als erreicht. Seine Frau wurde hellhörig und sagte: »Hey, Jack, wenn das mit dem Visualisieren so gut geht, lass uns eine Million Dollar Umsatz visualisieren.« Das war dann seine nächste Etappe.

Kurz: Bejahende Worte für dein Unterbewusstsein einbauen, wiederholen, verinnerlichen, vorstellen, wie das dann auch funktioniert. Lösungen im Außen erkennen und umsetzen.

Tatsache ist, Canfield erreichte in der zweiten Etappe sein Ziel und verdient heute zwischen fünf bis acht Millionen Dollar. Tendenz steigend.

Welche Affirmationssätze funktionieren?

Natürlich interessierte mich am meisten der Affirmationssatz, den Jack Canfield verwendet hat. Ich zitiere den Satz 1:1: »Gott ist meine unbegrenzte Quelle. Große Geldbeträge kommen durch Gottes Gnade schnell und leicht, zum höchsten Wohle aller, zu mir. Ich verdiene leicht und locker auf glückliche Weise 100.000 Dollar.«

Der Satz, die Affirmation muss für dein Unterbewusstsein realistisch sein. Es nützt dir nichts, wenn du bereits eine Million hinschreibst, wenn dein heutiges Einkommen 50.000 Euro beträgt. Dein Unterbewusstsein muss den Satz glauben können. Und wie wir wissen: Der Glaube versetzt Berge! Dennoch sei hier nochmals deutlich gesagt: Es braucht auch dein Tun! Affirmieren und visualisieren, ohne die Zeichen im Außen zu erkennen, um ins Tun zu kommen, gleicht einem durstigen Menschen, der vor sich ein Glas Wasser hat und es nicht trinkt.

Es ist das gleiche Prinzip wie beim Wohnungsumzug in deinen Palast. Die Energie dazu in deinem Feld muss wachsen können. Es geht um dein inneres Gefühl dazu. Alles braucht seine Zeit und ist ein schleichender Prozess. Wichtige Rollen spielen deine langfristige Absicht, deine Konstanz, deine Beharrlichkeit. Das Dranbleiben. Das Gras wächst ganz leise, ganz sanft, jedoch bestimmt. Daran zu ziehen nützt nichts, es geht nicht schneller. Doch der Fokus muss bleiben.

Langfristige Ziele wie hoher Umsatz, mehr Geld, treue Liebe oder immer Gesundsein sind Bereiche, die du sinnvollerweise unterteilst. Nur du kannst deinem Unterbewusstsein das gute Gefühl beweisen, dass du das, was du möchtest, auch so meinst. Wiederhole immer und immer wieder die bejahenden, positiv beeinflussenden Sätze, die dein Unterbewusstsein stets aufs Neue beeinflussen. Was schüttest du für Gefühle, Bilder und Wortwiederholungen in dein Unterbewusstsein? Das ist der zentrale Schlüssel für dich.

Unterstützende Aussagen und einfache Affirmationen findest du übrigens auch in Liedern.

Eine noch viel größere Wirkung auf das Unterbewusstsein hat natürlich die tägliche Konsumation von Bildern, die wir über den Fernseher beziehen. Bilder, die wir visuell wahrnehmen, beeinflussen uns deutlich. Wenn Kinder sich zum Beispiel ständig mit Kriegsspielen unterhalten, stumpft das das Unterbewusstsein massiv ab. Wir werden gefühlloser und müssen uns nicht wundern, wenn zum Beispiel in Amerika Jungs mit einem Sturmgewehr in einer Schule Kinder niederschießen. Gut, ich gebe es zu. Es ist eine pauschalisierte Aussage. Jeder Junge, der das tut, hat sicher noch andere Probleme. Trotzdem habe ich das Gefühl, dass die Kriminalität zugenommen hat. Ich bleibe bei meiner Behauptung, dass dies vor allem den Medien wie TV, Internet und Handy zuzuschreiben ist. Auch hier gilt, der Fokus folgt der Aufmerksamkeit. Die Beeinflussung durch das Negative, durch die Gewalt. Säen wir also Positives!

Dale Carnegie war ein US-amerikanischer Kommunikations- und Motivationstrainer im Bereich des positiven Denkens. Als ich im Jahr 1990 ein Dale Carnegie-Seminar besuchte, war einer der wichtigsten Punkte, dass wir innerlich begeistert sind. Ich hänge auf Zettel geschriebene »Erinnerungssätze« auf und verinnerliche mir diese, wie zum Beispiel: »Mir gelingt alles, weil ich ein Glückskind bin«, auf diese Weise täglich. Ein guter Freund von Dale Carnegie war der Verkäufer und Autor Frank Bettger. In seinem Buch »Lebe begeistert und gewinne« setzte er diese Affirmationen zu Wochenthemen um und suggerierte so das Unterbewusstsein positiv. Mich beeindruckte diese Einfachheit sehr. Woche für Woche stand während meiner Versicherungszeit ein neuer Spruch auf meinem Schreibtisch, der mich »steuerte«. Ein Satz beeinflusste mich nachhaltig bis heute: »Vergiss nie einen Kunden!« Finde deinen persönlichen Leitsatz!

Es ist in der Geschichte der Menschheit x-fach bewiesen, dass ständiges, mantrahaftes Wiederholen von inneren Leitsätzen dich nachhaltig beeinflusst. Deshalb ist es wichtig, dass du deine persönlichen Sätze modellierst und findest. Bevor du nun jedoch weiterliest, bitte überlege dir positive Aussagen für mehr Selbstwert.

Was hast du aufgeschrieben?

Die folgenden Aussagen sind ideale Beispiele für Unternehmer, Berater oder Verkäufer, die mehr Selbstwert brauchen, um ihre persönlichen Grenzen zu sprengen. Ich trenne dabei zwischen: Fokus nach innen und Fokus nach außen.

Fokus nach innen – sich selbst stärken:

- Mir geht es gut, ich liebe mich.
- Ich bin ein Glückskind.
- Ich fühle mich großartig.
- Ich bin ein glücklicher und erfolgreicher Verkäufer.
- Ich bin ein glücklicher Mensch (oder was immer du sein möchtest).
- Ich bin gerne für meine Kunden da.
- Ich habe das beste Gebiet und die besten Kunden!
- Meine Kunden sind sehr dankbar und schätzen mich und meine Arbeit sehr.

Fokus nach außen – mehr Erfolg:

Überlege zuerst, bevor du weiterliest. Welche Affirmationssätze helfen dir, den Erfolg besser anzuziehen?

- Ich fühle die gute Energie in unserer Abteilung.
- Unsere Produkte gehen weg wie warme Semmeln.
- Wir sind ein Erfolgsmagnet in unserer Region und überall positiv bekannt.

In vielen meiner Coachings habe ich festgestellt, dass Affirmations-Aussagen, so gut sie auch sein mögen, nicht bei allen Menschen wirken. Warum? Bei manchen Menschen kommt eine Aussage eher wie ein unangenehmer Befehl im Hirn an. Es entsteht Druck. Da es schlussendlich um das Gefühl in dir geht, ist es sehr wichtig, dass du zur Aussage ein positives Gefühl hast und das innere Bild, deinen Glauben, aufbauen kannst. Kannst du die Aussagen jedoch nicht annehmen, nützt alles nichts.

Schau einmal in den Siegel und sage dir: »Ich liebe mich!« oder »Ich bin ein Glückskind!« Was geschieht in dir? Löst das Widerstand aus oder kannst du es glauben und annehmen? Und wie ist es für dich, wenn du diese Aussage in eine Frage umwandelst? »Rein theoretisch: Wäre es möglich, dass ich mich lieben könnte?« Aha, du siehst, es fühlt sich plötzlich anders an.

Kennst du die erfolgreiche Kindersendung »Bob, der Baumeister«? Premiere der ersten Folge war im April 1999 auf BBC One. Die Serie wird inzwischen in mehr als 100 Ländern ausgestrahlt. In der Sendung, welche etwa zehn Minuten dauert, fragt Bob sein Team: »Können wir das schaffen?« (»Can we fix it?«). Sein Team antwortet immer im Chor mit einem zuversichtlichen »Yo, wir schaffen das!« (»Yes, we can!«). Ob Obama seinen Werbeslogan von dieser Sendung hat? Mir ist diese positive Frageform aufgefallen, darum darf unsere Tochter diese TV-Sendung sehen. Was ich bei meiner Tochter schnell feststellte, ist, dass sie sich selbst fragt, wenn sie ein Problem hat: »Gibt es eine Lösung? Kann ich das schaffen? Ja, ich schaffe das!« Sie fokussiert sich somit auf die 21. Für ein Kinderhirn unbezahlbar wertvoll. Auch ich verwendete diese Frage vermehrt.

Das Management Magazin brachte im Herbst 2014 einen interessanten Artikel zum Thema »Motivation«. Dabei wurde »Bob der Baumeister« als psychologisch sehr wertvoll eingestuft. Da du sehr einfach durch Kopieren lernst, lade ich dich ein, dir diese TV-Sendung einmal anzusehen.

Du kannst eine Affirmations-Aussage, umformuliert in eine Frage, leichter annehmen. Wie könnten solche Affirmationen in der Frageformen lauten?

Fokus nach innen – sich selbst stärken:

- Was muss ich tun, damit es mir jetzt gut geht?
- Könnte es sein, dass ich manchmal doch ein Glückskind bin?
- Wodurch würde ich mich jetzt großartig fühlen?
- Ist es theoretisch möglich, dass ich ein glücklicher und erfolgreicher Verkäufer bin oder werde? Ist es möglich?
- Könnte es sein, dass etwas Neues auch etwas Gutes ist?
- Was wäre, wenn ich es doch schaffen würde?

»Was wäre, wenn …?« – ein magischer Satzanfang! Damit können wir alles umwandeln. Es gelingt uns auf diese Weise, das gestalterische Bild im Kopf zu durchbrechen. Wenn ich also zum Beispiel nicht mehr weiterkomme, weil ich mich irgendwie verrannt habe, dann stelle ich gerne die Frage: Was wäre, wenn ich eine Lösung hätte? Wie könnte die rein theoretisch aussehen?

Focus nach innen:

- Können wir das schaffen?
- Können wir eine gute Energie in unserer Abteilung erzeugen? Was wäre dann?
- Was wäre, wenn unsere Produkte weggehen würden wie warme Semmeln?
- Kann ich ein Erfolgsmagnet werden oder sein? Was wäre dann?

Heutzutage muss ja alles schneller gehen. So machte ich mich auf die Suche, um mein Unterbewusstsein in noch kürzerer

Zeit zu beeinflussen. Wichtig war mir, dass ich meine innere Haltung zu bestimmten Themen stärken kann, um meine Ziele schneller zu erreichen. Gefunden habe ich Folgendes. Unter: *www.youtube.com/AAMUniversity* findest du diverse Kurzfilme, die dein Unterbewusstsein in 60 Sekunden mit 222 Glaubenssätzen positiv beeinflussen. 222 positive Glaubenssätze bzw. 222 Texttafeln sausen in 60 Sekunden an deinem Auge vorbei. Diese Kurzvideos mit den Themen Reichtum, Selbstwert, Gesundheit, Glück, positives Sein und Liebe sind wie ein Espresso an positiven Gedanken für dein Unterbewusstsein. Die Aussagen werden im 1/5-Sekunden-Takt angezeigt. Du kannst den Text mit hoher Konzentration vielleicht noch lesen, doch grundsätzlich geht es zu schnell für deinen Verstand. Er kann das nicht mehr bewusst lesen und die Aussagen beeinflussen das Unterbewusstsein positiv. Im Eigentest und in diversen Selbsttests habe ich ausschließlich positive Ergebnisse erhalten. Einfacher geht es nicht mehr, die persönlichen Grenzen zu sprengen.

Arsen im Wasserglas

»Andere erkennen ist weise – sich selbst erkennen, ist Erleuchtung«, erkannte bereits Laotse. Das, was dein Hirn täglich bekommt, beeinflusst dein Leben. Wir alle sind »Kopien« unserer Eltern. Die Aussagen deiner Eltern schwingen in dir nach. Doch deine Eltern haben sich in der Zwischenzeit wohl auch verändert. Wir haben dies bereits kurz behandelt: Wenn ich mein Leben betrachte, wollte ich stets wissen:

- Warum gibt es glückliche Menschen?
- Warum gibt es traurige Menschen?

Ich habe dazu immer wieder meine Eltern reflektiert. Manchmal »spricht« meine Mutter heute durch mich wie in jener Zeit, als ich noch ein Kind war, das heißt, »es denkt« in mir wie damals. Oder mein Vater spricht oder denkt durch mich, so wie er damals war. Ich muss mein Denken analysieren und mich hinterfragen, ja ich muss mir bewusst werden, warum ich so denke, wie ich denke. Das gleicht einer Herausforderung, weil das ja wie ein Reflex unbewusst abläuft. Aus diesem Grund ist das »Bewusstwerden« eine Königsdisziplin und der beste Weg für die Änderung, die Verbesserung. Uns darüber bewusst werden, was wir den ganzen Tag über ein Thema denken, das ist Gold wert. Nicht einfach in Kritik verfallen oder sich aufregen, sondern mal einen Schritt zurücktreten, neben sich stehen und sich fragen: Warum denkt »es« denn so in mir? Finde den Buddha in dir.

Eine Kundin von mir suchte seit Jahren verzweifelt nach einem Mann. In einem Coaching erzählte sie mir, dass sie sich innerlich aufregt, wenn sie verliebte Paare sieht. Eine Situation, die Gefühle auslöst, ist eigentlich ein wundervolles Barometer. Denn es zeigt, dass offenbar starke Resonanz dazu vorhanden ist. Viele Menschen sind »aber-wenn-verseucht«. Das heißt, wir stellen an das Leben Bedingungen, weil uns das so eingeimpft wurde. Die Eltern meiner Kundin haben oft gesagt: »Sei ruhig! Das geht dich nichts an! Mädchen sind blöd und dürfen nichts lernen.« Nachdem wir ihren Glaubenssatz – »Ich habe Angst vor einer Beziehung« – dazu gefunden und gewendet hatten, sagte ich ihr, sie solle versuchen dankbar zu sein, wenn sie verliebte Paare sehe. Sie sei die Nächste. Sie solle jedem Paar das Allerbeste wünschen. Plötzlich freute sie sich also, wenn sie verliebte Paare sah und wünschte ihnen in Gedanken viel Liebe, Glück, Harmonie und romantische Stunden. Ihr Fokus hatte sich vollkommen verändert. Sie wurde zur strahlenden Frau. Dies wiederum fiel den Männern auf und so wurde sie nach drei Monaten für ihren Prinz sichtbar.

Wenn jemand im Restaurant am Nachbartisch unanständig schmatzt und dich das innerlich tierisch nervt, dann hinterfrage diese Situation. Mach einen Schritt neben dich und beobachte deine Gedanken. Frag dich: »Was geht denn da gerade ab in mir? Warum reagiert ›es‹ so in mir? Warum beziehe ich das auf mich?« Wenn du dich objektiv von außen reflektierst, dann verliert eine Situation an Bedeutung. Vielleicht findest du eine unbewusste Stimme deines Vaters in dir, als du sechs Jahre alt warst. Er sagte damals laut und deutlich: »Jetzt schlürf nicht so, mach nicht so einen Lärm beim Essen. Sonst drehe ich noch durch!« Dabei schlug er mit der Faust auf den Tisch. Diese Botschaft klingt in dir wieder an, und deshalb siehst du im Außen die Spiegelung dessen, was du erlebt hast, und deine Emotionen drehen wortwörtlich auch durch. So einfach ist das. Hinschauen, sagte der Meister! Bewusst-Werden löst alles auf. Verwende dazu die Atemtechnik und löse die Emotion zu diesem Glaubenssatz auf.

Stell dir vor, all deine Gedanken wären ein Glas Wasser, dann willst du vermutlich wissen, ob dieses Wasser rein ist, bevor du einen Schluck nimmst. Wenn jemand einen Tropfen Arsen ins Wasser träufelt, würdest du es dann noch trinken? Negative Gedanken bilden negative Gefühle und sind wie Arsentropfen für dein Wasser. Also pures Gift für deine Seele und deinen Körper. Du bist der Schöpfer, der Prinz oder die Prinzessin deiner Gedanken. Du allein hast die Macht über das Wasserglas. Sei dir dessen bewusst und handle danach.

Visualisieren für Einsteiger: fünf einfache Übungen

In meinen Seminaren und Coachings stelle ich immer wieder fest, dass das Visualisieren für viele ein unklarer Prozess ist. Es ist nicht für alle so leicht, sich etwas vorstellen zu können. Aus diesem Grunde habe ich dir ein Programm für »Anfänger« zusammengestellt.

Du benötigst folgende Utensilien: einen Block oder weißes A4-Papier, einen Stift, einen Apfel, ein Bild eines Sandstrandes oder eines Ortes, an dem du gerne bist.

Starten wir mit den Übungen:

- *Ziffer:* Schreib auf den Block in großer Schrift die Ziffer 2. Schau dir diese Nummer bewusst an. Wie sieht die »2« aus? Wie hast du sie geschrieben? Schließ nun die Augen und stell dir das Bild der Zahl mental vor. Öffne deine Augen wieder und vergleiche das Bild im Kopf mit dem auf dem Papier. Schließ wieder die Augen und stell dir die Zahl 2 erneut vor. Lass dir dabei so viel Zeit, wie du benötigst.
- *Buchstaben:* Schreib den Großbuchstaben »G« auf. Betrachte diesen Buchstaben, schließ die Augen und stell dir im geistigen Auge den Buchstaben »G« vor. Öffne die Augen und vergleiche. Schließ wieder die Augen und sieh vor deinem geistigen Auge den Buchstaben »G«. Nun stellst du dir vor, wie aus dem »G« ein »F« wird. Siehst du das »F«? Kannst du dir diesen Wechsel vorstellen? Versuche es, bis es dir gelingt.
- *Countdown:* Nun gehen wir einen Schritt weiter. Betrachte eine weiße Wand oder das weiße Blatt Papier und schließ dann deine Augen. Stell dir die Ziffer 10 im geistigen Auge vor. Kannst du das sehen? Wie sieht die Ziffer genau aus? Welche Farbe hat sie?

Konzertier dich. Nun zählen wir einen inneren mentalen Countdown von 10 zurück auf 0. Halte dabei deine Augen geschlossen und versuch dir jede Ziffer genau vorzustellen. 10, 9, 8, 7, 6, 5, 4, 3, 2, 1, 0. Bravo! Das hast du gut gemacht. Wie sah denn dein Hintergrund aus? Schwarz oder weiß? Egal was du siehst, alles ist richtig.

- *Apfel:* Nimm jetzt deinen Apfel zur Hand und leg diesen auf deine Handfläche. Falls du keinen Apfel hast, nimm einen anderen Gegenstand. Betrachte den Apfel. Wie sieht er aus? Was hat er für eine Struktur, was hat er für eine Form? Was hat er für Farben? Schau den Apfel jetzt genau an. Schließ deine Augen und betrachte diesen Apfel vor deinem geistigen Auge. Du siehst dasselbe wie vorhin. Die gleichen Farben, die Formen. Wenn dir das nicht auf Anhieb gelingt, dann öffne noch einmal die Augen, sieh kurz den Apfel noch einmal an. Du kannst auch ungefähr zehnmal blinzeln und dann die Augen schließen. Lass dir Zeit für dein geistiges Bild. Genieß es, wenn du den Apfel vor deinem geistigen Auge sehen kannst.

Versuch, dir das Folgende nur in deiner Fantasie vorzustellen. Das heißt, du führst es nicht real aus, sondern du erlebst es mit deinem geistigen Auge. Dreh deinen Apfel nach rechts. Betrachte genau, was du siehst. Gleite nun über und um den Apfel. Mach ihn größer und kleiner. Berühre ihn mit der Zunge. Was fühlst und riechst du? Beiß jetzt herzhaft hinein. Was erlebst du? Wie sieht der Apfel aus? Halte nun deinen Apfel und betrachte ihn wie zu Beginn. Welche Farbe hat er? Wechsle die Farbe des Apfels in blau. Ist dir das gelungen? Viele Menschen haben Mühe, sich einen blauen Apfel vorzustellen, da es das nicht gibt. Doch gerade darin verbirgt sich ein wichtiger Punkt. Visionären fällt es sehr leicht, sich noch nicht Erschaffenes vorzustellen. Übung macht den Meister.

- *Spring wie Mary Poppins in dein Bild:* Nimm jetzt dein Strandbild und betrachte es genau. Wie sieht es aus? Hat es Palmen, einen Sandstrand, ein Schiff, ein Boot? Wie ist das Wetter? Wie ist die Stimmung? Was siehst du genau? Betrachte das Bild in allen Formen, Facetten, Farben, Klängen und Gefühlen. Nun gebe ich dir einen Zauberstab. Du hast damit die Möglichkeit, wie Mary Poppins mit den Kindern, ins Bild zu hüpfen. Du hüpfst jetzt in dieses Bild hinein. Du entscheidest selbst, ob du dabei lieber die Augen geschlossen hast oder das Bild betrachtest. Entspannungsmusik oder sphärische Klänge können dabei unterstützend wirken. So wie ein Kind, welches sich ein Wolkenbild anschaut und völlig verträumt etwas entstehen lässt, so betrachtest du dein Strandbild oder das Bild deiner Wahl. Du hast ein Standbild in Bewegung gebracht. Betrachte dich zuerst von außen, wie du im Bild den Strand entlanggehst. Schau, wie die sanften Wellen deine Beine berühren. Was siehst du? Hat es Palmen, die sich im Wind bewegen? Du schaust dir zu, wie als Zuschauer in einem Film von dir selbst.

  Nun gehen wir eine Stufe weiter. Du siehst dich in diesem Bild und plötzlich zieht es dich in diesen Menschen hinein. Du veränderst jetzt den Standpunkt und bist mitten im Geschehen. Du spürst die Wellen an deinen Füßen, die Sonne auf deiner Haut und den Wind in den Haaren. Du hörst das Rauschen des Meeres mit allen Sinnen. Du fühlst dich vollkommen entspannt und erholt. Bau jetzt ganz bewusst alle Sinne detailliert mit ein. Was fühlst du im Herzen?

  Nun kannst du wieder langsam aussteigen. Betrachte dich von außen und betrachte dann das Bild. Ein sanftes Aussteigen ist für viele Menschen sehr angenehm.

Natürlich kannst du auch schnell die Augen öffnen und sofort wieder zurückkommen.

Jeder Gedanke, jedes Gefühl hat den Wunsch, sich zu verwirklichen. Jeder siebte Gedanke wird real. Du hast die beste Basis für dein Visualisieren angelegt. Ich gratuliere dir.

Versuche jetzt mit deinen Wunschzielen zu visualisieren. Wenn du ein Haus suchst, dann schneide dir ein Traumhaus aus der Zeitschrift aus. Tauch ein und durchwandere alle Räume. Diese Energie wird durch das Wiederholen immer stärker. Wenn du ein konkretes Wunschhaus hast, wird diese Kraft schon fast magisch. Verwende alle Details. Lebe mit allen Sinnen darin. Wohne bereits darin. Spiele Rollenspiele. Tu als ob. Der Fokus folgt der Aufmerksamkeit.

- *Der mentale Wecker:* Stell dir vor dem Einschlafen im Bett deinen mentalen Wecker. Wann willst du am nächsten Morgen aufwachen? Denk dabei ganz entspannt an eine große, weiße Uhr mit deutlichen Zeigern, auf der die Uhrzeit angezeigt wird, zu der du von deinem Unterbewusstsein geweckt werden willst.
- *Mentales Krafttraining:* Das mentale Krafttraining ist sehr amüsant und ideal für faule oder schlaue Menschen. Du erinnerst dich, 35 Prozent des Muskelaufbaus kannst du mental machen. Es braucht kein Fitnessabonnement, doch du musst auch dies in deiner Vorstellung tun! Damit es dir leichtfällt, biete ich dir einen einfachen Vergleich. Steh dazu bitte auf. Streck deinen linken Arm auf der Seite waagerecht aus. Spür in den Arm. Spür das Eigengewicht. Warte einen kurzen Moment und lass den Arm wieder zurück an den Körper fallen. Schließ die Augen und hebe nun den Arm nur mental, also in deiner Vorstellung. Was genau spürst du nun? Konzentriere dich auf die Schultern und den Arm. Du wirst feststellen, dass du dort deine Muskeln spürst. Faszinierend! Wiederhol das und

nimm dabei auch noch eine 15-kg-Hantel innerlich dazu. Natürlich alles nur in der Vorstellung. Wenn du morgen Muskelkater hast, weißt du jetzt wieso.

Bilder, innere Filme und die tiefen Gefühle dazu helfen uns, das Unterbewusstsein zu aktivieren und alles in unser Leben zu ziehen, was wir wollen.

- *Körper drehen:* Stehst du noch? Wenn nicht, dann erhebe dich wieder und steh fest mit beiden Beinen auf dem Boden. Deine Füße bleiben bei dieser Übung wie angewurzelt stehen. Strecke deinen rechten Arm gerade vor dich aus. Daumen nach oben gestreckt. Dreh dich mit dem ausgestreckten Arm nach rechts, bis es nicht mehr geht und schau über den Daumen in den Hintergrund. Merk dir diese Stelle. Geh wieder in die Ausgangsposition. Schließ die Augen und stell dir eine Eule vor. Weißt du, was eine Eule gut kann? Richtig, Eulen können ihren Kopf zu fast drei Viertel eines Kreises drehen. Stell dir nun vor, dass du eine Eule bist. Okay? Gut. Halte deine Augen nun immer geschlossen. Strecke als Eule nun nochmals deinen rechten Arm vor dich gerade aus. Den Eulen-Daumen nach oben. Dreh nun als Eule, mit geschlossenen Augen, deinen rechten Arm erneut nach rechts, bis es nicht mehr geht. Denk daran, du bist eine Eule und Eulen können ihren Kopf fast rundherum drehen. Öffne nun die Augen und schaue den Fixpunkt über deinem Daumen im Hintergrund an. Du bist weitergekommen, nur weil du dir vorgestellt hast, du bist eine Eule. Du hast magische Fähigkeiten. Du bist die Königin oder der Kaiser von deinem Glaubens-Land. Glaub an dich!

Werde zur Nr. 1! – Visualisieren für Fortgeschrittene

Das nächste Beispiel zählt zu den wertvollsten in diesem Buch. Es gibt dir die konkrete Anleitung, wie du zur Nummer 1 deines Wunschthemas wirst.

Kennst du den Tennisspieler Roger Federer? In seiner bisherigen Karriere gewann Federer die Rekordanzahl von 17 Grand-Slam-Turnieren. Insgesamt gewann Federer bisher 82 Titel im Einzel und acht im Doppel (Stand Ende 2014). Federer wird von Tennisexperten zu den besten Spielern in der Geschichte dieses Sports gezählt und oftmals auch als bester Spieler aller Zeiten bezeichnet. Was können wir von ihm lernen? Richtig, das perfekte Visualisieren für den Sieg. Anhand des weltbesten Tennisspielers möchte ich dir eine Anleitung geben, wie du allein durch das Denken zum weltbesten Visualisierer wirst. (Anmerkung: Das folgende Beispiel ist nicht von Roger Federer persönlich. Es zeigt jedoch anhand des Sportlers den exakten Ablauf für das perfekte Visualisieren.)

Alle vier Phasen durchlaufen einen aufbauenden Prozess. Es beginnt im Kopf und endet auf dem Platz. Hier die vier Phasen, die Federer optimal für seinen Sieg nutzt:

A. mentales Kopf-Kino
B. üben mit dem Körper
C. üben auf dem Tennisplatz
D. echtes Grand-Slam-Turnier

Ein Spiel oder eine Handlung hat einen bestimmten Ablauf. Bei Federer sieht es so aus:

1. Training
2. Match
3. Sieg
4. Erfolg feiern

Ich lade dich ein, am besten gleich mitzumachen. Du kannst den ganzen Prozess auf dein Thema umlegen. Um jedoch in das Gefühl zu kommen, folgt nun der Ablauf für das Tennis:

- A und 1 = mentales Kopfkino und Training in Gedanken
  Wie wir wissen, beginnt alles im Kopf und mit dem ersten Schritt. Schließ deshalb nach dem Lesen dieses Textes die Augen und stell dir das Training von Roger Federer vor. Er geht auf den Platz und trainiert seine Rückhand. Nur die Rückhand. Er steht optimal zentriert und geerdet auf dem Platz und zieht wunderschön das Tennis-Racket immer wieder gleich durch. Er sieht, wie der Ball über das Netz gleitet und optimal im gegnerischen Feld landet. Nun folgt das Training mit der Vorhand, das Training mit dem Aufschlag, Sprint ans Netz und wieder zurück. Sein gesamtes Repertoire wird nur mit dem Kopfkino geübt.
- A und 2: = mentales Kopfkino und Fantasie-Match
  Nun kommt ein echter Spieler in der Fantasie von Roger Federer vor, welchen er natürlich im Vorfeld bereits analysiert hat. Er kennt seine Stärken und Schwächen. Um ein Energiefeld für das nächste Match aufzubauen, macht er ein Fantasie-Match sinnvollerweise mit dem nächsten Gegner. Er stellt sich dabei ein Match vor. Aufschlag: 15:0, 30:0, 40:0 | 1:0, 2:0, 3:0 usw. Er sieht, wie er die Rückhand traumhaft hinunterzieht und so der Ball wie ein Zauberschuss am Gegner vorbeisaust. Dieser hat keine Chance. Das Match gewinnt er natürlich.
- A und 3: = mentales Kopfkino und mein erster Sieg
  Satz und Sieg! Freude pur! Er hebt die Hände, hüpft vor Freude, das Publikum tobt und applaudiert. Pokalübergabe. Alles wird auf dem Platz vorbereitet und es klingt die Stimme aus dem Lautsprecher: »Meine Damen und Herren. Und hier der Pokal für

den Sieger: Roger Federer!« Roger hebt den Pokal in die Höhe, das Publikum applaudiert und jubelt. Von oben fällt goldener Regen. Das Licht ist auf Roger gerichtet, der den Freudentränen nahe ist. Ein historischer Sieg, ein historischer Moment.

- A und 4: = mentales Kopfkino und Erfolge dankbar feiern
  Roger hat trainiert, ein Match gewonnen. Er hat den Pokal erhalten, in die Höhe gestemmt und hat sich sehr darüber gefreut. In tiefer Dankbarkeit genießt er diesen Moment noch einmal für sich. Es ist das Feiern nach dem Match, das den Sinn im Leben widerspiegelt. Freudig hüpft sein Herz in Dankbarkeit.

So, nun hast du das Mental-Kopfkino kennengelernt. Es folgt nun der zweite Schritt, das Üben mit dem Körper. Grundsätzlich wiederholt Roger das Bisherige exakt noch einmal. Er steht jedoch dazu auf und bewegt im Wohnzimmer seinen Körper dazu, ohne jedoch ein echtes Tennisracket in die Hand zu nehmen. Er deutet die Bewegungen lediglich an.

- B und 1 = üben mit dem Körper und Training in Gedanken
  Er absolviert das Training wie vorher beschrieben. Dazu steht er mit geschlossenen Augen im Wohnzimmer und übt wieder die Rückhand. Dabei deutet er die schwungvollen Schläge nur an. In der Vorstellung zieht er jedoch die Rückhand exakt durch. Ich verzichte hier bewusst auf die detaillierte Wiederholung, da ich denke, du hast das Prinzip verstanden.
- B und 2 = üben mit dem Körper und Fantasie-Match
  Roger spielt wieder ein Fantasie-Match und bewegt seinen Körper nun deutlich. Jedoch immer noch ohne ein Tennisracket in den Händen.

- B und 3: = üben mit dem Körper und mein erster Sieg
  Roger gewinnt das Match und freut sich sichtlich. Alles sieht man nun an seinem Körper. Er reißt die Hände nach oben, jubelt siegesbewusst. Er bedankt sich beim Publikum. Macht mit den Händen dazu Gesten und hat ein strahlendes Lachen im Gesicht. Er hebt den Pokal in die Höhe und freut sich über den Sieg!
- B und 4: = üben mit dem Körper und Erfolge dankbar feiern
  Er setzt sich wieder hin und geht diese Phase nochmals durch. Dankbar nickt er sich zu, schlägt sich selbst auf die Schulter und sagt: »Habe ich gut gemacht!« Er legt die Hand aufs Herz und fühlt, wie es freudig schlägt. Es macht Sinn, während der B-Phase die Augen geschlossen zu halten. So kann sich das innere Bild wunderbar zu den Körperbewegungen entfalten.
- C und 1 = üben auf dem Tennisplatz und Training in Gedanken
  Roger Federer geht nun real auf den Tennisplatz. Er steht mit geschlossenen Augen oben auf der Linie und wiederholt im Geiste kurz die Vorhand, die Rückhand und die wichtigsten Situationen. Er öffnet wieder die Augen.
- C und 2 = üben auf dem Tennisplatz und Fantasie-Match
  Er spielt auf dem Tennisplatz nun ein richtiges Match und stellt sich dabei vor, dass sein Gegner auf dem Platz sein nächster Turniergegner ist.
- C und 3 = üben auf dem Tennisplatz und erster Sieg
  Natürlich gewinnt er das Spiel und jubelt dabei. Er reißt die Arme nach oben. Er hört das fiktive Publikum jubeln und wirft ihnen dankbar Tennisbälle zu. Er stemmt einen imaginären Pokal in die Luft und freut sich sichtlich.

- C und 4 = üben auf dem Tennisplatz und Erfolge dankbar feiern
  Er geht dankbar vom Platz und weiß, er hat soeben den 83. Grand-Slam gewonnen. Ein unglaubliches Gefühl der Dankbarkeit. Das folgende echte Grand-Slam-Spiel hat Roger Federer bereits dreimal gewonnen. Der Fokus folgt der Aufmerksamkeit. Das heißt, alles, was ich fokussiere, bekommt durch die Beachtung Energie. Das kommende Spiel ist rein energetisch enorm für Roger Federer aufgebaut. Natürlich kann in der Realität auch der Gegner diese Art zu visualisieren nutzen. Die Tagesform und die Entschlossenheit des Spielers entscheiden dazu.
- D und 1 = echtes Grand-Slam-Spiel und Training in Gedanken
  Roger Federer kann jetzt kurz vor dem Spiel nochmals das Erlebte abrufen. Er hat bereits dreimal im Vorfeld in Gedanken gegen den Gegner gewonnen. Er kann nochmals seine Schläge mental verfeinern.
- D und 2 = echtes Grand-Slam-Spiel und Match
  In der Fantasie kann er versuchen, den Gegner zu beeinflussen. Doch Vorsicht vor negativen Gedanken, der Fokus folgt der Aufmerksamkeit. Negative Gedanken können die eigene Leistung reduzieren.
- D und 3 = echtes Grand-Slam-Spiel und Sieg
  Roger Federer gewinnt zum vierten Mal und holt sich real den 83. Sieg. Er fühlt und hört den Jubel des Publikums, den er bereits dreimal im Vorfeld erlebt hat. Diese Emotionen speichert er für kommende Spiele.
- D und 4 = echtes Grand-Slam-Spiel und Erfolge dankbar feiern
  Als Roger Federer im Davis Cup am 23. November 2014 mit Stan Wawrinka und seinem Schweizer-Team gewann, gab es im Anschluss eine lange Feier. Feiern

ist enorm wichtig. Es unterstreicht die eigene Leistung und das harte Training. Danach gilt es innezuhalten und in Dankbarkeit den Sieg und die Leistung im Leben zu würdigen.

Das beschriebene Visualisieren hat eine einfache Struktur, welche du so anwenden kannst. Ein Vorteil ergibt sich, wenn du zwischen den verschiedenen vier Schritten noch mal ein altes Bild einlegst. Beim ersten Mal visualisierst du nur die Rückhand. Beim zweiten Mal stehst du auf und dazu rufst du das erste mentale Bild ab. Dann gehst du wirklich auf den Platz und schlägst tatsächlich Rückhandschläge. Dazwischen machst du wieder Pausen, stellst es dir nur vor und verwendest den Körper, wie er optimal einen Rückhandschlag gemacht hat. Du stellst dir das vor und du spielst mit dem Körper die Rückhand wirklich. Das heißt, du hast drei Arten zur Verfügung:

1. nur in deiner Vorstellung,
2. mit dem Andeuten des Körpers,
3. und den echten Schlag.

Und dann, wenn du auf dem Feld bist, fällt es dir leicht, den Gegner zu bezwingen. Diese Struktur lässt sich auf alle Sportarten oder Berufe sehr leicht adaptieren. Allein die Haltung, sich vorzustellen, dass ein Übungstag real ist, lässt manche Herzen höherschlagen. Mit der Zeit kennst du deine Fähigkeiten und wirst darin Abkürzungen finden. Als 2003 meine Frau Weltmeisterin im Disco-Swing wurde, erhielt sie in den Folgejahren viele Anfragen für Auftritte bei Veranstaltungen. Mit ihrem damaligen Tanzpartner, Angelo Cannistraci, trainierte sie vor jedem Auftritt die Tanzfiguren nur noch durch Andeuten.

Jeder Gedanke möchte real werden. Jeder 7. Gedanke wird real. Viel Erfolg beim Umsetzen!

Turbo zünden

Viele Menschen verzetteln sich oder lenken sich auf dem Weg zum Ziel ab. Dazu können viele nicht unterscheiden, was wichtig oder dringend ist oder finden immer wieder Gründe, warum sie doch etwas anderes noch vorher machen müssen. Um dieses Buch zu schreiben, musste ich mich auch fokussieren. Vielen E-Mails oder Anrufen von Freunden konnte ich nicht mehr nachgehen, da ich neben meiner Praxis, den Referaten und meiner Familie sonst das Ziel nicht erreicht hätte. Du findest immer einen Grund, etwas nicht zu tun oder dich ablenken zu lassen. Nur drei bis fünf Prozent finden das Ziel. Mir half in dieser Phase eine einfache Frage: »Bringt mich das, was ich jetzt tue, meinem Ziel näher?« Ich blieb so konsequent auf Kurs. Wenn du ein Ziel erreichen willst, dann stell dir immer wieder diese einfache Frage.

Ebenfalls sehr wertvoll für deinen persönlichen Durchbruch sind Rituale. Einige Seiten vorher galt es, die Rituale zu durchbrechen und nun schreibe ich, du sollst Rituale pflegen und zur Gewohnheit machen? Ja! Es gilt, altes Denken zu erkennen und kritisch zu hinterfragen. Wenn du neue und gute Aufgaben für dich gefunden hast, dann erfüll diese immer zu einer bestimmten Zeit, an einem bestimmten Tag. Dein Unterbewusstsein wird das dankend umsetzen und dir schnell das Gefühl einer Gewohnheit liefern. Als ich dieses Buch geschrieben habe, habe ich mich in jeder freien Minute an den Laptop gesetzt. Das war mein Ritual. Privat habe ich dazu ein anderes Beispiel. Mit meinem lieben Freund Kurt habe ich zur Gewohnheit gemacht, dass wir uns, wann immer möglich, am Samstag um 9 Uhr auf einen Kaffee treffen. Es ist ein wundervolles und sehr wertvolles Ritual, das uns beide weiterbringt. Du tust dir gut, wenn du die Wochenplanung immer am selben Tag, zur selben Zeit machst. Ein guter Zeitpunkt ist z.B. Freitagabend um 18 Uhr. So kannst du entspannt ins Wochenende und am Montag gezielt starten. Blockier dir diese Termin in deinem Terminkalender. Solche Termine sind so wertvoll wie Kundenbesuche.

Um kraftvoll und schnell deinem Ziel näherzukommen, ist das Fokussieren das A und O. Was sind deine drei bis fünf Hauptaufgaben, die du täglich machen musst? Und wie findest du die? Frag dich dazu: »Was muss ich tun, um ein Ziel zu erreichen?« Sind es Telefonate, ist es Offerten zu schreiben, musst du Inserate schalten? Was sind deine fünf Hauptaufgaben? Trag dir diese Aufgaben ebenfalls in deinen Terminkalender ein. Du benötigst diese Zeit, um dein Ziel zu erreichen. Auch »die Macht der Fünf« benötigen Zeit und es ist ratsam, sie in deinem Terminkalender festzuhalten. Alles andere ist Träumerei und endet im Uferlosen. Begrenze für alles deine Zeit. So bleibst du Herr und Meister deiner Zeit.

Zu guter Letzt musst du dir auch die Visualisierungstermine in deinem Terminkalender eintragen. In meinen Seminaren verteile ich einen Ausdruck eines Wochenplans. Oft sehe ich dann, dass die Teilnehmer sich das Visualisieren täglich zur gleichen Zeit eintragen. Das ist eine gute Idee. Kraftvoll sind Termine beim Erwachen oder beim Einschlafen. Nimm dir 10 bis 15 Minuten dafür Zeit und geh die Ziele in Ruhe durch.

Es ist ganz natürlich, dass unser Geist ein gewünschtes Ergebnis visualisiert, wenn wir ein starkes Verlangen besitzen, etwas zu erhalten oder uns zu verändern. Bereits Kinder kennen und nutzen instinktiv die Vorfreude auf ein Ereignis, um sich zu motivieren. Sie visualisieren ihre Ziele regelmäßig. Zum Beispiel ein neues Fahrrad oder ein neues Spielzeug. Vorfreude löst das Neugierhormon Dopamin aus. Erinnere dich zum Beispiel an die Vorfreude auf die Ferien. Oft bezeichnen wir es als träumen oder tagträumen, doch die Kraft dafür ist enorm. Trag in deinen Terminkalender täglich deine Träumereien ein. Sie bilden deine Zukunft.

Nochmals zur Wiederholung: Denk beim Visualisieren daran, wie es sein wird, wenn du das bekommst, was du dir wünschst – träume wie ein Kind. Mal dir die Situationen und Lebenszustände möglichst bildlich und detailliert aus und fühle dabei die positiven freudigen Gefühle.

Spiel in der Vorstellung Rollenspiele und Filme, wo du mitten im Geschehen bist. Frag dich:

- Wie werde ich mit anderen sprechen?
- Wie wird mein Leben ablaufen?
- Was werden die Menschen über mich sagen?
- Wo und wie werde ich wohnen?
- Werde ich stolz und selbstbewusst sein?

Das Wichtige beim Visualisieren ist die Intensität. Mit etwas Übung schaffst du es, in dieses kindliche unbeschwerte Träumen richtig einzutauchen und kannst den Erfolg fühlen und anziehen. Fühl die Vorfreude in deinem Herzen. Fühl, wie sie dich motiviert, begeistert und antreibt.

Wenn du selbstständig bist, dann tust du dir etwas Gutes, wenn du nach einer sich ständig wiederholenden Wochen- und Monatskontrolle lebst. Etwas Disziplin und Struktur gehört in dieses Buch, da aus meiner Sicht das Ziel sonst verfehlt wird. Ein Unternehmer lernt aus Fehlern, er orientiert sich an noch Erfolgreicheren und stellt sich wöchentlich diese fünf Fragen:

1. Wo stehe ich gerade?
2. Wo will ich hin?
3. Bringt mich das, was ich jetzt tue, meinem Ziel näher?
4. Welche Hindernisse oder/und Baustellen habe ich? Was hält mich ab oder auf?
5. Was muss ich JETZT ändern oder korrigieren und wer hilft mir dabei? Was kann ich wem delegieren?

Mit diesen wenigen Fragen kannst du dein ganzes Leben kanalisieren. Es bringt es auf den Punkt und du kommst so ins optimale Tun.

Nein sagen!

Viele Menschen können schlicht nicht Nein sagen. Wenn ich dies in einem Coaching spüre, dann frage ich irgendwann in ernstem Ton: »Haben Sie mein Auto vor der Tür gesehen? Es ist leider etwas schmutzig und man sollte es reinigen. Wann können Sie mir das Auto waschen?« Wenn ich spüre, dass mich mein Kunde ernst nimmt, dann lache ich dazu. Sofort erkennen wir, dass wir alle mehr Nein sagen müssen, um auf unserem Weg zu bleiben. Doch warum haben wir bloß so große Mühe, ein Nein auszusprechen? Das ist schnell klar. Ein Nein ist eine Zurückweisung an einen lieben Menschen. Niemand will jedoch einen lieben Menschen zurückweisen, da wir uns alle tief in uns Anerkennung und Liebe wünschen. Dazu kommt, dass Nein sagen eine Disharmonie auslöst. Also noch ein Problem. Nein sagen müssen wir trainieren, sicherlich nicht egoistisch, sondern um auf unserem Lebensweg zu bleiben.

Werden wir uns bewusst, dass Nein sagen eine Prüfung an uns ist. Denn wer ein Ziel hat, hat schlicht keine Zeit, die Ziele von anderen zu erfüllen.

»Nein sagen« musst du üben. Je öfter es dir gelingt, desto einfacher wird es. Oft machen wir uns schlicht zu viele Gedanken darüber. Und wie üben wir das? Stell dich vor den Spiegel. Streck deinen Arm aus. Die Handfläche ist aufgeklappt wie ein Schutzschild. Sag nun zu dir selbst: »Nein, danke!« Teste das mit einem lieben Menschen. Du wirst ein seltsames Gefühl in deiner Magengegend spüren. Doch das ist nur bei den ersten zehn Malen so.

Entfache dein inneres Feuer der Begeisterung

Unsere Gedanken sind bewiesenermaßen Schöpfer unserer Realität. Im Guten wie im Schlechten. Betrachten wir die Lebensläufe besonders kreativer Visionäre wie Steve Jobs, Bill Gates, Picasso, Dali, Beethoven oder Mozart, dann fällt bei allen der enorme Fleiß und die außerordentliche Hingabe auf. Nicht das Talent war entscheidend für den Erfolg einer visionären Idee, sondern die Beharrlichkeit.

Damit ein Mensch über einen längeren Zeitraum eine Idee weiterverfolgt und sich von möglichen Rückschlägen nicht entmutigen lässt, braucht er eine tiefe innere Begeisterung und eine gesteigerte Freude an seinem Thema und an seinem Leben.

Als meine Tochter ihren Mirco in der Schule kennenlernte, fragte sie mich, was sie machen könne, um für ihn sichtbarer zu werden. »Das ist ganz einfach« sagte ich ihr. »Du musst nur deine Strings vibrieren lassen!« Mein Tochter war entsetzt und sagte ernst: »Also nein Papa, ich habe ja noch gar keine Strings. Ich bin doch erst 15 Jahre alt!« Ich musste lachen. »Nein, natürlich nicht diese Strings. Ich meine die DNA-Strings.« Wenn du begeistert bist, wenn es dir innerlich gut geht, wenn du dich freust, dass du auf dieser Welt bist, dann beginnt deine DNA zu vibrieren. Das löst sogenannte String-Wellen aus, die andere Menschen unbewusst spüren. Natürlich sieht dabei auch dein Gesicht fröhlicher und glücklicher aus.

Hast du schon einmal eine Münze gefunden? Oft wird eine gefundene Münze zur Glücksmünze. Glück kannst du auch säen, gewusst? Unsere Kinder müssen am letzten Tag in den Ferien immer die aufgesammelten Münzen der fremden Währung wegwerfen. Damit meine ich, dass unsere Kinder die Münzen irgendwo platzieren, wo sie dann »per Zufall« jemand findet. Also am Strand, im Park, auf dem Parkplatz, auf dem Gehsteig … es gibt keine Grenzen.

Einzige Bedingung ist, wir dürfen nicht sehen, wer sie findet. Es geht dabei nicht um das Ego, es geht um das Gefühl, dass irgendjemand diese Münze findet und dann einen Glücksmoment erlebt. Meine Frau lässt das Retourgeld in den Parkkassen oder Ticketautomaten bewusst liegen. Klasse Idee! Der Finder wird mit Sicherheit Freude haben. Alles, was du säst, bekommst du 4.000-mal zurück. Säe auch du Glücksmünzen und mache Menschen glücklicher. Es kann so einfach sein.

10 Punkte zum Glück

Ich möchte dir nun zehn wertvolle Punkte mitgeben, wie du dich selbst glücklich machen und dein inneres Feuer der Begeisterung langfristig zünden kannst. Fokussiere dich jeweils einen Monat lang auf einen dieser Punkte.

1. Worauf bin ich stolz?

Diese so simple Frage ist enorm kraftvoll und kann die innere Motivation und Begeisterung in einem Menschen auslösen. Worauf bist du in deinem Leben stolz? Schreib dir eine Liste mit 10 Punkten auf. Erneuere einmal in der Woche diese Liste. So wird sie immer länger. Das gibt dir einen Kompass für gute Gefühle. Gerade an »schlechten Tagen« erinnert dich diese Liste daran, dass du ein einmaliger und wertvoller Mensch bist. Schön, dass es dich gibt!

2. Wofür bin ich dankbar?

Dankbarkeit kommt in allen wichtigen Religionen und Lehren auf der Welt immer wieder vor. Oft wird Dankbarkeit auch mit der Liebe verbunden. Es gibt zwei Arten der Dankbarkeit.

Die alltägliche Dankbarkeit: Ich bin dankbar, dass es heute meine Lieblingsspeise zum Essen gab. Ich bin dankbar, dass ich den Zug noch erwischt habe und pünktlich im Büro war. Ich bin dankbar, dass ich einen Rabatt beim Pneu-Kauf erhalten habe. Ich bin dankbar, dass ich heute ein schönes Kompliment erhalten habe.

Die tiefe Dankbarkeit für dein Leben: Dankbar, dass ich gesunde Kinder habe. Dankbar, dass ich meine Traumfrau gefunden habe. Dankbar, dass ich in der reichen Schweiz leben darf. Dankbar für mein Leben. Dass ich heute überhaupt aufstehen konnte.

Frage dich jeden Morgen, warum du dankbar bist. Schreib dir *täglich* 10 Punkte auf, warum du dankbar bist. Lies jeden Tag diese Liste. Leg dir dabei deine rechte Hand auf dein Herz und danke dir dafür. Schließ am Ende die Augen und danke dir. Du wirst so noch viel mehr dankbare Momente in dein Leben ziehen. Befass dich mit der Dankbarkeit. Sie ist ein unglaublich kraftvoller Magnet.

3. Achte auf deine Körperhaltung!

Du kannst dein inneres Feuer deutlich erhöhen, wenn du dir deiner Körperhaltung bewusst wirst. Viele Psychologen bestätigen dies: Wenn du mit dem Körper etwas vorspielst, hast du irgendwann das Gefühl, dass es so ist.

Das heißt, wenn der Körper das Gefühl hat, es geht dir gut, dann hast du irgendwann auch das Gefühl, es geht dir gut. Auch hier funktioniert das »Tu so, als ob« hervorragend. Ein einfaches Beispiel: Stell dich einmal in geknickter Haltung hin. Lass deinen Kopf, deine Arme fallen und sag jetzt: Ich bin erfolgreich. Du siehst, das geht gar nicht. Steh aufrecht, gerader Rücken wie ein König, Kopf gerade, spür deine Füße und sag nochmals: Ich bin erfolgreich. Schon ganz anders.

4. Befasse dich mit kraftvoller Musik, Filmen und Serien

Musik beeinflusst uns seit jeher. Langsame Musik entspannt, schnelle Musik lässt unser Herz schneller schlagen.

Erstell dir eine Lieder-Sammlung (CD oder mp3) mit deiner Lieblingsmusik, die du jederzeit abrufbereit hast.

So kannst du dich kraftvoll innerlich stärken. Ich tue das gerne vor einem Referat. Es weckt meine innere Power und macht mich entschlossen und selbstsicher. Auch kraftvolle Filme oder lustige TV-Serien beeinflussen dich positiv und wecken das innere Feuer in dir. Wichtig: Vor dem Einschlafen ist dein Unterbewusstsein stark beeinflussbar. Wir schauen uns zu dieser wichtigen Zeit gerne eine Serie (z.B. Friends), bei der wir herzhaft lachen können.

5. Lachen ist die beste Medizin

Lachen verändert deine Zellen positiv. Diese Medizin ist kostenlos und frei von Nebenwirkungen: Lachen ist gesund – das beweisen immer mehr Studien. Je länger und je öfter wir lachen, desto intensiver sind die Effekte – und die sind erstaunlich heilsam. Ein Kind lacht im Durchschnitt 300-mal am Tag. Ein Erwachsener noch etwa 15 bis 30-mal am Tag. Untersuchungen aus den USA lassen vermuten, dass Lachen die Immunabwehr stärkt: Es aktiviert offenbar körpereigene Mechanismen wie die T-Lymphozyten, die bei der Abwehr von Krebs von Bedeutung sind, sowie Gamma-Interferon, welches eine Vermehrung von Tumorzellen reduzieren kann. Empfehlung: Lies oder höre täglich Witze. Auch auf YouTube findest du viele gute Videos zum Lachen.

6. Kraftlabor: Meditieren und Bewegung

Richard J. Davidson ist ein US-amerikanischer Hirnforscher. Er erwarb an der Harvard University den akademischen Grad Ph.D. in Psychologie. Seit 1984 lehrt er an der University of Wisconsin-Madison. Mit Hilfe des Dalai Lama wurden verschiedene Messungen bei tibetischen Mönchen vorgenommen. Alle Probanden verfügten über eine 15.000 bis 55.000 Stunden meditativer Praxis. Die Resultate zeigten, dass die Hirnregionen für positive Gefühle und das emphatische Handeln in einem vorher nie beobachtenden Ausmaß aktiviert worden waren. Die gemessenen Gammawellen waren mehr als 30-mal stärker ausgeprägt. Für den Westen ist das revolutionär, für den Buddhisten ist dieses Wissen 2.500 Jahre alt. Meditieren entspannt nicht nur die Seele, sondern zentriert auch deine Chakren und macht sie so vital und gesund. Es synchronisiert deine Hirnhälften und aktiviert deine Selbstheilungskräfte.

In diesem Buch hast du viele Anregungen erhalten, wie du in die Entspannung kommst. Viele Menschen finden auch in der Bewegung oder im Sport eine Art der Erholung für ihren Körper, da sie darin oft wie in einen meditativen Zustand fallen. Finde deinen persönlichen Weg, um deine Seele in Balance zu halten.

Eine sehr einfach Art, die Gedanken »auszuschalten«, ist die Frage: »Was ist mein nächster Gedanke?« Während du dir das überlegst, denkst du nichts und bist in wenigen Sekunden im Nirwana. Frag dich das immer während des Tages und schalte deine Gedanken so bewusst ab.

7. Eigenverantwortung

Eigenverantwortung ist der Schlüssel zu einem freien Leben. Alles, was dir im Leben begegnet, hat etwas mit dir zu tun. Menschen, die ihre Eigenverantwortung übernehmen, übernehmen auch die Kontrolle über das eigene Leben und sind Gestalter und Prinzen (Prinzessinnen) ihres eigenen Lebens. Jammern gehört nicht dazu. Such Lösungen und nimm deine Chancen wahr. Wer nicht handelt, der wird behandelt. Mit diesem Buch kannst du deine ganz persönlichen Grenzen nun sprengen.

8. Einen Tag lang alles als Geschenk annehmen

Da werde ich gerade von einem Traktor ausgebremst und kann diesen nicht überholen. Eine kurze Ärgerwelle schwappt auf. Wie war das? Heute nehme ich alles als Geschenk an? Wie geht denn das bei einem Traktor? Ich stelle mir da immer gerne einen Engel vor, der mich beschützen will. Dieser hat mir den Traktor geschickt. Denn wäre ich früher auf die Autobahn gekommen, hätte ich vielleicht einen schweren Unfall gehabt. Ich bin also sehr dankbar, dass der Traktor da war!

9. Komplimente machen

Warte nicht, bis dir deine Ehefrau oder dein Ehemann ein Kompliment macht. Warte nicht, bis dir dein Chef ein Kompliment macht. Werde selbst aktiv! Sag deiner Frau heute, dass sie bezaubernd aussieht, bring ihr einen Blumenstrauß nach Hause und sag ihr: »Ich liebe dich! Du bist mein wertvollster Stern im ganzen Universum.« (Und wenn sie fragt: »Was hast du verbrochen, dass du mir Blumen schenkst?« Dann erzähl ihr einfach von diesem Buch.)

Sag deinem Boss: »Hey Chef, tolle Krawatte!«, »Gute Rede« … Eines ist dabei sehr wichtig: Es muss ehrlich gemeint sein. Ein Mensch merkt sehr schnell, ob eine Aussage ehrlich oder nur geblufft ist. Oft denken wir ja bei einem Kompliment: »Was will er von mir?«

Komplimente zu machen heißt auch, Gefühle zu zeigen und zuzulassen. Mit Komplimenten können wir Menschen auch »positiv beeinflussen«. Komplimente tun der Seele gut, da wir alle im Leben immer nur Anerkennung und Liebe wollen. Wer mich kennt, weiß, dass ich sehr viele Komplimente mache. Ich genieße das Gefühl, wenn sich ein Mensch freut. Du erinnerst dich: Das Hirn kann nicht unterscheiden, ob ich etwas zu mir sage oder zu einer anderen Person. Wenn ich dir also jetzt das Kompliment mache, dass es toll ist, dass du bis hierhin gelesen hast, dann mache ich mir ja auch gleich selbst ein Kompliment. Je mehr Komplimente du machst, desto mehr belohnst du dich automatisch.

Ehrliche Komplimente sind zudem wichtig für den Vertrauensaufbau zu einem Menschen. Das Gefühl, das wir empfinden, wenn wir ein Kompliment erhalten, vernebelt außerdem die Sinne und Freude kann in uns wachsen.

10. Ziele, Belohnungen, Grabrede
Du hast mit diesem Buch ein wundervolles Werk in Händen, wie du deine Ideen, Wünsche, Träume, Visionen in dein Leben ziehen kannst. Ziele fokussieren und sie natürlich auch zu erreichen, macht Sinn. Wenn du ein Ziel erreicht hast, ist es sehr wichtig, dass du dich dafür auch belohnst. Doch wie genau belohnst du dich? Schreib jetzt eine Liste mit mindestens zehn Punkten auf, womit und wie du dich belohnst. Eines ist klar, für jeden ist Belohnung etwas anderes.

- Tagesbelohnungen: Nach einer bestimmten Arbeit, wie Putzen, Haushaltsarbeit, Büroarbeit, kannst du dich mit kleinen »Geschenken« belohnen: ein Stück Schokolade, fünf Seiten im Buch lesen, eine Kaffeepause in der Natur. Oder auch: Buch- oder Kleiderkauf im Shoppingcenter, Treffen mit Freunden, Kinobesuch …
- Große Belohnungen bei großen Zielen: neuer Computer, neues Auto, Wochenende in New York oder ein Wellness-Wochenende, Ferien auf den Malediven, einen Baum im Garten pflanzen, einen Tag mit deinen Kindern, Eltern oder Freunden ohne Handy und ohne Uhr verbringen, ein Buch am Stück lesen, ein Hörspiel von vier Stunden hören, alle ABBA-Lieder hintereinander mit geschlossenen Augen anhören, alle Indianer Jons Filme an einem Tag sehen, …

»Was ist der wichtigste und wertvollste Tipp, den du deinem besten Freund geben würdest?« Geh in dich und beantworte diese Frage, die mir schon meine Tochter zu Beginn des

Buchs gestellt hat. Leg die Hand auf dein Herz und horch in dich hinein.

Lothar Seiwert, Zeit-Management-Papst, bringt es in wenigen Worten auf den Punkt. Wie finde ich heraus, was ich wirklich will im Leben? Er meint, wir sollen über uns selbst eine Grabrede schreiben. Was sagt der Pfarrer in der Kirche über dich an deinem Grab? Er arbeitete von 07.00 Uhr bis 20.00 Uhr im Büro, fuhr nach Hause, schaute vier Stunden Fernsehen und schlief schon damals friedlich ein?

Eine Grabrede verdeutlicht, dass wir uns im Leben oft zu sehr im Detail verlieren und den Fokus für das Wesentliche verloren haben. Mit anderen Worten, wir leben zu sehr im Verstand und beschäftigen uns zu sehr mit der 23. Ein wahres Leben wird über das Herz gelebt mit dem Fokus auf die 21. Ein liebendes Herz versteht dich immer richtig und liebt *jenseits der Logik* bedingungslos. Wenn dir die Grabrede zu seltsam erscheint, dann schreib eine Rede für deinen 80. Geburtstag. Stell dir vor, du hältst eine Laudatio vor versammelter Menge. Deine Kinder, deine Familie und deine Freunde sind da und wollen wissen: Was war wirklich wichtig in deinem Leben? Ich lade dich schon heute ein, diese Laudatio aufzuschreiben.

Und wie kann ich das innere Feuer noch schneller starten? Was ist der schnellste und einfachste Turbo-Trick, den es gibt?

Schau jeden Morgen in den Spiegel und sag dir: »Guten Morgen, mein Schatz, ich bin ein Kaiser (eine Kaiserin) und liebe mich!« Spür dabei in deine Füße.

Am Ende meiner Referate und Seminare nehme ich einen 100-Euro-Schein aus meiner Geldbörse und strecke ihn in die Luft. Ich frage mein Publikum: »Wer möchte diese 100 Euro haben?« In der Regel gehen alle Hände in die Höhe. Ich nehme den 100-Euro-Schein und zerknülle ihn sehr stark. Ich falte ihn wieder auf und frage erneut: »Wer möchte diese 100 Euro haben?« Wieder gehen alle Hände in die Höhe, alle möchten diesen 100-Euro-Schein haben. Ich blicke kritisch ins Publikum, zerknäule den Schein nochmals und lasse ihn auf den Boden fallen. Ich stampfe und hüpfe auf dem Schein umher. Schaue wieder ins Publikum und nehme ihn auf. Ich betrachte die arme 100-Euro-Note, hebe sie in die Höhe und frage erneut: »Wer möchte diesen 100-Euro-Schein haben?« Wiederum gehen alle Hände in die Höhe, alle möchten die arme zertretene Note immer noch haben. Dann sage ich: »Manchmal geht es uns doch auch so, wir stehen am Morgen auf, sehen in den Spiegel und entdecken eine neue Falte im Gesicht. Manchmal trampeln Menschen lieblos auf uns herum und tun uns im Herzen weh. Manchmal fühlen wir uns krank, sind einsam, fühlen uns plattgedrückt und leiden bitterlich. Doch egal, was andere über dich sagen, denken oder tun, du bist immer gleich viel wert. Wenn du diese 100-Euro-Note wärst, dann hätten dich alle gewollt. Tief in dir weißt du, du bist als Glückskind geboren worden. Denke immer daran. Glaub an dich!«

Und so möchte ich auch dieses Buch beenden. Deine Gedanken über dich entscheiden über deine Gefühle in dir. Die Gedanken kannst du anhalten, indem du dich beobachtest. Beobachte dich, beobachte den Beobachter. Jeder Mensch auf dieser Welt hat ein Geburtsrecht, glücklich und gesund zu sein. Du bist für mich eine Königin, ein König oder eine Kaiserin, ein Kaiser. Gehe mit diesem liebevollen Stolz durchs Leben. Liebe und lache jeden Tag und setz mindestens einen Tipp aus diesem Buch konsequent um.

Wie hat dir das Buch gefallen? Hast du Fragen? Du kannst mir gerne schreiben auf info@brunoerni.com.

Vielleicht geht es dir so, dass du nun Lust bekommen hast, den Inhalt in einem Seminar bei mir persönlich zu üben. Dazu lade ich dich gerne ein. Ich stehe dir gerne zur

Verfügung. Du findest die aktuellen Termine auf meiner Website www.brunoerni.com.

Bitte empfiehl mein Buch weiter. Vielen Dank!

Ich freue mich auf eine persönliche Begegnung.

Alles Liebe,
Bruno Erni

Anhang

Danksagung

Liebe Leserin, lieber Leser, ich bedanke mich bei dir, dass du dieses Buch gekauft und gelesen hast. Mich freut das sehr. Ich bedanke mich bei meiner Frau Conny. Du hast immer an mich geglaubt und mich überall, wo es nur geht, unterstützt. Ohne dich würde es dieses Buch nicht geben. Ich bin sehr stolz auf dich und dir sehr dankbar. Du bist die beste Ehefrau, die man sich wünschen kann. Ich bedanke mich bei meinen drei Kindern: Priscilla, Arjeou und Tamina. Sie spiegeln mir das Leben auf wundervolle Art und Weise. Ich habe schon viel von euch gelernt. Ich bin sehr dankbar und stolz auf euch. Ich bedanke mich bei meiner Mutter. Du hast die seltene Gabe, in jedem Menschen die Liebe im Herzen zu entfachen. Auch du hast immer an mich geglaubt. Tausend Dank! Ich bedanke mich bei meinem Vater. Du warst immer für mich da. Du hast stets ein offenes Ohr. Du bist mein bester Freund, Kumpel und Vater. Ich bedanke mich bei Beni, dem Mann meiner Mutter. Deine hilfsbereite Art ist einzigartig und unbezahlbar. Ich bedanke mich bei all meinen Freunden, Kollegen und Kunden, die mich in diesem Leben begleitet haben. Einen speziellen Dank an Carola. Du hast meine Audioaufnahmen in Text umgewandelt. Der letzte Dank geht an meinen Verlag. Ich bedanke mich bei Verena Minoggio-Weixlbaumer und Elmar Weixlbaumer für das Vertrauen in meine Person.

Noch mehr Bruno Erni

Als Management-Schamane, Energie- und Erfolgs-Coach ist Bruno Erni international als Redner unterwegs. Seine Schwerpunkte liegen in den Bereichen Motivation, Inspiration, Wachstum und Gesundheit. Ganz nach dem Motto: *Jenseits der Logik*. In seinen inspirierenden Vorträgen zeigt der Top-Speaker neue ungewöhnliche Denkansätze, unkonventionelle Wege und erstaunliche Fakten auf. Der Autor zählt seit 2008 zu den Top 100 der Speakers Excellence Trainer und war 2011 bis 2013 Präsident der GSA Chapter Schweiz, dem größten Rednerverband in Europa. 2013 wurde er in den Kreis der Premium Speakers aufgenommen. Dem Autor und gefragten Interviewpartner ist es ein Anliegen, mit seinen Referaten, Seminaren und Coachings die Herzen der Menschen zu berühren, Chancen aufzuzeigen und Lösungen für die verschiedensten beruflichen und privaten Situationen zu finden.

Das Referat zum Buch in Ihrem Unternehmen: Viele Unternehmen buchen Bruno Erni, um den Inhalt des Buchs bei einem Referat kennenzulernen. Ob bei einem einmaligen Kunden-Event oder für einen unvergesslichen Mitarbeiter-Anlass, Bruno Erni sprengt mit Ihnen und der Kraft der Gedanken die persönlichen Grenzen.

Weitere Referate sind:

- *Jenseits der Logik:* Wachstum und Durchbruch
- *Jenseits der Logik:* Motivation
- *Jenseits der Logik:* Schmerzfrei in 60 Sekunden!

Fragen Sie jetzt für ein Referat via Kontakt-Formular auf *www.brunoerni.com* an oder senden Sie eine Anfrage an *info@brunoerni.com*. Wir freuen uns schon heute, Ihre Chancen und Lösungen von morgen deutlich zu verbessern.

Das Seminar zum Buch: Vertiefen Sie jetzt den Inhalt zum Buch und trainieren Sie die Übungen mit Bruno Erni in einem Seminar. Durchbrechen Sie Ihre persönlichen Grenzen im Business, im Privatleben und in Ihrer Gesundheit. Erreichen Sie Ihre gewünschten Ziele mit der Kraft der Gedanken.

Auf *www.brunoerni.com* finden Sie die aktuellen Seminar-Daten.

Kostenloser Newsletter – Bleiben Sie in Verbindung: Ca. zehnmal pro Jahr versendet Bruno Erni den Newsletter mit wertvollen Inhalten, mit Übungen, Erfahrungsberichten und

News. Tragen Sie sich jetzt ein unter: *www.brunoerni.com/newsletter*

Exklusiv – Member-Bereich: Exklusiv für Sie als Leser erhalten Sie unter folgendem Link noch weitere Informationen: *www.brunoerni.com/member-bereich*

Der Member-Bereich wird ständig erweitert. Es erwarten Sie diverse Fotos, PDFs, Audios und Videos. Viel Spaß!

Weitere Produkte: CD: Jenseits der Logik – Ziele erreichen. Wie Sie Ziele mit der Visualisierungs-Technik einfacher erreichen. (Gesamtspielzeit: 74 Minuten – 1 CD, gesprochen von: Bruno Erni, ISBN 978-3-905979-01-5, Erdas Verlag).

Siehe auch unter *www.brunoerni.com/shop*

Kontakt: Haben Sie Fragen? Nehmen Sie mit uns Kontakt auf!

Bruno Erni Erfolgsberater GmbH, Im Zelgli 18, 8442 Hettlingen, Schweiz

Telefon: +41 52 233 99 88

E-Mail: info@brunoerni.com | Website: www.brunoerni.com

Quellen- und Literaturverzeichnis

Bettger, Frank: Lebe begeistert und gewinne! Oesch (2011)

Birkenbihl, Vera F.: Stroh im Kopf?: Vom Gehirn-Besitzer zum Gehirn-Benutzer. mvg Verlag, 52. Aufl. (2013)

Bradden, Gregg: The Isaiah Effect: Decoding the Lost Science of Prayer and Prophecy. Harmony (2001)

Byrne, Rhonda: The Secret – Das Geheimnis. Arkana (2007)

Canfield, Jack/Switzer, Janet: Kompass für die Seele. So bringen Sie Erfolg in Ihr Leben. Goldmann (2005)

Coelho, Paulo: Der Alchimist. Diogenes (2014)

Coué, Emile: Die Selbstbemeisterung durch bewusste Autosuggestion. Schwabe Basel (1988)

Czycholl Harald, Eingebildet krank – Die dunkle Seite der Placebos, Die Welt, 23. 10. 2009, www.welt.de/gesundheit/article4951876/Eingebildet-krank-Die-dunkle-Seite-der-Placebos.html

Derekt, Adams: www.beobachter.ch/leben-gesundheit/medizin-krankheit/artikel/gesundheit_wir-denken-uns-krank/print.html

Gail, Matthews: Dominican University of California: www.dominican.edu/academics/ahss/undergraduate-programs-1/psych/faculty/fulltime/gail-matthews

Hauck, Oliver (Regisseur): Das Blaue Juwel – Ein Gespräch mit unserer Erde. Allegria Verlag (2012) www.dasblauejuwel.net

http://blog.ziele-sicher-erreichen.de/2011/11/dr-gail-matthews-studie-ziele.html

http://de.statista.com/statistik/daten/studie/158200/umfrage/anzahl-der-haiangriffe-weltweit

http://future.arte.tv/de/placebo-effekt – Placebo – Pillen ohne Wirkstoff

Management Magazin: ManagerSeminare Heft 197, August 2014, (S. 24), www.managerSeminare.de, Dolores Albarracin, Universität Illinois

Morgan, Marlo: Traumfänger: Die Reise einer Frau in die Welt der Aborigines. Goldmann (1998)

Reeves, Roy R.: Case Report: Nocebonext term effects with antidepressant clinical drug trial placebos. General Hospital psychiatry; doi: 10.1016/j.genhosppsych.2007.01.010
Reeves, Roy R: Case Report: Nocebonext term effects with antidepressant clinical drug trial placebos. General Hospital psychiatry, doi: 10.1016/j.genhosppsych.2007.01.010
Seiwert, Lothar: Work-Life-Balance. 17. Aufl., Gabal-Verlag (2011)
Sheldrake, Rupert: Interview https://www.youtube.com/watch?v=08g_-xzhLME
Wagenhofer, Erwin: alphabet. 2013
Walsch, Neale Donald: Gespräche mit Gott. 7. Aufl. Arkana (2009)
www.eth.ch
www.gral.de/aktuell/gedankengeheimnisse_des_lebensalltags
www.heartmathdeutschland.de
www.mpg.de
www.swr.de/-/id=4945140/property=download/nid=660374/cnyhtw/swr2-wissen-20090714.pdf
www.tillerinstitute.com
www.trump.com
www.welt.de/gesundheit/article4951876/Eingebildet-krank-Die-dunkle-Seite-der-Placebos.html
www.wissen-karriere.com/index.php?module=News&func=display&sid=19413
www.youtube.com/AAMUniversity
www.youtube.com/watch?v=jhfM6MkkA6c – Der Placebo Effekt – neueste Erkenntnisse
www.youtube.com/watch?v=jhfM6MkkA6c: TV Sendung auf arte Januar 2014: Der Placebo Effekt – neueste Erkenntnisse
www.youtube.com/watch?v=XMHAwgPLiaU Quarks & Co – Der Nocebo-Effekt, seit 1993 auf WDR
www.youtube.com/watch?v=XMHAwgPLiaU: Packungsbeilage, Aspirin und Migräne: Quarks & Co – Der Nocebo-Effekt WDR:
www1.wdr.de

Zimbardo, Philip: Schüchternheitsforschung, Studie, www.pm-magazin.de/t/psychologie-gesundheit/seele/wie-wird-man-selbstbewusster+&cd=1&hl=de&ct=clnk&gl=ch&client=safari

Zoller, Martin: Hellsichtig, Giger Verlag, www.martinzoller.com